Das deutsche Insiderstrafrecht unter Berücksichtigung strafrechtlicher Konsequenzen für Kreditinstitute und prozessualer Durchsetzung

Bielefelder Rechtsstudien

Schriftenreihe für Gesetzgebungswissenschaft, Rechtstatsachenforschung und Rechtspolitik

Herausgegeben von
Otto Backes, Stephan Barton, Detlev Frehsee, Dieter Grimm,
Gerhard Otte, Martin Stock, Christian Wollschläger

Band 6

PETER LANG
Frankfurt am Main · Berlin · Bern · New York · Paris · Wien

Peter A. Peters

Das deutsche Insiderstrafrecht unter Berücksichtigung strafrechtlicher Konsequenzen für Kreditinstitute und prozessualer Durchsetzung

PETER LANG
Europäischer Verlag der Wissenschaften

Die Deutsche Bibliothek - CIP-Einheitsaufnahme

Peters, Peter A.:

Das deutsche Insiderstrafrecht unter Berücksichtigung strafrechtlicher Konsequenzen für Kreditinstitute und prozessualer Durchsetzung / Peter A. Peters. - Frankfurt am Main ; Berlin ; Bern ; New York ; Paris ; Wien : Lang, 1997
(Bielefelder Rechtsstudien ; Bd. 6)
Zugl.: Bielefeld, Univ., Diss., 1997
ISBN 3-631-32485-5

D 361
ISSN 0937-0641
ISBN 3-631-32485-5

Printed in Germany 1 2 4 5 6 7

Gliederung

Vorwort 1

Teil 1: Einführung 3

A. Begriff des Insiderhandels 3

B. Das Insiderproblem 3

C. Praktische Relevanz des Insiderhandels 3

D. Gesetzesgeschichte 5

1. Gesetzgebung auf nationaler Ebene 5

a. Das Selbstregulierungsmodell 5

b. Insiderstrafrecht 8

aa. § 263 StGB 9

bb. § 266 StGB 9

cc. Vorschriften zum Geheimnisschutz 9

dd. Börsenrechtliche Bestimmungen 11

2. Gesetzgebung auf internationaler Ebene 12

a. Vereinigte Staaten 12

b. Großbritannien 12

c. Frankreich 12

d. Niederlande 13

e. Belgien 13

f. Luxemburg 13

g. Italien 13

h. Schweiz 14

3. Die Notwendigkeit einer deutschen Insiderregelung 14

4. Die EU-Richtlinie 16

Teil 2: Das neue deutsche Insiderrecht 17

A. Das zu schützende Rechtsgut 17

1. Überindividuelle Rechtsgüter 17
2. Individuelle Rechtsgüter 19

B. Anwendungsbereich 21

1. Sachlicher Anwendungsbereich 21
2. Territorialer Anwendungsbereich 22

Teil 3: Die Tatbestandsmerkmale 25

A. Insiderpapiere 25

1. Allgemeine Börsenmarktvoraussetzungen 26
   a. Zulassung zum Handel 26
      aa. Amtlicher Handel 26
      bb. Geregelter Markt 26
   b. Freiverkehr 27
      aa. Geregelter Freiverkehr 27
      bb. Ungeregelter Freiverkehr 28
   c. Marktvoraussetzungen des §12 Abs.1 Nr.2 WphG 29
   d. Handel per Erscheinen 29
2. Die Wertpapiere im einzelnen 30
   a. Wertpapiere i.S.d. §12 Abs.1 WphG 30
   b. Wertpapiere i.S.d. §12 Abs.2 WphG 31
3. Wertpapiere, die nicht unter §12 WphG fallen 34

B. Die Insider 35

1. Die Primärinsider 35
   a. Organangehörige als Insider 35
   b. Die Beteiligungsinsider 38
   c. Tätigkeitsinsider 40

aa. Die betroffenen Personen 40
bb. Einschränkung durch den Begriff „bestimmungsgemäß“ 42
d. Ausdehnung des gesellschaftsbezogenen Insiderbegriffs auf andere Unternehmen 44
aa. Verbundene Unternehmen 44
bb. Nichtverbundene Unternehmen 44
2. Die Sekundärinsider 46

C. Insiderinformationen 47
1. Einleitung 47
2. Der Tatsachenbegriff 48
a. Der Tatsachenbegriff des §15 WphG 48
b. Der Tatsachenbegriff des StGB 50
c. Der Tatsachenbegriff des Insiderrechts 50
3. Emittentenbezug des Tatsachenbegriffs 53
4. Öffentliche Bekanntheit 55
a. Die Öffentlichkeit 56
b. Die Verbreitungsmodalität 59
5. Die Kursrelevanz 60
D. Die Verbotshandlung nach §14 WphG 65
1. §14 Abs.1 Nr.1 WphG 65
a. Ausnutzen der Kenntnis 65
b. Erwerb und Veräußerung 65
2. §14 Abs.1 Nr.2 WphG 66
a. Merkmal des Tatbestands 67
b. Inhalt 67
3. §14 Abs.1 Nr.3 WphG 68
E. Der subjektive Tatbestand 69

Teil 4: Die strafrechtlichen Konsequenzen für Kreditinstitute 71

A. Das Kreditinstitut 71

1. Begriff und Tätigkeitsbereiche 71

2. Informationsquellen 71

B. Die Tätigkeiten im einzelnen 73

1. Die Tätigkeit der Finanzanalysten 73

2. Kurs-und Marktpflege 74

3. Front-running 76

4. Pakethandel/ Übernahmeangebote 77

5. Dividenden-Stripping 80

6. Anlagegeschäfte 81

a. Aufklärungs-und Beratungspflichten 81

b. Die Vermögenverwaltungspflicht 83

c. Einschränkung durch das Insiderrecht 83

aa. Die einzelnen Meinungen 84

bb. Die notwendige Schlußfolgerung aus der neuen Regelung 85

aaa. Befugnis zur Informationsweitergabe 85

bbb. Beschränkte Weitergabepflicht nach §131 Abs.3 Nr.1 AktG 86

ccc. Informationsrechte 86

ddd. Informationspflichten 89

(1) §263 StGB 89

(2) §264a StGB 89

(3) §266 StGB 90

(4) Das Depotstimmrecht 90

7. Der interne Informationsfluß 91

a. Notwendigkeit von Organisationspflichten 91

b. Compliance-Maßnahmen 92

C. Die Informationsweitergabe an das Wertpapieraufsichtsamt zwecks Veröffentlichung der Information 94

1. Vereinbarkeit mit dem Insiderrecht 95

2. Vereinbarkeit mit dem Bankgeheimnis 95

3. Vereinbarkeit mit der gesellschaftlichen Treuepflicht 95

D. Täterschaft und Teilnahme 97

E. Konkurrenzen 99

Teil 5: Überwachung und Durchsetzung des Insiderrechts 101

A. Die ad-hoc-Publizität gem. §15 WphG 101

B. Kontroll-und Ermittlungsbefugnisse 102

1. Darstellung 102

2. Die Mitteilungspflicht als Zwang zur Selbstbezichtigung 103

C. Informationsweitergabe an eine andere Behörde 107

Teil 6: Bewertung und Ausblick für die praktische Anwendung 109

A. Der Tatbestand 109

B. Bewertung der Ermittlungsbefugnisse 113

C. Die Einstellungsmöglichkeiten bei Insiderdelikten 117

1. Einstellungsmöglichkeiten nach §§170 Abs.2,171,172 StPO 117

2. Einstellungsmöglichkeiten nach §§153,153a StPO 118

3. Einstellungsmöglichkeiten nach §§154,154a StPO 120

Teil 7: Schlußbemerkung 123

Anhang A: Das Wertpapierhandelsgesetz in der Fassung vom 26.07.1994 127

Anhang B: Begriffserklärungen 143

Literaturverzeichnis

Albath, Andreas — Unternehmensbeteiligungen unter 25 % Kapitalanteil, Diss., Universität Münster, Köln 1988

Arbeitskreis Gesellschaftsrecht — Verbot des Insiderhandels, Rechtspolitische Überlegungen und Vorschlag eines Gesetzes gegen unlautere Börsengeschäfte in Wertpapieren, Heidelberg 1976

Arendts, Martin — Beratungs-und Aufklärungspflichten über das einem Wertpapier erteilte Rating, WM 1993, 229

Assmann, Heinz-Dieter — Das künftige deutsche Insiderrecht, Die AG 1994, 237

ders.: — Das neue deutsche Insiderrecht, ZGR 1994, 494

Assmann, Heinz-Dieter / Basaldua, Nathalie / Bozenhardt, Friedrich / Peltzer, Martin — Übernahmeangebote, Berlin 1990

Assmann, Heinz-Dieter / Schneider, Uwe H. — Wertpapierhandelsgesetz, Köln 1995 (zitiert: Bearb, Wertpapierhandelsgesetz)

Assmann, Heinz-Dieter/ Schütze, Rolf A. — Handbuch des Kapitalanlagerechts, München 1990 (zitiert: Bearb., Handbuch des Kapitalanlagerechts)

Baumbach, Adolf / Hefermehl, Wolfgang — Wettbewerbsrecht, Gesetz gegen den unlauteren Wettbewerb, Auflage, München 1995

Berckhauer, Friedhelm — Schutzparagraph für Millionäre?, Kriminalistik 1987,79

Böhner, Reinhard — Insiderregeln eine Farce?, Das Wertpapier 1972, 233

Böttcher, Reinhard/ Mayer, Elmar	Änderungen des Strafverfahrensrechts durch das Entlastungsgesetz, NStZ 1993,153.
Bremer, Heinz	Die Insider-Regeln, Die AG 1971, 55
Bröker, Klaus F.	Neue Strafvorschriften im deutschen Börsenrecht, wistra 1995,130
Brox, Hans	Handelsrecht und Wertpapierrecht, 11. Auflg., München 1994
Bruns, Heiko	Der Wertpapierhandel von Insidern als Regelungsproblem, Diss., Universität Frankfurt a.M., 1973
Buchner, Robert	Grundzüge der Finanzanalyse, München 1981
Canaris, Claus-Wilhelm	Bankvertragsrecht, Bd.III/3, 2. Bearbeitung, 3.Auflg., Berlin 1981
Carl, Dieter/Klos, Joachim	Informationssammlung durch das neue Bundesaufsichtsamt für den Wertpapierhandel zur Insiderbekämpfung, wistra 1995, 10
Caspari, Karl-Burkhard	Die geplante Insiderregelung in der Paxis, ZGR 1994,530.
Claussen, Carsten P.	Neues zur kommenden Insidergesetzgebung I, ZBB 1992, 73
ders.:	Neues zur kommenden Insidergesetzgebung II, ZBB 1992, 267
ders.:	Das neue Insiderrecht, DB 1994, 27
ders.:	Das neue Börsenaufsichtsrecht, DB 1994, 969
Commission des Operation de Bourse	Les Entretiens de la COB „1983-1993: Securite et Transparence des Marches“, Paris, Novembre 1993
Deringer, Arved	Können Unternehmen Auskünfte verweigern?, WuW 1988,933

Dingeldey, Thomas	Das chinese-wall Prinzip im Bankrecht der Vereinigten Staaten, RiW 1983, 81
ders.:	Der Schutz der strafprozessualen Aussagefreiheit, NStZ 1984,529
ders.:	Die Verpflichtung der Banken zur Weitergabe von Insiderinformationen, DB 1987, 685
ders.	Insiderhandel und Strafrecht, Diss., Universität Göttingen 1983, Köln 1983
Dreher, Eduard / Tröndle, Herbert	Strafgesetzbuch und Nebengesetze, 47.Auflage, München 1995
Eisele, Dieter	Insiderrecht und Compliance, WM 1993, 1021
Eser, Albin	Schutz vor Selbstbezichtigung, in: Jescheck, Deutsche strafrechtliche Landesreferate, Berlin 1974, S.136ff.
Feuerich, Wilhelm E.	Bundesrechtsanwaltsordnung, 2.Auflg., München 1992
Forstmoser, Peter	Die neue schweizerische Strafnorm gegen Insider-Geschäfte, ZGR 1989, 124
Franzheim, Horst	Beweisverbote bei Erkenntnissen der Eigenüberwachung, NJW 1990, 2049
Friedmann, Howard M.	Probleme der Wirtschaftskriminalität am Beispiel des „Securities Fraud“, in: Liebl, Karlhans, Internationale Forschungsergebnisse auf dem Gebiet der Wirtschaftskriminalität, Pfaffenweiler 1987, S.136ff.
Gabler	Bank Lexikon, 10.Auflg., Wiesbaden 1988.
Geilen, Gerd	Notwehr und Notwehrexzeß, Jura 1981, 256

Geßler, Ernst/Hefermehl, Wolfgang/ Eckhardt, Ulrich/ Kropff, Bruno — Kommentar zum Aktiengesetz, Band I, §§ 1-75, 2. Lieferung 1973 Band VI, §§ 291-410, 18.Lieferung 1994 (zitiert: Bearb.,in: Geßler/Hefermehl/Eckhardt/Kropff)

Gillmeister, Ferdinand — Ermittlungsrechte im deutschen und europäischen Kartell-und Ordnungswidrigkeitenverfahren, Diss., Universität Freiburg 1984, Baden-Baden 1985

Göhler, Erich — Gesetz über Ordnungswidrigkeiten, 11. Auflg., München 1995

Großkommentar zum AktG — Aktiengesetz, Vierter Band, §§291-410, 3. Auflg., Berlin, New York 1975 (zitiert: Bearb., in: Großkommentar zum AktG)

Grundmann, Wolfgang — Neuregelung des Insiderhandels-Verbots in Deutschland, ZfgkW 1992, 12

Grunewald, Barbara — Neue Regeln zum Insiderhandel, ZBB 1990, 128

Hadding, Walther/Schneider, Uwe H. — Beiträge zum Börsenrecht, Frankfurt a.M. 1987 (zitiert: Bearb, in: Hadding/Schneider)

Hansemann, David — Die Eisenbahnen und deren Aktionäre in ihrem Verhältnis zum Staat, Leipzig 1837

Happ, Wilhelm — Zum Regierungsentwurf eines Wertpapierhandelsgesetzes, JZ 1994, 240

Hauschka, Christoph E. / Harm, Christian — Argumente zur Reformbedürftigkeit des deutschen Insiderrechts, BB 1988, 1189

Heinsius, Theodor — Anlageberatung durch Kreditinstitute, ZHR 1981, 177

Heldmann, Philipp — Das deutsche Insider-Gesetz ad portas, ZRP 1990, 393

ders.:	Insidermißbrauch und Rechtsgüterschutz, JZ 1992, 305
ders.:	Altes und neues Insiderrecht, ZfgkW 1992, 480
Hirsch, Hans Joachim	Strafrechtliche Verantwortlichkeit von Unternehmen, ZStW 1995,285
Hölters, Wolfgang	Der Beirat der GmbH & CoKG, Köln 1979
Hopt, Klaus J.	Kapitalanlegerschutz im Recht der Banken, München 1975
ders.:	Insiderwissen und Interessenkonflikte, in: Festschrift für Heinsius, Berlin 1991, S.289ff.
ders.:	Europäisches und deutsches Insiderrecht, ZGR 1991, 17
ders.:	Auf dem Weg zum deutschen Insidergesetz, in: Festschrift für Beusch, Berlin, New York 1993, S.399ff.
ders.:	Die Verantwortlichkeit der Banken bei Emissionen, Recht und Praxis in der EG , in Deutschland und in der Schweiz, München 1991
ders.:	Zum neuen Wertpapierhandelsgesetz, WM-Festg. 1994, 29
ders.:	Grundsatz-und Praxisprobleme nach dem Wertpapierhandelsgesetz, ZHR 1995,135
Hopt,Klaus J./ Will, Michael R.	Europäisches Insiderrecht, Stuttgart 1973
Hopt, Klaus J./Wymeersch, Eddy	European Insider Dealing, Law and Practice, London 1991 (zitiert: Bearb.,in Hopt/Wymeersch, European Insider Dealing)
Horn, Norbert	Wertpapiergeschäfte von Innenseitern als Regelungsproblem, ZHR 72, 369

Immenga, Franz — Das neue Insiderrecht im Wertpapierhandelsgesetz, ZBB 1995,197

Immenga, Ulrich / Mestmäcker, Ernst-Joachim — Gesetz gegen Wettbewerbsbeschränkungen, München 1981, (zitiert: Bearb.,in: Immenga/Mestmäcker)

Jenckel, Johann Hinrich — Das Insiderproblem im Schnittpunkt von Gesellschafts- und Kapitalmarktrecht in materiell-und kollisionsrechtlicher Sicht, Frankfurt a. M. 1980 (zitiert:Jenckel, Das Insiderproblem)

Jung, Heike — Die Inlandsteilnahme an ausländischer strafloser Haupttat, JZ 1979, 325

Kahlen, Rudolf — Auf Ehre und Gewissen, Die Zeit v. 16.09.1988, S.37

Kahlen, Rudolf — Liebesbriefe aus Düsseldorf, Die Zeit v. 17.02.1989, S.32

Kallmeyer, Harald — Gastkommentar in DB 1994, Heft v. 29.04.1994 S.I

Karlsruher Kommentar — Strafprozeßordnung, 3.Auflg., München1993, (zitiert: KK-Bearb.)

Kindermann, Elmar — Börsengeschäfte im Zusammenhang mit Dividendenterminen, WM 1994, 817

Kirchner, Christian — Zur zentralen Rolle der zivilrechtlichen Sanktion im Recht des Insiderhandels, in: Festschrift für Kitagawa, Berlin 1992, S. 665ff.

Kleinknecht, Theodor / Meyer-Goßner, Lutz — Strafprozeßordnung, 42.,Auflage, München 1995

Kölner Kommentar — Kommentar zum Aktiengesetz,
Bd.1, §§1-75, 2.Auflg., München 1988
Bd.2, §§148-290, München 1985
Bd.3, §§291-410, München 1985
(zitiert: Bearb, Kölner Kommentar zum AktG)

Kohls, Rainer M.	Die vorvertragliche Informationshaftung nach dem Recht der BR Deutschland, der USA und Englands, Göttingen 1990
Krimphove, Dieter	Das Zweite Finanzmarktförderungsgesetz, JZ 1994, 23
Kümpel, Siegfried	Zum Begriff der Insidertasache, WM 1994, 2137
ders.:	Die allgemeinen Verhaltensregeln des WphG, WM 1995, 689
Graf Lambsdorff, Otto	Die Konsequenzen aus dem Frankfurter Börsenskandal, Das Wertpapier 1991, 1280
Langen, Eugen / Bunte, Hermann-Josef	Kommentar zum deutschen und europäischen Kartellrecht, 7. Auflage, Berlin 1994 (zitiert:Bearb,in:Langen/Bunte)
Leipziger Kommentar	Strafgesetzbuch, Erster Band, Einleitung, §§1-31, 10.Auflg., Berlin, New York 1985
	Zweiter Band, §§32-60, 10.Auflg., Berlin, New York 1985
	Fünfter Band, §§185-262, 10.Auflg., Berlin, New York 1989 (zitiert:LK-Bearb.)
List, Heinrich	Neue Berufe aus steuerrechtlicher Sicht, DB 1993, 1488
Löwe, Ewald / Rosenberg, Werner	Strafprozeßordnung, 2.Band, §§112-212b, 23.Auflg., Berlin/ New York 1978 (zitiert: Bearb,in: Löwe-Rosenberg)
London Stock Exchange	Fact Book 1994, London 1994
Lutter, Marcus	Zur Auslegung angeglichenen Rechts, JZ 1992,593
Lutter, Marcus	Die Treuepflicht des Aktionärs, ZHR 1989,446

Lutter, Marcus — Bankenvertreter im Aufsichtsrat, ZHR 1981,224

Magnus, Matthias — Insidergeschäfte und Regelungsbedarf aus ökonomischer Sicht, ZfgKW 1994, 543

Maiwald, Manfred — Grundlagenprobleme der Unterlassungsdelikte, JUS 1981,473

ders.: — Anm. zu BayOLG, in: NStZ 1984,170

Manne, Henry G. — Insider Trading and the Stock Market, Toronto, New York, London 1966

Marchetti, Piergaetano — Die neuere italienische Gesetzgebung auf dem Gebiet des Gesellschafts-rechts, ZGR 1992, 545

Meinberg, Volker — Geringfügigkeitseinstellungen von Wirtschaftsstrafsachen, Freiburg i.Br., 1985

Meinberg, Volker/ Möhrenschlager, Manfred/ Link, Wolfgang — Umweltstrafrecht, Düsseldorf 1989 (zitiert:Bearb,in: Meinberg/Möhrenschlager/Link)

Mertens, Hans Joachim — Der Beirat der GmbH, Festschrift für Stimpel, Berlin, New York 1985, S.417ff.

Meyer-Arndt, Lüder — Beihilfe durch neutrale Handlungen, wistra 1989, 281

Michalke, Regina — Die Verwertbarkeit von Erkenntnissen der Eigenüberwachung, NJW 1990, 417

Möller, Andreas — Das neue Insiderrecht - Eckpfeiler funktionsfähiger Wertpapiermärkte, BFuP 1994,99

Müller, Ekkehard — Die Stellung der juristischen Person im Ordnungswidrigkeitenrecht, Diss. Universität Freiburg i.Br. 1983

Müller, Rudolf/Wabnitz, Heinz-Bernd — Wirtschaftskriminalität, 3.Auflg., München 1993

Müller-Stahl, Ingo	Der geregelte Freiverkehr, Diss., Universität Köln 1971
Mutter, Stefan	Über das menschliche im Kapitalanleger, MDR 1994, 233
Oppermann, Thomas	Europarecht, München 1991
Ott, Claus / Schäfer, Hans-Bernd	Ökonomische Auswirkungen der EG-Insider-Regelung in Deutschland, ZBB 1991, 226
Otto, Harro	Bankentätigkeit und Strafrecht, Köln 1983
Paefgen, Thomas Christian	Insiderhandel im Spannungsverhältnis zwischen gemeinschaftsrechtlicher Integration und nationalstaatlicher Regulation- e pluribus unum, Die AG 1991, 380 (zitiert: Paefgen, Insiderhandel)
Peltzer, Martin	Die neue Insiderregelung im Entwurf des Zweiten Finanzmarktförderungsgesetzes, ZIP 1994, 746
Pfisterer, Bernhard	Zum Stand der Insiderdiskussion, ZGR 1981, 318
Raeschke-Kessler, Hilmar	Bankenhaftung bei der Anlageberatung über neue Finanzprodukte, WM 1993, 1830
Raida, Helmut	Auch in Zukunft weniger Staat, ZfgkW 1988, 480
Ransiek, Andreas	Zur prozessualen Durchsetzung des Insiderstrafrechts, DZWiR 1995,53
Reischel, Hagen	Wirtschaftskriminalität und Rechtsgut, Diss., Freie Universität Berlin 1990
Renner, Volker	Der Schutz des Kapitalanlegers gegen die Ausnutzung von Informationsvorteilen im Aktienhandel, Diss., Universität Mannheim 1976
Ridley, Matt	Un réseau neuronal surveille vos transactions, L'echo & The Economist Publications 1995, p.102

Riepe, Stefan	Die neue Wertpapieraufsicht in Deutschland - Entstehung, Funktionsweise und Perspektive, ZfgKW 1994,1156
Röhrich, Martina	Feindliche Übernahmeangebote, Diss., Universität Stuttgart 1992, Baden-Baden 1992
Rössner, Michael Christian	Anm. zu BGH BB 1981, 695,700
Roxin, Claus	Anm. zu BGH JZ 95, 45, 49
Rudolph, Bernd	Betriebswirtschaftliche Beurteilung des Insiderhandelsverbots, BFuP 1994,114
Rudolphi, Hans Joachim/ Horn, Eckhard/ Samson, Erich	Systematischer Kommentar zum StGB, Band II, Besonderer Teil, §§80-256,5/6.Auflg., Stand: Januar 1995 (zitiert: SK-Bearb.)
Schäfer, Frank A.	Haftung für fehlerhafte Anlageberatung und Vermögensverwaltung, 2.Auflg., Köln 1995
Scharrenberg, Wolfgang	Neue Aufsichtsstrukturen für das Wertpapiergeschäft, Sparkasse 1994, 90
Schlag, Christian	Der Einfluß der deutschen Terminbörse auf Votabilität und Wertppiersicherheit am Frankfurter Aktienmarkt, ZBB 1991, S.92
Schmid, Niklaus	Schweizerisches Insiderstrafrecht, Kommentar zu Art. 161 des Strafgesetzbuches: Ausnützen der Kenntnisse vertraulicher Tatsachen, Bern 1988
Schmidt, Reinhart / Wulff, Sönke	Zur Entdeckung von Insideraktivitäten am deutschen Aktienmarkt, ZBB 1993, 57
Schmitthoff, Elive M./ Goré, Francois/ Heinsius, Theodor	Übernahmeangebote im Aktienrecht, Frankfurt a.M. 1976

Schneider, Dieter — Wider Insiderhandelsverbot und die Informationseffizienz des Kapitalmarkts, DB 1993, 1429

Schödermeier, Martin / Wallach, Edgar — Die Insider-Richtlinie der Europäischen Gemeinschaft, EuZW 1990, 122

Schönke, Adolf/ Schröder, Horst — Kommentar zum Strafgesetzbuch, 24.Auflg., München 1991 (zitiert: Sch-Sch-Bearb.)

Schörner, Peter — Gesetzliches Insiderhandelsverbot, Eine ordnungspolitische Analyse, Diss., Universität Bochum 1990, Wiesbaden 1991

Scholz, Franz / Crezelius, Georg — Kommentar zum GmbH-Gesetz, II.Band, §§41-85, 8. Auflage, Köln 1993 (zitiert:Scholz-Bearb.)

Schorndorfer, Roland — Verbundene Unternehmen im Dritten Buch des HGB, Diss., Universität Stuttgart 1991

Schröder, Christian — Strafbares Insiderhandeln von Organvertretern einer AG nach geltendem und nach neuem Recht, NJW 1994, 2880

ders.: — Aktienhandel und Strafrecht, Diss., Universität München 1994

Schulz, Harald — Kapitalerhöhung und Aktienkurse, Der Einfluß von Kapitalerhöhungen aus Gesellschaftsmitteln auf die Entwicklung des Aktienkurses, Diss., Universität Göttingen 1972

Schwark, Eberhard — Börsengesetz, 1. Auflage, München 1976

ders.: — Insider-Geschäfte auf dem Wertpapiermarkt, DB 1971, 1605

ders.: — Das neue Kapitalmarktrecht, NJW 1987,2041

ders.: — Börsengesetz, 2. Auflage, München 1994

Schwarze, Hans-Joachim — Insiderregelungen im Spannungsfeld der Praktikabilität, BFuP 1994,124

Sichtermann, Siegfried — Bankgeheimnis und Bankauskunft, 3. Auflg., Frankfurt a.M. 1984

Siebel, Olaf R. — Der Sekundär-Insider; in: Festschrift für Semler, Berlin 1993, S.955ff.

Siebold, Hanns Christoph — Das neue Insiderrecht, Von der nationalen Selbstkontrolle zum internationalen Standard, Diss., Universität Münster 1994, Berlin 1994

Stewart, James B. — Club der Diebe, Frankfurt a.M. 1992

Storck, Joachim — Betriebs- und marktpolitische Aspekte von Mergers and Aquisations, Die Bank 1990, 376

Suter, Jacqueline A. — Regulation of Insider Dealing in Britain, London 1989

Tessin, Claus — Verletzung der Aufsichtspflicht bei Kartellverstößen, BB 1987, 984

Tippach, Stefan — Marktdaten vom künftigen Insiderrecht, WM 1993, 1269

ders.: — Das Insider-Handelsverbot und die besonderen Rechtspflichten der Banken, Diss., Universität Bonn 1995, Köln 1995 (zitiert: Tippach, Insider-Handelsverbot)

Uhlig, Sigmar/Schomburg, Wolfgang/Lagodny, Otto — Gesetz über die internationale Rechtshilfe in Strafsachen, 2.Auflg., München 1992

Ulsenheimer, Klaus — Zur Strafbarkeit des Mißbrauchs von Insider-Informationen, NJW 1975, 1999

Volk, Klaus — Strafrecht gegen Insider?, ZHR 1978, 1

ders.: — Strafrecht und Wirtschaftskriminalität, JZ 82, 85

von Falkenhausen, Bernhard Freiherr — Das „Takeover-Game“, in: FS für Stiefel, München 1987, S.163ff

von Gamm, Otto Friedrich — Urheberrechtsgesetz, München 1968

von Rosen, Rüdiger — Insider-Regeln, Gegenwart und Zukunft, ZfgkW 1989, 658

von Stebut, Dietrich — Gesetzliche Vorschriften gegen den Mißbrauch von Insiderinformationen, DB 1974, 613

Vontobel, Hans — Insider-Delikte aus der Sicht des Bankpraktikers, SchZStr 1989,30

Voormann, Volker — Der Beirat im Gesellschaftsrecht, 2. Auflage, Köln 1990

Vortmann, Jürgen — Aufklärungs- und Beratungspflichten der Banken, 2.Auflg., Köln 1993

Wahrig, Gerhard — Der kleine Wahrig, Wörterbuch der deutschen Sprache, Gütersloh 1993

Waser, Heinz — Die Insiderregeln in der Bundesrepublik Deutschland, Rezeptionsmodell für die Schweiz?, Diss., Universität Zürich 1981

Wassermeyer, Wolf — IStR-Oasenbericht: Die Bahamas, IStR 1994,183.

Weber, Ulf Andreas — Das neue deutsche Insiderrecht, BB 95, 157

Weisgerber, Thomas/ Jütten, Herbert — Das Zweite Finanzmarktförderungsgesetz, Rechtsstand 1995, Köln 1995

Weiss, Heinz-Jürgen — Die Informationsbeschaffung beim Unternehmenskauf, in: Siegwart, Hans/ Mahari, Julian I./ Caytas, Ivo G./ Rumpf, Bernd-Michael, Mergers & Acquisitions, Basel/ Frankfurt a.M., S. 379ff

Werner, Patricia — Ab in den Bau, Wirtschaftswoche 1994, Heft Nr. 42, 207

Wessels, Johannes — Strafrecht Allgemeiner Teil, 25. Auflg., Heidelberg 1995

Wiedenhaus, Hanno	Insider mit Leck, Die Welt v. 14.04. 1988, S. 11
Wojtek, Ralf J.	Insider trading im deutschen und amerikanischen Recht, Berlin 1978
Worms, Alexander	Anlegerschutz durch Strafrecht, Diss., Universität Berlin, 1986, Köln 1987
Zahn, Hans E.	Handlexikon zu Futures, Optionen und innovativen Finanzinstrumenten, Frankfurt a.M. 1991
zur Megede, Friedrich Carl	Praktische Erfahrungen bei der Anwendung, ZfgkW 1988, 471

Abkürzungen

a.A.	anderer Ansicht
AbfG	Abfallgesetz
ABlEG	Amtsblatt der Europäischen Gemeinschaften
Abs.	Absatz
AG	Aktiengesellschaft
AktG	Aktiengesetz
Anm.	Anmerkung
AO	Abgabenordnung
Art.	Artikel
Auflg.	Auflage
BAWe	Bundesaufsichtsamt für Wertpapierhandel
BayOblG	Bayrisches Oberstes Landesgericht
BB	Betriebsberater
Bd.	Band
BFuP	Betriebswirtschaftliche Forschung und Praxis
BGB	Bürgerliches Gesetzbuch
BGH	Bundesgerichtshof
BGHSt	Entscheidungen des Bundesgerichtshofes in Strafsachen
BGHZ	Entscheidungen des Bundesgerichtshofes in Zivilsachen
BImSchG	Bundesimmissionsschutzgesetz
BT-Drucks.	Drucksache des Bundestages
BörsG	Börsengesetz
BörsZulV	Börsenzulassungsverordnung
BVerfG	Bundesverfassungsgericht
BVerfGE	Entscheidungen des Bundesverfasungsgerichts
BVerwG	Bundesverwaltungsgericht
bzgl.	bezüglich
bzw.	beziehungsweise
COB	Commission des Operations de Bourse
DAX	Deutscher Aktienindex
DB	Der Betrieb
DepotG	Depotgesetz
ders.	derselbe
d.h.	das heißt
Die AG	Die Aktiengesellschaft

DÖV	Die öffentliche Verwaltung
DTB	Deutsche Terminbörse
DZWiR	Deutsche Zeitschrift für Wirtschaftsrecht
EFTA	European Free Trade Association
EG	Europäische Gemeinschaft
EStG	Einkommensteuergesetz
EU	Europäische Union
EWG	Europäische Wirtschaftsgemeinschaft
EWGV	Vertrag zur Gründung der Europäischen Wirtschaftsgemeinschaft
EuZW	Europäische Zeitschrift für Wirtschaftsrecht
FAZ	Frankfurter Allgemeine Zeitung
f	folgende(r) (Seite/ Paragraph)
ff	folgende (Seiten/ Paragraphen)
FS	Festschrift
GA	Goltdammer´s Archiv für Strafrecht
gem.	gemäß
GG	Grundgesetz
GmbH	Gesellschaft mit beschränkter Haftung
GmbhG beschränkter	Gesetz betreffend die Gesellschaften mit Haftung
GWB	Gesetz gegen Wettbewerbsbeschränkungen
HGB	Handelsgesetzbuch
i.d.R.	in der Regel
IG-Metall	Industriegewerkschaft Metall
IHR	Insiderhandlesrichtlinie
i.H.v.	in Höhe von
IRG	Gesetz über die internationale Rechtshilfe in Strafsachen
i.S.d.	im Sinne der/ des
IStR	Zeitschrift für internationales Steuerrecht
i.S.v.	im Sinne von
JUS	Juristische Schulung
JW	Juristische Wochenschrift
JZ	Juristenzeitung
KGaA	Kommanditgesellschaft auf Aktien
KK	Karlsruher Kommentar
Komm.	Kommentar
KWG	Kreditwesengesetz

lit.	littera (Buchstabe)
LK	Leipziger Kommentar
MDR	Monatsschrift für deutsches Recht
Mio.	Millionen
m.w.N.	mit weiteren Nachweisen
NJW	Neue Juristische Wochenschrift
N.N.	nomen nescio
Nr.	Nummer
NStZ	Neue Zeitschrift für Strafrecht
NZZ	Neue Zuercher Zeitung
o.g.	oben genannten
OGHBRZ	Oberster Gerichtshof für die Britische Zone
OLG	Oberlandesgericht
OWiG	Ordnungswidrigkeitengesetz
Rdnr.	Randnummer
RG	Reichsgericht
RGHRR	Höchstrichterliche Rechtsprechung des Reichsgerichts
RGSt	Entscheidungen des Reichsgerichts in Strafsachen
RichtlRA	Grundsätze des anwaltlichen Standesrechts
RIW	Recht der internationalen Wirtschaft
Rspr.	Rechtsprechung
SJZ	Schweizerische Juristen-Zeitung
SK	Systematischer Kommentar
StGB	Strafgesetzbuch
StPO	Strafprozeßordnung
SZ	Süddeutsche Zeitung
u.a.	unter anderem
UrhRG	Urheberrechtsgesetz
usw.	und so weiter
UWG	Gesetz gegen den unlauteren Wettbewerb
vgl.	vergleiche
WassHG	Wasserhaushaltsgesetz
wistra	Zeitschrift für Wirtschaft, Steuern und Strafrecht
WM	Wertpapier-Mitteilungen
WM-Festg.	Wertpapier-Mitteilungen-Festgabe
WphG	Wertpapierhandelsgesetz
WuW	Wirtschaft und Wettbewerb
z.B.	zum Beispiel

ZBB	Zeitschrift für Bankrecht und Bankwirtschaft
ZfgKW	Zeitschrift für das gesamte Kreditwesen
ZGR	Zeitschrift für Unternehmens-und Gesellschaftsrecht
ZIP	Zeitschrift für Wirtschaftsrecht und Insolvenzpraxis
ZHR	Zeitschrift für das gesamte Handels-und Wirtschaftsrecht
ZPO	Zivilprozeßordnung
ZRP	Zeitschrift für Rechtspolitik
ZStW	Zeitschrift für die gesamte Strafrechtswissenschaft
z.T.	zum Teil

Vorwort

Mit Verabschiedung des WphG hat der Insiderhandel in Deutschland eine neue Dimension erhalten. Der Handel mit entsprechenden Wertpapieren aufgrund nicht veröffentlichter Informationen wird strafrechtlich verfolgt. Dabei sieht der Gesetzgeber einen Strafrahmen von einer Freiheitsstrafe bis zu fünf Jahren oder eine Geldstrafe vor, so daß die Strafandrohung identisch ist mit Diebstahls -, Betrugs - oder Untreuedelikten, den Straftaten im herkömmlichen Sinne.
Während die Notwendigkeit der zuletzt genannten Straftatbestände keiner Erklärung bedarf, war der Weg der strafrechtlichen Verfolgung des Insiderhandels lange Zeit umstritten.[1] Zwar hat die EU-Richtlinie mit der Vorgabe, das nationale Insiderrecht solle hinreichender Anlaß zur Einhaltung der Verbotsvorschrift sein, keine Entscheidung für oder gegen eine zivilrechtliche Verfolgung ausgesprochen. Die Diskussion um die Zweckmäßigkeit einer strafrechtlichen Regelung soll hier jedoch nicht wieder aufgerollt werden, da der Streit mit der Entscheidung des Gesetzgebers für einen Strafrechtstatbestand obsolet geworden ist. Der Untersuchungsanlaß ist ein anderer.
Ohne den Tatbestand des WphG rechtlich näher zu beleuchten, wird man vorwegnehmen können, daß der Insiderhandel eine Straftat anderen Ausmaßes ist. Während z.B. der Betrug immer eine klar definierbare Täter-Opfer Beziehung, einen Geschädigten und einen Vermögensschaden aufweist, vollzieht sich der Insiderhandel zunächst durch einen üblichen Geschäftsvorgang im Rahmen des anonymen Börsenhandels. Der Täter erteilt einen Kauf - oder Verkaufsauftrag, wie er in vielen tausend anderen Fällen täglich zulässigerweise vollzogen wird. Der Unterschied zum gesetzeskonformen Verhalten liegt einzig und allein in der Motivation des Täters, der nicht wie alle anderen aufgrund von Gerüchten oder veröffentlichten Informationen, sondern mit der Gewißheit handelt, ein gewinnbringendes Geschäft aufgrund der nicht veröffentlichten Tatsache abzuschließen. Die Ausführungshandlung dagegen unterscheidet sich in keiner Weise zu der des „normalen Börsengeschäfts". Der Vertragspartner ist nicht wahrnehmbar, der potentiell Geschädigte zwangsläufig auch nicht. Überhaupt scheint es aus ökonomischer Sicht nicht eindeutig zu sein, ob der Insiderhandel finanzielle Schäden verursacht. In jedem Fall sind diese nicht zu beziffern, die Geschädigten in nur theoretisch denkbaren Fällen bestimmbar. Schon diese bei oberflächlicher Betrachtungsweise auszumachenden Besonderheiten lassen Zweifel an der Greifbarkeit dieses Delikts aufkommen.
Ungeachtet dessen nennt die Gesetzesbegründung zum Zweiten Finanzmarktförderungsgesetz ehrgeizige Ziele, welche zwangsläufig Fragen zur Erreichbarkeit der Vorgaben herausfordern. Kann das Gesetz tatsächlich mehr

---

[1] Siehe hierzu eine ausführliche Streitdarstellung von Volk, Strafrecht gegen Insider?, ZHR 78, S. 1 ff.

Markttransparenz erreichen, kann der Insiderhandel unterbunden, verringert und durch Prävention das Vertrauen der Anleger am Markt gestärkt werden.
Man wird behaupten können, mittelbar werde hier doch wieder die Frage nach der Existenzberechtigung des Insiderstrafrechts gestellt. Dem ist nicht so.
Die Untersuchung soll die auf Tatbestand und Eigenart des Insiderdelikts beruhendenen Schwierigkeiten aufzeigen und die aufkommenden Zweifel an der Erreichbarkeit der Zielsetzung juristisch untermauern.
Durch die Darstellung der Gesetzgebungsgeschichte und der Fragestellung nach der Notwendigkeit einer Insiderregelung sollen Rückschlüsse auf die Schwierigkeiten der Gesetzesentwicklung und damit auch auf die wirkliche Motivation des Gesetzgebers, ein Insiderstrafrecht zu verabschieden, ermöglicht werden.
Die anschließende Untersuchung der Tatbestandsmerkmale verdeutlicht zum einen die tatbestandliche Unschärfe, zum anderen die Abgrenzungsschwierigkeiten zwischen gesetzeskonformen und strafrechtlichem Verhalten.
In den letzten beiden Kapiteln erfolgt eine Untersuchung der Überwachungs - und Durchsetzungsmöglichkeiten, in deren Zusammenhang auch die Arbeit des Bundesaufsichtsamtes für Wertpapierhandel dargestellt werden soll.
Vor den verfahrensrechtlichen Fragen zum Insiderrecht wird die Börsentätigkeit der Kreditinstitute beleuchtet. Die Vielfalt ihrer Betätigungsmöglichkeiten und Informationsquellen werfen nicht nur viele insiderrelevanten Interessenkonflikte auf, sondern verdeutlichen darüber hinaus die bereits genannten Subsumtions - und Abgrenzungsprobleme.
Die Arbeit lag der Universität Bielefeld im Sommer 1996 als Dissertation zur Begutachtung vor. Nach diesem Zeitpunkt erscheinende Beiträge konnten nicht berücksichtigt werden.

Teil 1: Einführung

A. Begriff des Insiderhandels

Insiderhandel nennt man solche Effektengeschäfte, bei denen Personen aufgrund ihrer Tätigkeit in einem Unternehmen oder einer Behörde nicht öffentlich bekannte, aber kurssensible Informationen erhalten und diese für Wertpapiertransaktionen ausnutzen.[2]

B. Das Insiderproblem

Das Wesen des Wertpapiergeschäfts ist der An-und Verkauf von Wertpapieren mit dem Ziel, eine möglichst hohe Rendite zu erzielen.
Voraussetzung hierfür ist eine optimale Ausnutzung von Informationen über Stand und Entwicklungsmöglichkeiten eines Unternehmens, über allgemeine wirtschaftliche und politische Daten.
Die Gefahr eines Wertpapiergeschäftes ist darin zu sehen, daß auch durch eine sehr genaue Analyse der vorhandenen öffentlichen Informationen das Risiko eines spekulativen Verlustes grundsätzlich nicht ausgeschlossen werden kann. Spekulationen in Kenntnis von nicht öffentlich bekannten, aber kurssensiblen Informationen minimieren hingegen das Risiko eines finanziellen Verlustes erheblich und ermöglichen es wenigen Personen, nahezu risikolos sehr hohe Gewinne zu erzielen.
Wertpapierkäufe in Ausnutzung solcher Insiderinformationen führen somit zu einer Wettbewerbsverzerrung am Kapitalmarkt, welche seit längem einhellig als „moralisch verwerflich“ angesehen wird.[3]

C. Praktische Relevanz des Insiderhandels

In der Bundesrepublik Deutschland ereignete sich erstmals 1964 ein Insiderfall. Der Vorsitzende des Vorstandes der Bauunternehmung Boswau und Knauer AG sowie ein Aufsichtsratsmitglied verkauften in Kenntnis der schlechten finanziellen Situation der Firma große Teile ihrer Beteiligungen und konnten dadurch eigene Vermögensverluste verhindern.[4]

---

[2] Dingeldey, Insider-Handel und Strafrecht, S. 1.

[3] Stellvertretend für viele: Pfisterer, Zum Stand der Insiderdiskussion, ZGR 81, 318, 337.

[4] Siehe die genaue Schilderung des Falles bei Hopt/ Will, Europäisches Insiderrecht, S. 22.

Der in der Gegenwart wohl bekannteste Fall ist die sogenannte „Steinkühler- Affäre", bei der der Vorsitzende der IG-Metall im Jahre 1993 als Aufsichtsratsmitglied der Daimler-Benz AG die Kenntnis von der Fusion mit der Mercedes-Automobil-Holding für private Wertpapiergeschäfte ausnutzte.[5] Eine Verurteilung scheiterte jedoch, da der Gewerkschaftschef die geltenden Insiderhandelsrichtlinien [6]nicht unterschrieben hatte.[7]

Unmittelbar vor Inkrafttreten des WphG am 01.08.1994 wurden Ermittlungen gegen fünf Börsenmakler wegen Steuerhinterziehung eingeleitet, im Rahmen derer auch der Verdacht von Insidervergehen aufkam.[8] Eine lückenlose Beweisführung gelang jedoch nicht.[9] Kurze Zeit später, im November 1994, war man im Bundeswirtschaftsministerium „auf der Suche nach dem Insider-Leck".[10] Aufgrund von Kursbeobachtungen lag es nahe, daß Wirtschaftsdaten für Insidergeschäfte ausgenutzt worden waren.

Insgesamt wurden in der Zeit von 1964 - 1993 nur wenige Insider - oder Insiderverdachtsfälle bekannt[11]. Dies ist jedoch weniger ein Beweis für die geringe praktische Relevanz des Insidergeschäfts als vielmehr ein Anzeichen für eine hohe Dunkelziffer.

Eine Studie, die sich mit Kapitalerhöhungen von Brauereien in den 60er Jahren beschäftigte, kam 1972 zu dem Schluß, daß in 50% der untersuchten Fälle starke Indizien für Insiderhandel vorhanden waren.[12] Auch die Untersuchungen von *OTTO* legen nahe, daß die Verwertung von Insiderinformationen an den deutschen Börsen nicht nur ausnahmsweise geschieht.[13] Bei einer neueren Untersuchung des deutschen Aktienmarktes wurde festgestellt, daß insbesondere bei Positivereignissen ein reger Insiderhandel nicht ausgeschlossen werden kann, vielmehr bei den verschiedenen Ereignistypen in 20% aller Fälle ein Insiderhandelsverdacht empirisch ermittelt wurde.[14] Daher liegt die Vermutung nahe, daß mit den aufgedeckten Fällen nur ein Bruchteil aller Insidergeschäfte erfaßt worden ist.

---

[5] N.N., Der Spiegel 1993, Heft Nr. 21, S. 31ff.

[6] Siehe S. 5ff.

[7] Werner, Ab in den Bau, Wirtschaftswoche 1994, Heft Nr. 42, S. 207.

[8] N.N.,FAZ v. 26.07.1994, Nr. 171, S. 11.

[9] N.N.,FAZ v. 29.07. 1994, Nr.174, S. 20.

[10] N.N.,FAZ v. 08.11.1994, Nr. 260, S. 15.

[11] Siehe eine Auflistung bei Magnus, Insidergeschäfte und Regelungsbedarf aus ökonomischer Sicht, ZfgKW 94,S. 543, 544.

[12] Schulz, Kapitalerhöhungen und Aktienkurse, S. 8ff, 39ff.

[13] Otto, Bankentätigkeit und Strafrecht, S. 40.

[14] Schmidt/ Wulff, Zur Entdeckung von Insideraktivitäten am deutschen Aktienmarkt, ZBB 93, S. 57, 67.

Die potentiell zu erzielenden Gewinne wurden mit dem Levine / Boesky-Fall deutlich, mit dem die New Yorker Wall Street einen Insiderskandal von bisher unbekanntem Ausmaß zu verzeichnen hatte, nicht zuletzt deshalb, weil nahezu alle Broker - und Bankhäuser in Insidergeschäften verwickelt waren.
Dennis Levine, ein Investmentbanker, gestand 12.6 Mio. Dollar Profit aus dem Insiderhandel ein. Ivan Boesky, ein Abitrageur, zahlte eine Strafe in Höhe von 100 Mio. Dollar, wobei jedoch angezweifelt wurde, ob diese Summe an seinen Gesamtgewinn heranreichte.[15]

Mit dem Status eines Großaktionärs oder eines Organvertreters ist nicht nur eine verantwortungsvolle, sondern auch privilegierte Position für das Effektengeschäft verbunden . Dies erkannte schon 1837 der Bankier und spätere Finanzminister David Hansemann: „Die Wahrscheinlichkeit des Steigens oder Fallens des Aktien-Kurses kann von den Verwaltern zuerst erkannt, und dadurch Gewinn vom Aktien-Handel erzielt werden."[16]
Dem Wissen um diese Problematik folgte in Deutschland erst mehr als 130 Jahre später ein Insiderverbot auf der Basis privatrechtlicher Vereinbarung.

D. Gesetzesgeschichte

1. Gesetzgebung auf nationaler Ebene

a. Das Selbstregulierungsmodell

Erstmals untersagt wurde das Ausnutzen von Insiderinformationen durch die freiwilligen Insiderhandelsrichtlinien (IHR) von 1970.
Es handelte sich dabei um Empfehlungen, die auf freiwillige Kooperation der beteiligten Kreise ausgerichtet waren.
Umfassender Schutz konnte durch die IHR nicht gewährleistet werden, wenn sich nur ein Teil der unter den damalig gefaßten Begriff "Insider" fallenden Personen den vorgeschlagenen Regeln unterwarf.[17]
Des weiteren war der Tatbestand der IHR unzureichend. Vom Kreis der Insider waren zwar Vorstands - und Aufsichtsratsmitglieder ohne Beschränkung auf Aktiengesellschaften sowie Angestellte, die aufgrund ihrer Tätigkeit vertrauliche

---

[15] Ivan Boesky wurde am 18.12.1987 zu drei Jahren Haft verurteilt, N.N.,NZZ v. 19 / 20.12.1987, S. 35.

[16] Hansemann, Die Eisenbahnen und deren Aktionäre in ihrem Verhältnis zum Staat, Leipzig 1837, S. 114.

[17] Bremer, Die Insider-Regeln, Die AG 71,S. 55, 56.

Informationen erhalten, erfaßt,[18] potentielle Insider wie Großaktionäre, Wirtschaftsprüfer oder auch Tipempfänger fielen jedoch nicht unter den Tatbestand.
Die betroffenen Papiere waren enumerativ aufgeführt. Insiderpapiere waren demnach ausschließlich die bezeichneten Aktien der Gesellschaft selbst oder eines mit ihr i.S.v. § 15 AktG verbundenen Unternehmens.
Wandel - und Gewinnschuldverschreibungen, Genußrechte, Optionsscheine und Bezugsrechte sowie Schuldverschreibungen waren nicht erfaßt.
Ebenso wie der Tatbestand der Insiderpapiere war auch der Informationsbegriff durch abschließende Beispiele eng gehalten. Nicht einbezogen waren z. B. öffentliche Übernahmeangebote oder vorgesehene Umtauschangebote. Die Verfahrensordnung war so gestaltet, daß die Einleitung eines Verfahrens von Amts wegen sowie ein Recht der Kommission zur Veröffentlichung ihrer Entscheidungen nicht vorgesehen waren.[19]
Eine Lösung des Insiderproblems konnte von der IHR daher nicht erwartet werden.[20]
Hieran änderte auch die Einführung und mehrmalige Überarbeitung der Händler-und Berraterregeln im Jahre 1972 nichts. Sie waren lediglich eine Konkretisierung der IHR für den Bereich der Wertpapierhändler und stellten allgemeine, im Bankrecht geltende Grundsätze auf, ohne weitere Sanktionsmaßnahmen anzudrohen.[21]
Im Rahmen der Beratungen der Börsengesetzreform wurde im Anschluß über die Einführung eines Insidertatbestandes im Börsengesetz nachgedacht.[22]
Man glaubte jedoch, seit Einführung der IHR einen Rückgang des Insiderhandels beobachten zu können,[23] so daß man sich auf eine verbesserte Fassung der IHR beschränkte, die am 01.07.1976 in Kraft trat. Der Tatbestand wurde dahingehend erweitert, daß nun auch Aktionäre mit mehr als 25% Anteilsbesitz sowie Kreditinstitute als Insider galten. Seit diesem Zeitpunkt galten auch im geregelten Freiverkehr gehandelte Papiere sowie Genußrechte, Wandel - und Gewinnschuldverschreibungen, Optionsscheine sowie Bezugsrechte als Insiderpapiere. Des weiteren wurde der Katalog der Insiderinformationen dahingehend erweitert, daß Übernahmeangebote, Kapitalerhöhungen sowie der Abschluß von Beherrschungs - oder Gewinnabführungsverträgen ebenfalls vom Tatbestand umfaßt wurden.
Die Fassung vom Juni 1988 brachte nochmals eine Verschärfung des Tatbestandes. Informationen durften ausdrücklich nur noch dann weitergegeben werden, wenn dies

---

[18] Bruns, Der Wertpapierhandel von Insidern als Regelungsproblem, S. 158/159.

[19] Heldmann, Das deutsche Insider- Gesetz ad portas, ZRP 90,S. 393, 394.

[20] Horn, Wertpapiergeschäfte von Innenseitern als Regelungsproblem, ZHR 72, S. 369ff; Böhner, Insiderregeln eine Farce?, Das Wertpapier 72, S. 233; Bremer, Die Insider-Regeln, Die AG 71,S. 55.

[21] Dingeldey, Insider-Handel und Strafrecht, S. 40.

[22] So der Bericht des Abgeordneten Dr. Volker, BT- Drucks. 7/ 3248, S. 3.

[23] BT- Drucks. 7/ 3248, S. 3/4.

ein Gesetz erlaubte bzw. die Weitergabe zur Wahrung gesetzlicher Interessen notwendig war. Der Insiderkatalog wurde nochmals auf „Beauftragte der Gesellschaft, die im Zusammenhang mit ihrem Vertrag Kenntnisse von Insiderinformationen zu erlangen pflegen", erweitert.
Die Verfahrensordnung erfuhr dahingehend eine Änderung, daß gem. § 1 Nr. 10 IHR der Insider bei groben Verstößen auch gegen seinen Willen der Öffentlichkeit bekanntgegeben werden durfte.

Das Selbstregulierungsmodell als Freiwilligkeitslösung wurde aufgrund mangelnder Effizienz und fehlender Durchsetzungskraft in Pressekommentaren[24] und juristischer Literatur mehr und mehr kritisiert.[25]
Zwar wurde den Kritikern entgegengehalten, daß die Aufklärung von Insidervorwürfen durch die Sachkunde der Mitglieder der Prüfungskommission erleichtert würde,[26] die Insiderregeln mit größerer Bereitwilligkeit als die vom Gesetzgeber auferlegten Regeln beachtet würden[27] und die Bereitschaft zur Annahme von moralischen, überlieferten Geboten höher sei als die von permanent änderbaren Gesetzesbefehlen.[28]
Gerade aber die immer wieder in den letzten Jahren aufkommenden Insiderverdachtsfälle[29] bzw. die aufgedeckten Insiderfälle, die zu keinerlei rechtlichen Konsequenzen führten, bestätigten die Kritiker und ließen an der Wirksamkeit der IHR zweifeln.[30]
Dies konnten auch strafrechtliche Vorschriften nicht ändern, welche den Vorgang des Insiderhandels nur lückenhaft zu erfassen vermochten.

---

[24] Wiedenhaus, Insider mit Leck, Die Welt v. 14.04.1988, S. 11.

[25] Lambsdorff, Die Konsequenzen aus dem Frankfurter Börsenskandal, Das Wertpapier 91,S. 1280, 1281; Schwarze, in: Hopt/ Wymeersch, European Insider Dealing, p. 153.

[26] zur Megede, Praktische Erfahrungen bei der Anwendung , ZfgKW 88, S. 471, 474.

[27] Raida, Auch in Zukunft weniger Staat, ZfgKW 88, S. 480, 481.

[28] Claussen, Neues zur Insidergesetzgebung I, ZBB 92, S. 73, 76.

[29] So z.B der Börsenskandal 1991,N.N., Der Spiegel 1991, Nr. 31, S.88.

[30] Siehe hierzu auch die neueren Kritiken von Martini, zur Megede und Schreib, Insider-Regelungen im Spannungsfeld von Praktikabilität, Meinungen zum Thema, BFuP 94, 137ff.

b. Insiderstrafrecht

Als strafrechtliche Vorschriften kommen sowohl Vorschriften aus dem Strafgesetzbuch als auch Normen des Nebenstrafrechts in Betracht.

aa. § 263 StGB

Insidergeschäfte sind unter dem Aspekt des § 263 StGB nur dann relevant, wenn der Insider mit Bereicherungsabsicht über Tatsachen täuscht und dies zu einem Vermögensschaden beim Vertragspartner führt.
In personeller Hinsicht enthält § 263 StGB keine Einschränkungen, da sich der Betrugsvorwurf gegen jedermann richtet, der seine besseren Kenntnisse im Aktienhandel verwertet.[31] Das gesamte Tatbestandserfordernis des § 263 StGB führt jedoch nur zu einer teilweisen Erfassung des Insidergeschäfts. Denkbar sind solche Vorgänge, bei denen der Insider in direkten Kontakt zu seinem Vertragspartner tritt, z. B. wenn der Insider Wertpapiere kauft, welche der Verkäufer bei Kenntnis der Tatsachen zu dem vereinbarten Kaufpreis nicht verkauft hätte.[32] Allerdings läßt die Anonymität des Börsengeschehens i. d. R. solche Fälle nicht zu[33] und auch der BGH verweist in den Fällen, in denen ein direktes Vertragsverhältnis nicht besteht, die Aktionäre auf das Kursrisiko, das man ihnen nicht abnehmen könne.[34] Die Hauptanwendung des § 263 StGB im Rahmen von Insidergeschäften liegt daher bei der Anlageberatung, so z.B. wenn ein Kreditinstitut entgegen seiner Rechtspflicht[35] den Anleger über kursrelevante Informationen nicht aufklärt, um für sich oder einen Dritten einen Vermögensvorteil zu erlangen.[36] Ungeachtet der Tatsache, daß sowohl bei unvollständigem Prospektmaterial bzw. bei unvollständiger mündlicher Kundenberatung die Lückenhaftigkeit der Angaben nur schwer nachweisbar ist, ergeben sich auch bei der Feststellung des Vermögensschadens Schwierigkeiten. Als Vermögensschaden bezeichnet man die Differenz zwischen dem Wert des Gesamtvermögens vor und nach der Vermögensverfügung[37]. Geht man davon aus, daß zwar einerseits nicht der Eintritt einer rechnerisch nachweisbaren Vermögensminderung notwendig ist, andererseits aber eine konkrete

[31] Renner, Der Schutz des Kapitalanlegers, S. 145.

[32] Bruns, Der Wertpapierhandel von Insidern als Regelungsproblem, S. 54.

[33] Wojtek, Insider-Trading im deutschen und amerikanischen Recht, S. 23/24; Renner, Der Schutz des Kapitalanlegers, S. 145.

[34] BGH BB 1976, S. 721.

[35] Siehe hierzu Worms, Anlegerschutz durch Strafrecht, S. 181.

[36] RGSt 70, 151, 155; BGHSt 6, 198f; BayOblG JZ 87, 626; OLG Hamm NJW 87, 2245.

[37] RGSt 16, 1, 3; BGHSt 3,99,102; kritisch Sch-Sch-Cramer, § 263 Rdnr. 99.

Vermögensgefährdung ausreicht,[38] so bedeutet dies im Ergebnis, daß ein Vermögensschaden vorliegt, wenn der endgültige Verlust des fraglichen Vermögenswertes nicht mehr wesentlich vom Zutun des Opfers abhängt bzw. der Anleger infolge der Täuschung entweder überhaupt keine oder allenfalls nur eine theoretische Gewinnchance erlangt hat.[39] Beim Insidergeschäft muß die zurückgehaltene Insiderinformation daher wenigstens grundsätzlich zur Kursbeeinflussung geeignet gewesen sein.[40]
Die Strafbarkeit des Insiders läßt sich somit nur begründen, wenn das Insidergeschäft die tatbestandsspezifischen Merkmale des § 263 StGB aufweist, was bei den typischen Insidergeschäften, d.h. dem Ausnutzen von Insiderinformationen durch Börsenhändler, Organvertreter oder Kursmakler gerade nicht der Fall ist.

bb. § 266 StGB

Ähnliches gilt für § 266 StGB. Hier muß der Insider eine ihm aus einem Treueverhältnis obliegende Pflicht, fremde Vermögensinteressen wahrzunehmen, verletzen und dadurch dem, dessen Vermögensinteressen er zu betreuen hat, einen Nachteil zufügen. Der Tatbestand erfaßt somit nur solche Insider, die treuepflichtig i.S.d. Vorschrift sind. Dies sind Aufsichtsrats - und Vorstandsmitglieder der Gesellschaft und den Aktionären gegenüber[41] sowie Angestellte einer Bank im Rahmen der Vermögensverwaltung.
Die Strafbarkeit eines Insiders beurteilt sich somit ebenfalls nur in wenigen Fällen nach § 266 StGB.

cc. Vorschriften zum Geheimnisschutz

§ 204 StGB, § 404 AktG, § 85 GmbHG, § 17 UWG schützen vor unbefugter Verwertung von Betriebs - und Geschäftsgeheimnissen.
Obwohl auf den ersten Blick unproblematisch, erweist sich die Erfassung des Insidergeschäfts (Der Wirtschaftsprüfer nutzt sein in Rahmen einer Prüfung erlangtes Wissen für eigene Aktiengeschäfte) als nicht eindeutig. Denn während die typische Verwertung eines Geschäftsgeheimnisses (z.B. die Weitergabe einer technischen Neuheit an eine Konkurrenzfirma gegen Entgelt) immer auch mit einer

---

[38] BGHSt 55, 112, 113.

[39] BGHSt 30, 177; 31, 115, 117.

[40] Bruns, Wertpapierhandel von Insidern als Regelungsproblem, S. 53; Dingeldey, Insider-Handel und Strafrecht, S. 18.

[41] BGH NJW 75, 1234, 1235.

wirtschaftlichen Schädigung des Unternehmens verbunden ist, ist dies bei der Ausnutzung der Kenntnis einer Insiderinformation nicht notwendig der Fall.
Dies wird z. T. zum Anlaß genommen, das Ausnutzen von Insiderinformationen nicht unter die Geheimnisschutzvorschriften fallen zu lassen.[42]
Zumindest für die Vorschriften des Nebenstrafrechts wird dem entgegengehalten, daß es eine „bereits ausreichende Imageschädigung" darstelle und gleichzeitig eine „Beeinträchtigung des in die Unbefangenheit von Vorstands - und Aufsichtsratsmitgliedern bzw. Prüfern gesetzten Vertrauens, wenn so exponierte Insider wie bei § 404 AktG ihnen bekannt gewordene geheime Informationen zur Erlangung privater Vorteile mißbrauchen", so daß letztlich die Vertrauenskomponente ebenso wichtig sei wie der Schutz der Gesellschaft vor materiellem Schaden.[43]
Tatsächlich gibt der Wortlaut der jeweiligen Vorschrift kaum einen Hinweis darauf, daß die Verwertung des Geheimnisses auf Kosten des Geheimnisträgers erfolgen muß. „Verwerten" bedeutet nach dem allgemeinen Sprachgebrauch, daß ein Nutzen gezogen wird, ohne daß damit über eine gleichzeitige Schädigung eines anderen etwas ausgesagt wird.[44] Das Rechtsgut des § 204 StGB, nämlich das Vertrauen in die Verschwiegenheit und die Integrität der zur Verschwiegenheit verpflichteten Personen[45], ist schon dann verletzt, wenn Geschäftsgeheimnisse und damit Insiderinformationen für private Wertpapierkäufe bzw.-verkäufe eingesetzt werden. Einer Schädigung der betroffenen Gesellschaft bedarf es dabei nicht.
Sind somit Insidergeschäfte von den in Frage stehenden Vorschriften erfaßt, so bedeutet dies jedoch nicht, daß aufgrund dessen eine ausreichende Sanktionsmöglichkeit von Insidergeschäften besteht, denn auch diese Tatbestände erfassen nur einen Teil aller möglichen Insiderfälle. So sind nach § 204 StGB nur die nach § 203 StGB zur Verschwiegenheit Verpflichteten Täter, z.B. Amtsträger oder Rechtsanwälte.[46] § 404 AktG erfaßt ebenfalls von vornherein nur Vorstände, Aufsichtsräte und Prüfer, nimmt somit den Großteil des Managements[47], aber auch andere potentielle Insider wie Börsenhändler, Wirtschaftsjournalisten oder auch Analysten aus.
Lediglich § 17 UWG ist hier weiter gefaßt, durch den sämtliche Angestellte, Arbeiter und Lehrlinge eines Betriebes, denen Informationen anvertraut werden, zur

---

[42] Sch-Sch-Lenckner, § 204 Rdnr. 5; LK-Trager, § 204 Rdnr. 6; Maiwald, Anm. zu BayObIG NStZ 84, 170; Scholz- Tiedemann, GmbHG, § 85 Rdnr. 16.

[43] Geilen, Kölner Kommentar zum AktG, § 404 Rdnr. 63; Ulsenheimer, Zur Strafbarkeit des Mißbrauchs von Insider-Informationen, NJW 75, S. 999, 2001; v. Stebut, Gesetzliche Vorschriften gegen den Mißbrauch von Insiderinformationen, DB 74, S: 613, 614.

[44] So auch das BayObIG NStZ 84, S. 169.

[45] Sch-Sch-Lenckner, § 204, Rdnr. 1.

[46] Sch-Sch-Lenckner, § 204, Rdnr. 11.

[47] Hauschka/ Harm, Argumente zur Reformbedürftigkeit des deutschen Insiderrechts, BB 88, S. 1189, 1190.

Verschwiegenheit verpflichtet sind. Allerdings ist die Verschwiegenheitspflicht - im Gegensatz zu § 404 AktG - auf die Dauer des Dienstverhältnisses beschränkt. Nach § 17 Abs. 2 UWG können sogar Außenstehende bestraft werden, die Insiderkenntnisse verwerten oder weitergeben, nachdem sie ihnen von einem Angestellten mitgeteilt wurden.[48] Als Insiderinformationen werden von diesen Vorschriften jedoch nur Betriebs - oder Geschäftsgeheimnisse erfaßt, obwohl kursrelevante Nachrichten durchaus dem unternehmensexternen Bereich entspringen oder nicht vertraulicher Art sein können.[49]

Entscheidender Kritikpunkt ist jedoch die Ausgestaltung der Vorschriften als Antragsdelikt. Die Strafverfolgung hängt dadurch von der betroffenen Gesellschaft und damit wiederum auch von den potentiellen Insidern ab. Den in erster Linie an der Aufklärung eines Insiderverdachts interessierten Minderheitsaktionären kommt hingegengen kein Antragsrecht zu.[50] Dieses Problem zeigte sich zuletzt wieder deutlich bei der „Steinkühler-Affäre", als Daimler-Benz und die Mercedes - Holding Strafantrag gem. § 404 AktG hätten stellen können, die betroffenen Gesellschaften von ihrem Antragsrecht jedoch keinen Gebrauch machten, offensichtlich deshalb, weil man ansonsten gezwungen gewesen wäre, firmeninterne Mißstände öffentlich behandeln zu müssen und somit die ohnehin schon durch die bekanntgewordenen Insiderfälle schlechte Reputation für negative Schlagzeilen gesorgt hätte.

Somit stellen auch die Vorschriften für den Geheimnisschutz ein nur unzureichendes Mittel gegen Insidergeschäfte dar.

dd. Börsenrechtliche Bestimmungen

Als börsenrechtliche Vorschrift gegen Insidergeschäfte kommt § 88 BörsG in Betracht. Sie ist jedoch nur begrenzt anwendbar, da, wie bei §§ 263, 266 StGB, Voraussetzung die bewußte Herausgabe von Falschinformationen über die Lage der Gesellschaft zur betrügerischen Kursmanipulation ist. Das bloße Ausnutzen von nicht öffentlich bekannten Tatsachen als Hauptanwendungsfall der Insidergeschäfte wird von dieser Vorschrift nicht erfaßt.[51] Auch die Neufassung des § 88 BörsG führte durch die Erfassung der Derivate lediglich zu einer Erweiterung des Wertpapierbegriffs, so daß für den Insiderhandel entscheidende Änderungen ausblieben.[52]

---

[48] v. Stebut, Gesetzliche Vorschriften gegen den Mißbrauch von Insiderinformationen, DB 74,S. 613, 614.

[49] So auch BT- Drucks. 12/ 6679, S. 46.

[50] Heldmann, Das deutsche Insider- Gesetz ad portas, ZRP 90,S. 393, 395.

[51] Arbeitskreis Gesellschaftsrecht, Verbot des Insiderhandels, S. 16.

[52] Schröder, Aktienhandel und Strafrecht, S. 146.

Insgsamt wird man festhalten müssen, daß die die nationalen Gesetze den Insiderhandel nur unzureichend erfassen konnten.

2. Gesetzgebung auf internationaler Ebene

a. Vereinigte Staaten von Amerika

Erste Aktivitäten zur Regelung von Insidergeschäften begannen in den USA bereits nach dem Börsenkrach im Oktober 1929.[53]
Untersuchungen des Banking and Currency Committee führten zum Erlaß des Securities Act im Jahre 1933 sowie des Securities Exchange Act von 1934. Entscheidend ergänzt wurden diese durch Section (10b - 5) im Jahre 1942, wonach unfaire, irreführende und verzerrende Informationen auf dem Wertpapiermarkt verboten waren.[54]
Seit 1988 sehen die Vereinigten Staaten bei Verstößen gegen das Insiderrecht einen Strafrahmen bis zu 10 Jahren und/oder eine Geldstrafe für natürliche Personen und eine Geldstrafe bis zu 2.5 Mio.Dollar für juristische Personen vor.
Die Securities and Exchange Commission (SEC) ist die Kontrollinstanz zur Durchsetzung und Wahrung des Insiderhandelsverbots. Sie hat 2000 Mitarbeiter, von denen allein 700 in der Ermittlung tätig sind.[55]

b. Großbritannien

In England wurde der Insiderhandel mit dem Companies Act von 1980 verboten und mit Freiheitsstrafe und/oder mit Geldbuße in unbestimmter Höhe bedroht. 1985 wurde durch den Companies Security Act eine umfassende Neuregelung vorgenommen. Section 1-7 untersagt den Personen, die bevorzugten Zugang zu den kurssensiblen Informationen haben, in betreffenden Effekten zu handeln oder die Information weiterzugeben. Die in Section 8 aufgeführten Sanktionen sehen eine Freiheitsstrafe bis zu zwei Jahren und/oder eine Geldstrafe vor.

c. Frankreich

Mit dem Gesetz vom 23.12.1970 wurde die vom 28.09.1967 erlassene „Verordnung über die Einsetzung einer Aufsichtskommission über die Börse" ersetzt und erstmals Insidermißbrauch unter Strafe gestellt. Tatbestand und Durchsetzungsmöglichkeiten

---

[53] Wojtek, Insider - Trading im deutschen und amerikanischen Recht,S. 42.

[54] Schwark, Börsengesetz, 1. Auflg., 1976, S. 491.

[55] Grundmann, Neuregelung des Insiderhandels-Verbots in Deutschland, ZfgKW 92, S. 12, 13.

erwiesen sich jedoch als lückenhaft, so daß 1983 das Gesetz u.a. dadurch ergänzt wurde, daß auch die Weitergabe einer Insiderinformation unter Strafe gestellt wurde.[56]
Auch mußten Insiderinformationen nicht mehr auf die kaufmännische, technische oder finanzielle Seite des Emittenten beschränkt sein.
Um langwierige Untersuchungen durch die Staatsanwaltschaft zu verhindern, wurde mit dem Gesetz vom 02.08.1989 auch die COB ermächtigt, Untersuchungen durchzuführen und den Tätern Strafen i. H. v. 10 Mio FF oder das 10-fache des Gewinns aufzuerlegen.[57]

d. Niederlande

Nach den vielen Jahren öffentlicher Diskussionen und aufgetretener Verdachtsfälle ist auch in den Niederlanden als Ergänzung des „Verhaltenskodex der Amsterdamer Börse" seit 1990 Insiderhandel strafbar und kann mit Gefängnis bis zu zwei Jahren oder mit einer Geldbuße bis zu 100.000 hfl. bestraft werden.[58]

e. Belgien

Seit dem Jahre 1989 sieht der Art. 509 belg. StGB die Strafbarkeit des Insiderhandels vor. Die Ausnutzung direkt oder indirekt bezogener Insiderinformationen - die Strafbarkeit ist also auch auf den Sekundärinsider bezogen - wird mit Haft bis zu oinem Jahr oder einer Geldbuße von 100.000 bfrs. bestraft.[59]

f. Luxemburg

Zur Umsetzung der EU-Richtlinie wurde am 03.05.1991 das „Loi sur les operations d'initiés" erlassen, welches eine Haftstrafe oder eine Geldbuße bis zu 50 Mio lfr. vorsieht.[60]

g. Italien

In Italien wurde die EU-Richtlinie durch das Gesetz Nr. 157 v.17.05.1991 umgesetzt. Auch dort hat man sich für eine strafrechtliche Lösung entschieden. Bei einem

---

[56] Allerdings kann der Tipnehmer nur als Mittäter bestraft werden.

[57] Siehe zur Entwicklung des französischen Insiderrechts: Commission des Operations de Bourse, Les Entretiens de la COB „1983-1993: Securite et Transparence des Marches".

[58] Heldmann, Insidermißbrauch und Rechtsgüterschutz, SJZ 1992, S. 305, 310.

[59] Heldmann, Insidermißbrauch und Rechtsgüterschutz, SJZ 1992, S. 305, 309.

[60] Siebel, Der Sekundär-Insider, FS für Semler, S. 955, 962.

Verstoß ist eine Haft bis zu sechs Monaten oder eine Geldstrafe von einer Million bis zu 30 Mio. Lire vorgesehen.[61]

h. Schweiz

Einer der ersten bekanntgewordenen Fälle des Mißbrauchs von Insiderinformationen in der Schweiz stammt aus dem Jahre 1969. Es handelte sich dabei um die Übernahmeofferte der Sandoz an die Durand und Huguenin AG.[62] Das Problem wurde in der breiten Öffentlichkeit jedoch erst in den siebziger Jahren diskutiert. Im Jahre 1982 entschloß sich der Bundesrat zu einem eigenem Gesetzesprojekt, dem schon 1983 ein fertiggestellter Vorentwurf folgte. Die endgültige Fassung des Art. 161 StGB trat dann erst am 01.07. 1988 in Kraft.
Art. 161 des Schweizerischen Strafgesetzbuches ist als Erfolgsdelikt ausgestaltet und setzt die Erlangung eines Vermögensvorteils durch den Insider voraus. Der Begriff des Insiders und der Insidertatsache ist abschließend aufgezählt und tatbestandlich eng gehalten. Bis zum Inkrafttreten des Bundesgesetzes über die Börsen und den Effektenhandel kann die Eidgenössische Bankenkommission bei Verdacht auf Insiderhandel weder Vorabklärungen vornehmen noch an diesen beteiligt werden.Die Verfolgung von Art. 161 StGB unterliegt daher zur Zeit allein der kantonalen Gerichtsbarkeit.[63]

3. Die Notwendigkeit einer deutschen Insiderregelung

Die gesetzgeberische Regelungsbedürftigkeit des Insiderhandels wurde auf internationaler Ebene sowohl aus ökonomischer als auch aus juristischer Sicht ausführlich diskutiert. Ausgelöst wurde der Streit durch das Buch von Manne[64], der mit dem victimless-crime Ansatz nicht nur die negativen Einflüsse des Insiderhandels auf dem Kapitalmarkt verneinte, sondern vielmehr in den durch die Insidergeschäfte zu erzielenden Gewinne ein Motivationsargument für Manager sah.[65] Das principal-agent Argument ging gar davon aus, daß Insidergeschäfte Interessenkonflikte zwischen Managern (principals) und den Aktionären (agents) zu lösen vermochten. Dem Motivationsargument wurde entgegengehalten, daß andere,

---

[61] Marchetti, Die neuere italienische Gesetzgebung auf dem Gebiet des Gesellschaftsrechts, ZGR 1992, S. 545, 554-556.

[62] Forstmoser, Die neue Schweizerische Strafnorm gegen Insider-Geschäfte, ZGR 89, S. 124, 125.

[63] Schmid, Schweizerisches Insiderstrafrecht, Komm. zu Art. 161, S. 221.

[64] Manne, Insider Trading and the Stock Market, Toronto 1966.

[65] Manne, Insider Trading and the Stock Market, S. 155.

effektivere Anreizsysteme denkbar seien, so z.B. Prämien - oder Bonuszahlungen in Abhängigkeit von Börsenkursentwicklungen.[66] Im übrigen sei von verschiedenen Motivationstheorien nahegelegt worden, daß gerade im Top - Management - Bereich auch nicht finanzielle Anreize entscheidend seien.[67]
Darüber hinaus übersehe das principal - agent Argument, daß bei Insidergeschäften Manager ihre Investitionsschwerpunkte entgegen den Interessen der Aktionäre setzen und somit neue Interessenkonflikte herbeigeschafft werden.[68] Ökonomisch und juristisch relevant sei, daß der Insiderhandel die Funktion der Kapitalmärkte gefährde und auch zu einem finanziellen Schaden des einzelnen Anlegers führen könne.[69]

Ungeachtet der Frage, welche Wirkungen der Insiderhandel tatsächlich entfalten kann, sind Konsequenzen dieser Diskussion auf nationaler Ebene nicht ersichtlich. Selbst die seit Einführung an der IHR geübte Kritik sowie die immer neu aufkommenden Verdachtsmomente von Insidergeschäften führten lediglich zu kosmetischen Veränderungen und haben die gesetzgeberischen Aktivitäten kaum gefördert. Man wird daher die Tatsache, daß die Bundesrepublik Deutschland sich mit einer Insiderregelung, wie sie die freiwilligen IHR darstellten, isoliert sehen mußte[70] sowie die Verabschiedung der EU-Richtlinie am 18.11.1989[71] mit der Vorgabe, diese bis zum Juni 1992 umzusetzen, als die eigentliche, politische Motivation ansehen müssen, das deutsche Insiderrecht neu zu gestalten, zumal sich die Bundesrepublik Deutschland bis zum Erlaß des Art. 100a EWG-Vertrag gegen das Rechtsangleichungsvorhaben der EU streubte[72] und auch während der Beratungen zu einer EU-Insiderrichtlinie auf eine enge Fassung des Tatbestandes bedacht war.[73]
Mit Verabschiedung der Richtlinie hat die Gemeinschaft die Normierung des Insiderrechts in Deutschland geebnet.

---

[66] Magnus, Insidergeschäfte und Regelungsbedarf aus ökonomischer Sicht, ZfgKW 94, S. 543.

[67] Magnus, Insidergeschäfte und Regelungsbedarf aus ökonomischer Sicht, ZfgKW 94, S. 543.

[68] Magnus, Insidergeschäfte und Regelungsbedarf aus ökonomischer Sicht, ZfgKW, S. 543, 544.

[69] Zusammenfassung der Diskussion bei Hopt, Europäisches und deutsches Insiderrecht, ZGR 91, S. 17, 25/26; siehe auch die tabellarische Übersicht der Diskussion bei Rudolph, Betriebswirtschaftliche Beurteilung des Insiderhandelsvebotes, BFuP 94, S. 114, 122.

[70] von Rosen, Insider-Regeln, Gegenwart und Zukunft, ZfgKW 89, S. 658.

[71] Abgedruckt in ABLEG Nr. L 334/30.

[72] Paefgen, Insiderhandel, Die AG 91, S. 380, 385.

[73] Schödermeier-Wallach, Die Insider-Richtlinie der Europäischen Gemeinschaft, EuZW 90, S. 122.

4. Die EU-Richtlinie

Obschon die Insiderrichtlinie nach Art. 15 an den Gesetzgeber der Mitgliedstaaten gerichtet ist - die Regierungen der Mitgliedstaaten sind verpflichtet, die Richtlinie in nationales Recht umzusetzen - besteht nicht die Notwendigkeit zum Erlaß einer strafrechtlichen Vorschrift. Denn in Art. 13 ist festgelegt, daß es den Mitgliedstaaten selbst überlassen bleibt, wie ein Verstoß gegen die Verbotsvorschriften zu ahnden ist. Mindeststandard ist nur, daß die Sanktion soweit gehen muß, daß sie hinreichend Anlaß zur Einhaltung der Verbotsvorschriften darstellt. Die vom Rat der Europäischen Gemeinschaften erlassene Insiderrichtlinie soll die Funktionsfähigkeit der Wertpapiermärkte, welche für die Finanzierung der Wirtschaftssubjekte eine wichtige Rolle spielen, sichern.[74]

Für diesen Zweck werden in Art. 1-2 die Merkmale der Insiderinformation, der Insiderpapiere sowie die Insidereigenschaft bezeichnet.

In Art. 1 Nr.1 wird die Insiderinformation als eine nicht öffentlich bekannte präzise Information, die einen oder mehrere Emittenten von Wertpapieren oder ein oder mehrere Wertpapiere betrifft und die, wenn sie öffentlich bekannt würde, geeignet wäre, den Kurs dieses Wertpapiers oder dieser Wertpapiere beträchtlich zu beeinflussen, definiert.

Art. 1 Nr. a-d zählt die unter die Richtlinie fallenden Wertpapiere auf, wobei alle Wertpapiere auf einem Markt zum Handel zugelassen sein müssen, der von staatlich anerkannten Stellen reglementiert und überwacht wird, regelmäßig stattfindet und der Öffentlichkeit direkt oder indirekt zugänglich ist.

Art. 2 Abs. 1 untersagt es den betroffenen Insidern, unter Ausnutzung der Kenntnis ein Insiderpapier zu erwerben oder zu veräußern.

Insider sind hiernach Personen, die Mitglieder eines Verwaltungs-, Leitungs - oder Aufsichtsorgans des Emittenten sind, Kapitalbeteiligte der Unternehmen sowie solche Personen, die aufgrund ihrer Tätigkeit Zugang zu Informationen haben.

Für diese Personen stellt Art. 3 darüber hinaus ein Mitteilungs - und Empfehlungsverbot auf.

Schließlich sieht Art. 4 das in Art. 2 Abs. 1 aufgestellte Verbot auch für die Personen vor, welche mittelbar oder unmittelbar Kenntnis einer Insiderinformation von den in Art. 2 genannten Personen erhalten haben. Art. 6 stellt jedoch klar, daß jeder Mitgliedstaat auch strengere Vorschriften als die in der Richtlinie vorgesehenen erlassen kann.

Von Bedeutung ist schließlich Art. 8, demgemäß jeder Mitgliedstaat Verwaltungsstellen benennen muß, welche die Anwendung der Vorschriften überwachen und, gegebenenfalls in Zusammenarbeit mit anderen Stellen, über Kontroll - und Ermittlungsbefugnisse verfügen.

---

[74] ABLEG Nr. L 334/30.

Teil 2: Das neue deutsche Insiderrecht

Mit Verabschiedung des Zweiten Finanzmarktförderungsgesetzes hat sich die Diskussion um die Regelungsbedürftigkeit des Insiderhandels erübrigt, obwohl wieder in jüngster Zeit die Notwendigkeit eines Insidergesetzes bestritten wurde.[75] Das am 01.01.1995 in Kraft getretene Gesetz[76] ist als Artikelgesetz gefaßt und umfaßt neben dem neuen Wertpapierhandelsgesetz auch Änderungen des Börsengesetzes, des Gesetzes über Kapitalanlagegesellschaften, des Aktiengesetzes sowie des Depotgesetzes. Die insiderrelevanten Regelungen, welche gem. Art. 20 WphG bereits seit dem 01.08.1994 in Kraft sind, werden abschließend im WphG genannt, so daß eine Betrachtung der übrigen Gesetzesänderungen nicht notwendig ist.

A. Das zu schützende Rechtsgut

Das zu schützende Rechtsgut ist nicht nur Maßstab für Inhalt und Auslegung der Strafvorschrift und ihrer einzelnen Tatbestandsmerkmale, sondern erlangt auch Bedeutung im Hinblick auf die Beurteilung der Rechtfertigungsgründe und die damit verbundenen Wertungskollisionen.
Als zu schützende Rechtsgüter kommen hier sowohl überindividuelle als auch individuelle Rechtsgüter in Betracht.
Von vornherein ausgenommen worden kann die vom Insiderhandel betroffene Gesellschaft. Denn zum einen wird diese in der Regel durch Insiderhandel nicht unmittelbar geschädigt[77], zum anderen besteht auch kein Bedürfnis für eine strafrechtliche Ahndung von Treuepflichtverletzungen der Insider gegenüber ihrer Gesellschafft, da hierfür bereits verschiedene Vorschriften des Strafrechts sowie des Nebenstrafrechts zur Verfügung stehen[78], so z. B. §§ 203, 204 StGB, § 404 AktG, § 85 GmbhG oder § 17 UWG.

1. Überindividuelle Rechtsgüter

Als überindividuelle schützenswerte Rechtsgüter werden die Funktionsfähigkeit der Börse, das Vertrauen der Anleger und die Chancengleichheit der Wettbewerber am

[75] Schneider, Wider Insiderhandelsverbot und die Informationseffizienz des Kapitalmarkts, DB 93, S. 1429ff.

[76] BGBl 1994 Teil I, 1749ff.

[77] Grunewald, Neue Regeln zum Insiderhandel, ZBB 90, S. 128, 129.

[78] Caspari, Die geplante Insiderregelung in der Praxis, ZGR 94, S. 530, 533.

Markt genannt.[79] Die Unbestimmtheit der Begriffe „Funktionsfähigkeit", „Kapitalmarkt" oder „Vertrauen der Anleger"[80] macht es insbesondere im Hinblick auf die oben erwähnte Bedeutung der Rechtsgutbestimmung erforderlich, die Börsenfunktion näher zu betrachten.

Die Funktionsfähigkeit der Effektenbörse setzt die Faktoren der Liquidität und der Transparenz voraus. Liquidität meint zum einen die gleichmäßige Beschaffenheit der Waren in dem Maße, daß einzelne Stücke oder Mengen untereinander ausgetauscht werden können (Fungibilität der Handelsobjekte), zum anderen die Konzentration von Angebot und Nachfrage, die einen reibungslosen Effektenaustausch gewährleisten soll.[81] Die ständige Konzentration von Angebot und Nachfrage kann jedoch nur durch Tranzparenz, d.h. durch Durchsichtigkeit des Marktgeschehens im Hinblick auf eine Lagebeurteilung durch das Börsenpublikum[82] aufrechterhalten werden. Im Normalfall greifen die Anleger hierbei auf die Informationen von Finanzanalysten und Anlageberatern zurück.

Insidergeschäfte ermöglichen es hingegen nur wenigen Personen, aufgrund ihres Vorauswissens rechtzeitig auf gute oder schlechte Nachrichten eines Unternehmens reagieren zu können. Die Verteilungsungerechtigkeit am Kapitalmarkt[83], höhere Kosten für die Anleger[84] sowie die Abwanderung der Kapitalmarktteilnehmer[85] aufgrund des mangelnden Vertrauens in die Rentabilität der Wertpapiere sind die Folgen.

Die Notwendigkeit des Schutzes des Kapitalmarktes sowie das fehlende Vertrauen der Anleger sind demnach nur die Konsequenz einer nicht vorhandenen Chance auf gleichberechtigten Zugang aller Marktteilnehmer zu kursrelevanten Informationen. Schutzgut des Insiderrechts ist daher die Informationsparität am Kapitalmarkt.

---

[79] BT- Drucks. 12/ 6679, S. 33; Peltzer, Die neue Insiderregelung im Entwurf des Zweiten Finanzmarktförderungsgesetzes, ZIP 94, S. 746, 747; Hauschka/ Harm, Argumente zur Reformbedürftigkeit des Insiderrechts, BB 88, S. 1189, 1195; Jenckel, Das Insiderproblem, S. 28; Krimphove, Das Zweite Finanzmarktförderungsgesetz, JZ 94, S. 23, 25.

[80] Siehe hierzu Reischel, Wirtschaftskriminalität und Rechtsgut, S. 184ff; Volk, Strafrecht und Wirtschaftskriminalität, JZ 82 S. 85, 88 sieht gar in den überindividuellen Rechtsgütern den Untergang des Rechtsguts als Auslegungsmaßstab.

[81] Vontobel, Kritische Betrachtungen zum Recht der Schweizerischen Effektenbörse, S. 22.

[82] Vontobel, Kritische Betrachtungen zum Recht der Schweizerischen Effektenbörse, S. 22.

[83] Ott / Schäfer, Ökonomische Auswirkungen der EG - Insider- Regulierung in Deutschland, ZBB 91, S. 226, 229.

[84] Ott/ Schäfer, Ökonomische Auswirkungen der EG- Insider-Regulierung in Deutschland, ZBB 91, S. 226, 230.

[85] Schörner, Gesetzliches Insiderhandelsverbot, Eine ordnungspolitische Analyse, S. 142ff.

2. Individuelle Rechtsgüter

Neben dem Schutzgut der Informationsparität kommt der Schutz jedes einzelnen Anlegers in Betracht. Ob dieser tatsächlich vom Schutzgut des Insidergesetz erfaßt werden soll, wird in der Literatur nicht einhellig beurteilt.
Die Befürworter eines Individualschutzes begründen ihre Ansicht damit, daß der Anleger durch Insidergeschäfte unmittelbar geschädigt würde[86], da er seinen Geschäftsgegnern das Papier unter Wert abnimmt. Noch klarer sei dies bei Negativereignissen. Es werden Papiere über ihrem tatsächlichen Wert vom Insider entsprechend dem Informationsgefälle verkauft, bis zu dem Geschäftspartner, der als Letzter informiert wird.[87] Darüber hinaus sei es mit dem Individualschutz der Anleger nicht vereinbar, wenn Insider aus Negativentwicklungen, für die sie selbst mitverantwortlich sein können, Gewinne ziehen zu lassen.[88] Schließlich seien Institutionenschutz, auf den auch die Begründung zum Regierungsentwurf abzielt, und Individualschutz nur zwei Seiten ein und derselben Medaille, weshalb sie nicht voneinander getrennt werden könnten.[89]
Andere hingegen unterscheiden zwischen dem Anleger auf der Marktseite des Insiders und denen, die auf der Marktgegenseite stehen. Für die Anleger auf der Marktgegenseite sei ein Schaden deshalb zu verneinen, weil sie ihre Transaktionen ohnehin getätigt hätten und möglicherweise, im Falle eines Fernbleibens des Insiders vom Markt, sogar ein schlechterer Preis erzielt worden wäre.[90] Auch für die Anleger auf der Marktseite des Insiders sei ein Schaden nicht in jedem Fall ersichtlich, da zumindest bei Negativereignissen kursrelevante Informationen ja gerade zurückgehalten würden und somit ein rapider Kurseinbruch verhindert würde.[91]
Jenckel verneint sogar generell einen Schaden des einzelnes Anlegers, weil er in der Gefahr, „bei zu hohem Kurs einzusteigen oder bei zu niedrigem Kurs zu veräußern", das in dem Wesen des Spekulationsgeschäfts liegende typische Risiko realisiert sieht.[92] Ungeachtet der ökonomischen Auswirkungen wird auch auf die Gesetzesbegründung zum Regierungsentwurf sowie auf die Präambel zur EU-

---

[86] Pfisterer, Stand der Insiderdiskussion, ZGR 81, S. 318, 337; Rudolph, Betriebswirtschaftliche Beurteilung des Insiderhandelsverbots, BFuP 94, S. 114, 118.

[87] Hopt/ Will, Europäisches Insiderrecht, S. 46/ 47.

[88] Hopt, Europäisches und deutsches Insiderrecht, ZGR 91, S. 17, 26.

[89] Assmann, Das neue deutsche Insiderrecht, ZGR 94, S. 494, 499; Hopt, Europäisches und deutsches Insiderrecht, ZGR 91, S. 17, 26.

[90] Grunewald, Neue Regeln zum Insiderhandel, ZBB 90, S. 128/ 129.

[91] Kirchner, Zur zentralen Rolle der zivilrechtlichen Sanktionen im Recht des Insiderhandels, FS für Kitagawa, S. 665, 672.

[92] Jenckel, Das Insiderproblem, S. 25.

Richtlinie verwiesen, die - im Gegensatz zu anderen Richtlinien[93] - zur Rechtfertigung einer gemeinschaftlichen Regelung den Anlegerschutz nicht erwähnen.[94]

Die Tatsache, daß sowohl die Präambel der Richtlinie als auch die Vorbemerkungen im Regierungsentwurf lediglich institutionelle Rechtsgüter nennen, deutet auf ein rein kapitalmarktpolitisches Regelungsziel hin.
Andererseits überzeugen die Argumente, welche eine Auswirkung auf den einzelnen Anleger verneinen, nicht. Zwar ist die Gefahr, bei zu hohem Kurs zu kaufen bzw. mit Verlust zu veräußern ein dem Spekulationsgeschäft anhaftendes Risiko. Allerdings darf das Risiko eines jeden Geschäfts nur im Rahmen eines fairen Wettbewerbs liegen. Das darüber hinausgehende Risiko, und ein solches stellt der Insiderhandel dar, ist weder kalkulierbar, noch muß es vom Anleger geduldet werden. Somit ist es hier die Aufgabe des Gesetzgebers, dem entgegenzuwirken. Hingegen ist die Frage, ob der Anleger auf der Marktgegenseite die Transaktion ohnehin vorgenommen hätte bzw. ob das Zurückhalten einer kursrelevanten Information einen plötzlichen Kursabfall verhindert hätte, sicherlich bedeutend für die haftungsbegründende Kausalität eines möglichen Schadens. Indes beantwortet es nicht die Frage, ob das Gesetz über das institutionelle Rechtsgut hinaus auch den einzelnen Anleger schützen soll.
Ausgangspunkt für diese Überlegung muß vielmehr das Rechtsgut der Informationsparität am Kapitalmarkt sein. Zwar ist dies ein gesamtwirtschaftliches Rgelungsziel, es bedeutet letztlich jedoch auch den „Schutz des einzelnen in seinem wettbewerblichen Arbeitsergebnis, das er mit seinem ihm zur Verfügung stehenden und vom Wertbildungsprozeß der Gesellschaft zugebilligten Mitteln erzielt hat".[95]
Im übrigen scheint auch der deutsche Gesetzgeber die Zielsetzung des individuellen Anlegerschutzes nicht auszuschließen. Denn zum einen wird zur Begründung der strafrechtlichen Lösung angeführt, daß den von den Insiderverstößen ausgehenden Gefahren für die Funktionsfähigkeit der Märkte und den Vermögensinteressen einzelner Anlagen durch einen verstärkten strafrechtlichen Schutz entgegengewirkt werden müsse.[96]
Zum anderen läßt auch der Bundesrat „die Vermögensinteressen einzelner Anleger" im Rahmen der Stellungnahme zu den strafrechtlichen Vorschriften nicht ungenannt.[97] Es kann demnach keineswegs die Rede davon sein, der Anlegerschutz

---

[93] So z.B. die Richtlinie 80/ 390 EWG, ABLEG 1980, Nr. L 100/1.

[94] Caspari, Die geplante Insiderregelung in der Praxis, ZGR 94,S. 530, 533; Peltzer, Die neue Insiderregelung, ZIP 94, S. 746, 747.

[95] Reischel, Wirtschaftskriminalität und Rechtsgut, S. 172.

[96] BT-Drucks.12/ 6679, S. 57.

[97] BT-Drucks.12/ 6679, S. 95.

sei ein Teilelement des übergeordneten Funktionenschutzes[98]. Denn die Funktionsfähigkeit des Marktes setzt die Teilnahme der Anleger am Markt und somit ihr Vertrauen voraus. Das Individualinteresse muß daher notwendiger Bestandteil der Funktionsfähigkeit sein und darf nicht als untergeordnetes Element eines kapitalmarktpolitischen Zieles gesehen werden. Die Wechselwirkung zwischen Anlegerschutz und der Funktionsfähigkeit des Marktes ist die notwendige Konsequenz.[99]

B. Anwendungsbereich

1. Sachlicher Anwendungsbereich

Der sachliche Anwendungsbereich des WphG ist in § 1 WphG festgelegt. Demnach ist das Gesetz anzuwenden auf den börslichen und außerbörslichen Handel mit Wertpapieren und Derivaten sowie auf Veränderungen der Stimmrechtsanteile von Aktionären an börsennotierten Gesellschaften. Die Veränderung von Stimmrechtsanteilen ist bedeutend für die neu festgelegten Mitteilungspflichten bei Veränderung dieser Stimmrechte durch Erwerb, Veräußerung usw. gem. §§ 21ff WphG.
Das Verbot des Ausnutzens von Insiderinformationen betrifft somit nur den Handel mit Wertpapieren und Derivaten. Nutzt jemand im Rahmen einer Kreditvergabeverhandlung eine kursrelevante Information dergestalt aus, daß von einer Darlehenshingabe abgesehen wird, so ist dies nicht vom Insiderhandelsverbot erfaßt.
Konsequenterweise muß man darüber nachdenken, ob das Rechtsgut der Informationsparität auch in anderen Bereichen, so z.B. bei regionalen Entscheidungsgremien über den Baulandausweis, die Auftragsvergabe usw. schützenswert ist.[100] Es würde den Rahmen dieser Arbeit sprengen, diese Frage zu klären. Doch sollte bedacht werden, daß die Regelung eines Lebensbereiches durch strafrechtliche Sanktionen immer nur ultima ratio sein kann.[101] Die Schutzwürdigkeit der Informationparität darf nicht dazu führen, daß der Wettbewerb rechtlich formalisiert und somit unpraktikabel wird. Bei der Frage einer Ausdehnung einer Insiderregelung auf andere Gebiete ist somit genau zwischen dem zu schützenden Bereich und dem einzusetzenden Mittel abzuwägen.

---

[98] So aber Tippach, Das Insider-Handelsverbot, S. 15.

[99] Kümpel, Wertpapierhandelsgesetz, S. 53.

[100] Kritisch hierzu mit weiteren Beispielen: Hopt, Insiderwissen und Interessenkonflikte, FS für Heinsius, S. 289, 307f.

[101] NJW BVerfG 1977, 1525, 1532.

2. Territorialer Anwendungsbereich

In § 3 StGB ist das sogenannte Territorialprinzip festgelegt, wonach grundsätzlich nur Taten, die im Inland begangen werden, der Geltung des deutschen Strafrechts unterworfen sind. Dieses Prinzip muß auch für § 38 WphG gelten. Eine Durchbrechung des Territorialprinzips stellt § 7 StGB dar. Hiernach unterliegt der Täter gem.§ 7 Abs. 1 StGB auch bei im Ausland begangenen Taten der deutschen Strafhoheit, wenn die Tat im Ausland mit Strafe bedroht ist und sich gegen einen Deutschen richtet. Ein Verstoß gegen das Insiderrecht stellt keine Tat gegen einen Deutschen dar, da sie sich nicht gegen einen bestimmten oder bestimmbaren einzelnen Deutschen richtet[102], es sei denn, es liegt eine Verletzung eines Betriebs - oder Geschäftsgeheimnisses i.S.v. § 404 AktG oder § 17 UWG vor. Dann gilt jedoch § 5 Nr. 7 StGB. Allerdings gilt § 7 Abs. 2 StGB, wenn die Tat am Tatort mit Strafe bedroht ist und die weiteren Voraussetzungen von § 7 Abs. 2 Nr. 1 und Nr. 2 vorliegen.[103] Gibt ein Deutscher von Frankreich aus telephonisch eine Insiderinformation nach Deutschland weiter, so unterliegt er der Strafhoheit der Bundesrepublik Deutschland.

Anders ist der Fall zu beurteilen, wenn eine Insiderinformation von der Schweiz aus weitergegeben wird. Gem. Art. 161 des Schweizerischen Strafgesetzbuches bedarf es für die Verwirklichung des Insiderstraftatbestandes der Erreichung eines Vermögensvorteiles für sich oder einen Dritten. Allein die Weitergabe ist nicht strafbar, so daß diesbezüglich ein ausländisches Verbot nicht vorliegt. Der Täter unterliegt nicht der deutschen Strafhoheit.

Wieder etwas anderes gilt, wenn ein Fall der Mittäterschaft vorliegt. Denn gem. § 9 StGB gilt die Tat in örtlicher Hinsicht sowohl dort als begangen, wo ein Tatbeteiligter gehandelt hat als auch, wo ein tatbestandlicher Erfolg eingetreten ist.[104] Nun handelt es sich beim Insiderhandelsverbot nicht um ein Erfolgs -, sondern um ein abstraktes Gefährdungsdelikt, so daß es auf den Ort eines tatbestandlichen Erfolges nicht ankommen kann. Für die Mittäterschaft bedeutet dies, daß im Falle der Begehung nur eines Tatanteils im Inland die ganze Tat eine Inlandstraftat darstellt.[105]

Für den Teilnehmer gilt die Tat gem. § 9 Abs. 2 StGB sowohl an dem Ort der Haupttat als auch an dem Ort begangen, an dem der Teilnehmer gehandelt hat. Dies bedeutet, daß der Teilnehmer auch dann deutscher Strafhoheit unterliegt, wenn die

---

[102] Dreher/ Tröndle, Strafgesetzbuch, § 7 Rdnr. 6.

[103] Die Formulierung in §38 Abs.2 WphG hat insofern nur eine klarstellende Funktion, da § 14 WphG eine öffentlich-rechtliche Norm ist und als solche nur Wirkung für das Inland entfaltet.

[104] Sch-Sch-Eser, § 9 Rdnr. 3.

[105] Dreher/ Tröndle, Strafgesetzbuch, § 9 Rdnr. 2.

Hauptat an einem Ort begangen wurde, an dem die Tat nicht mit Strafe bedroht ist.[106]

Letztlich wird § 7 StGB dazu beitragen, daß aufgrund der schon weit entwickelten Insiderhandelsverbote in anderen Ländern der territoriale Anwendungsbereich nicht auf das Inland beschränkt bleibt, sondern auch im Ausland begangene Insiderdelikte deutscher Strafhoheit unterliegen können.

---

[106] LK-Tröndle, § 9 Rdnr. 15 sieht dies als Durchbrechung des Akzessorietätsgedankens an; a.A.: Jung, Die Inlandsteilnahme an ausländischer strafloser Hauptat, JZ 79, S. 325, 328.

Teil 3: Die Tatbestandsmerkmale

Straftatbestand und Strafandrohung des Insiderstrafrechts sind nicht in einer Norm zusammengefaßt, so daß es sich bei der Strafnorm des § 38 WphG um ein Blankettstrafgesetz handelt.[107] Für den Tatbestand sind daher im wesentlichen drei Normen von Bedeutung.
Dies ist zum einen § 12 WphG, der die insiderrechtlich relevanten Wertpapiere umschreibt.
Den persönlichen Anwendungsbereich bestimmt § 13 WphG, dies jedoch nicht abschließend, da zunächst nur Personen genannt werden, die unmittelbaren Zugang zu Insiderinformationen haben, also Angehörige eines Gesellschaftsorgans, Anteilseigner eines Unternehmens oder solche Personen, die aufgrund ihrer Tätigkeit typischerweise Insiderinformationen erhalten können.
Eine Abgrenzung zum Kreis der Sekundärinsider enthält § 14 Abs. 2 WphG, die eigentliche Verbotsnorm, wonach auch jeder Dritte, der Kenntnis von einer Insidertatsache hat, vom Insiderrecht erfaßt wird.

Für den Primärinsider gilt gem. § 14 Abs. 1 WphG neben dem Verbot der Ausnutzung seiner Kenntnis in Form der Veräußerung oder des Erwerbs eines Insiderpapiers für sich oder einen Dritten auch ein Mitteilungsverbot sowie ein Empfehlungsverbot. Dem Sekundärinsider ist es untersagt, ein Insiderpapier für eigene oder fremde Rechnung zu erwerben bzw. zu veräußern.
Eine Definition der Insidertatsache findet sich im Rahmen der enumerativen Bestimmung des Primärinsiders in § 13 WphG, nach der Insiderinformationen nicht öffentlich bekannte Tatsachen sind, die sich auf einen oder mehrere Emittenten oder Insiderpapiere beziehen und im Falle ihrer Veröffentlichung geeignet sind, den Kurs erheblich zu beeinflussen.
§ 38 Abs. 1 WphG sieht bei einem Verstoß gegen § 14 Abs. 1 und 2 eine Freiheitsstrafe bis zu fünf Jahren oder Geldstrafe vor.

A. Insiderpapiere

Die Bestimmung des Insiderpapiers ergibt sich sowohl aus § 2 Abs. 1 WphG als auch aus § 12 WphG.
Während § 12 Abs. 1 WphG für die Wertpapiere i.S.v. § 2 Abs. 1 WphG die allgemeinen Börsenmarktvoraussetzungen aufstellt, erweitert § 12 Abs. 2 WpHG den Begriff des Insiderpapiers auf die sogenannten abgeleiteten Anlageinstrumente.

---

[107] Sch-Sch-Eser, vor § 1Rdnr. 3.

1. Allgemeine Börsenmarktvoraussetzungen

Insiderpapiere i. S. v. § 12 Abs. 1 WphG können zunächst solche Papiere sein, die an einer inländischen Börse zum Handel zugelassen sind.

a. Zulassung zum Handel

aa. Amtlicher Handel

Zum Handel zugelassen sind die Wertpapiere, die am amtlichen Markt gehandelt werden können. Der amtliche Markt findet ausschließlich an der von der jeweiligen Landesregierung genehmigten Börse statt (§ 1 BörsG). Die dort gehandelten Wertpapiere dürfen nur solche sein, die die gesetzlich geregelten Zulassungsvoraussetzungen der §§ 36ff BörsG bzw. der Börsenzulassungsverordnung erfüllen. Der Börsenkurs des jeweiligen Wertpapiers wird von einem amtlichen Kursmakler festgestellt und in einem amtlichen Kursblatt der Börse veröffentlicht. Insbesondere komplexe Publizitätsvorschriften erlauben es nur den großen Gesellschaften, ihre Wertpapiere am amtlichen Markt handeln zu lassen.[108]

bb. Geregelter Markt

Das Marktsegment des geregelten Marktes wurde im Rahmen der Börsenrechtsreform 1987 eingeführt[109] und wird im BörsG durch §§ 71ff geregelt. Ebenso wie beim amtlichen Handel handelt es sich um ein öffentlich - rechtlich geordnetes Marktsegment für solche Wertpapiere, die nicht amtlich notiert sind. Für den geregelten Markt gelten erleichterte Zulassungsvoraussetzungen. So muß der Emittent z.B. keinen Prospekt mit einer detaillierten Darstellung des Unternehmens vorlegen, sondern einen Unternehmensbericht, der eine großzügigere Darstellung erlaubt.[110]
Gem. § 71 Abs. 3 BörsG entscheidet über ihre Zulassung ein Zulassungsausschuß. Der geregelte Markt ermöglicht somit auch kleineren Aktiengesellschaften den Zutritt zum Kapitalmarkt über die Börse, ohne daß sie die komplexen Anforderungen des amtlichen Marktes erfüllen müssen.[111]

---

[108] Claussen, in: Hadding/Schneider, Beiträge zum Börsenrecht, S. 50.

[109] BT- Drucks. 10/ 4296, S 7.

[110] Claussen, in: Hadding/Schneider, Beiträge zum Börsenrecht, S. 51.

[111] BT- Drucks. 10/ 4296, S. 10.

b. Freiverkehr

Gem. § 12 Abs. 1 WphG sind Insiderpapiere auch die Wertpapiere, die nicht zum amtlichen Handel zugelassen, aber in den Freiverkehr einbezogen sind. Der Freiverkehr unterscheidet sich gegenüber dem amtlichen Handel und dem geregelten Markt dadurch, daß er auf privatrechtlicher Basis durchgeführt wird, demnach die Preisfeststellung oder das Zulassungsverfahren nicht obrigkeitlich, sondern zivilrechtlich erfolgt. An dieser Stelle ist das deutsche Insiderrecht weiter als die EU-Richtlinie, die nur auf den staatlich reglementierten Markt abstellt. Daß der Freiverkehr hier nicht zugehört, stellt die Begründung zum Regierungsentwurf klar.[112] Beim Handel im Freiverkehr muß jedoch zwischen dem geregelten und dem ungeregelten Freiverkehr unterschieden werden.

aa. Geregelter Freiverkehr

Gem. § 78 Abs. 1 BörsG dürfen Wertpapiere, die weder zum amtlichen Handel noch zum geregelten Markt zugelassen sind, im Freiverkehr gehandelt werden, wenn durch Handelsrichtlinien eine ordnungsgemäße Durchführung des Handels und der Geschäftsabwicklung gewährleistet erscheint. Gekennzeichnet ist der geregelte Freiverkehr dadurch, daß er zwar an der Börse stattfindet, ansonsten jedoch die allgemeinen Börsenusancen Anwendung finden, soweit die Regelungen im Börsengesetz und die Bestimmungen in der Börsenordnung nicht greifen.[113]
Voraussetzung für den Zugang zum geregelten Freiverkehr ist ein dem Zulassungsverfahren des amtlichen Marktes nachgebildetes „Einbeziehungsverfahren"[114], das von den Freiverkehrsausschüssen geleitet wird.
Anders als bei der für den amtlichen Handel vorgesehenen Prospektherausgabepflicht ist für die Einbeziehung in den Freiverkehr ein weniger umfangreiches Exposé einzureichen, welches eine Darstellung der emittierenden Gesellschaft beinhaltet. Gem. § 78 Abs. 2 BörsG wird festgelegt, daß die im Freiverkehr ermittelten Preise Börsenpreise sind, d.h. sie werden - im Gegensatz zur früheren Regelung - amtlich festgestellt und müssen entsprechend den Anforderungen des § 11 Abs. 2 BörsG ordnungsgemäß zustandekommen.
Bedeutung gewinnt der geregelte Freiverkehr für solche Gesellschaften, die entweder den Mindestnennbetrag der Wertpapiere i.S.d. § 2 BörsZulV nicht aufbringen oder aufgrund ihrer noch kurzen Existenzdauer gem. § 3 BörsZulV von der amtlichen Notierung ausgeschlossen sind. Demnach wird der geregelte

---

112 BT- Drucks. 12/ 6679, S. 76.

113 BT- Drucks. 12/ 6679, S. 75.

114 Schwark, Kommentar zum BörsG, 2. Auflg., 1994, § 78 Rdnr. 5.

Freiverkehr oft auch als Vorstufe für die amtliche Notierung eines Wertpapiers genutzt.[115]
Die Einbeziehung des Freiverkehrs in die Insiderregelung ist gerechtfertigt, denn entsprechend der Informationsparität machen die Marktteilnehmer bezüglich der Insidervergehen keinen Unterschied, ob ein Verstoß im amtlichen Handel oder im Freiverkehr erfolgt.[116]
Im übrigen soll auch die Umgehung des Insiderverbotes verhindert werden.[117]

Ebenfalls unter § 78 BörsG fallen die reinen Computerbörsen.[118]
Notwendig ist dies schon deshalb, weil die Anzahl der z.B. über das IBIS-System gehandelten Wertpapiere mehr und mehr an Gewicht gewinnen, eine Nichterfassung somit zur Bedeutungslosigkeit des Gesetzes führen würde.[119] Der Gesetzgeber wird aus diesem Grunde kein Interesse daran haben können, einzelne Märkte von der Regelung auszunehmen.

bb. Ungeregelter Freiverkehr

Unter dem ungeregelten Freiverkehr versteht man den Handel mit Effekten, die weder amtlich notiert sind noch in den geregelten Markt oder in den geregelten Freiverkehr einbezogen sind. Er vollzieht sich zwischen den Banken oder Freimaklern in direktem Handel, meist fernmündlich (daher die Bezeichnung „Telephonverkehr"), ohne jegliche Kontrolle von Organisationen und Einrichtungen.[120] Die Börsenpreise werden nicht amtlich festgestellt. Eine Veröffentlichung findet nur in sogenannten Preislisten statt, herausgegeben von den Banken, die in speziellen Werten des Telephonverkehrs eine Marktpflege betreiben können.
Die im ungeregelten Freiverkehr gehandelten Wertpapiere können keine Insiderpapiere sein. Denn Insiderpapiere müssen schon vom Schutzzweck an einem geregelten Markt gehandelt werden, so daß sie den potentiellen Anlegern zugänglich gemacht werden können. Dies ist aber bei den im ungeregelten Freiverkehr gehandelten Papieren gerade nicht der Fall. Vielmehr vollzieht sich hier der Handel in der Form einer sogenannten Vor - und Nachbörse zwischen den

---

[115] Müller- Stahl, Der geregelte Freiverkehr, S. 22/23.

[116] BT- Drucks. 12/ 6679, S. 45; Assmann, Das neue deutsche Insiderrecht, ZGR 94, S. 494, 516; Peltzer, Die neue Insiderregelung, ZIP 94, S. 746, 747.

[117] Caspari, Die geplante Insiderregelung in der Praxis, ZGR 94, S. 530, 534.

[118] Hopt, Europäisches und deutsches Insiderrecht, ZGR 91, S. 17, 41.

[119] Inzwischen werden 38% des deutschen Aktiengeschäfts mit Standardwerten über dieses System abgewickelt, N.N., FAZ v. 28.12.94 , Nr. 301,S. 14.

[120] Müller-Stahl, Der geregelte Freiverkehr, S. 19.

Banken oder Freimaklern, so daß die Einbeziehung des ungeregelten Freiverkehrs in die Insiderregelung sachfremd wäre.[121] Im übrigen bezieht § 12 Abs. 1 Nr. 1 WphG zwar allgemein den Freiverkehr in die Marktvoraussetzungen der relevanten Wertpapiere ein, § 78 Abs. 2 BörsG bringt jedoch deutlich zum Ausdruck, daß im Freiverkehr Börsenpreise gem. § 11 Abs. 2 BörsG ermittelt werden müssen, d.h. sie müssen das Ergebnis von Angebot und Nachfrage am Markt sein.[122] Diese Voraussetzungen erfüllt der ungeregelte Freiverkehr nicht, so daß eine Einbeziehung dieses Marktsegments in die Insiderregelung nicht gegeben ist.[123]

c. Marktvoraussetzungen des § 12 Abs. 1 Nr. 2 WphG

Darüber hinaus sind gem. § 12 Abs. 1 Nr. 2 WphG auch die staatlich reglementierten und überwachten Märkte der EU und die Vertragsstaaten des Abkommens über den Europäischen Wirtschaftsraum erfaßt.
Territorial erstreckt sich die Relevanz der Märkte damit auf die EU-Staaten und die vier EFTA- Staaten, so daß der Schutzzweck der EU-Richtlinie realisiert wird, der darin besteht, die Funktionsfähigkeit der Wertpapiermärkte innerhalb der Europäischen Union und der anderen Vertragsstaaten zu sichern.[124]

d. Handel per Erscheinen

Gem. § 12 Abs. 1 S. 2 WphG steht der Zulassung zum Handel an einem Markt i.S.d. § 2 Abs. 1 WphG oder der Einbeziehung in den Freiverkehr der Antrag auf Zulassung oder Einbeziehung gleich, wenn er bereits gestellt oder öffentlich angekündigt wurde. Damit wird auch der sogenannte Handel per Erscheinen von der Insiderregelung umfaßt.
Der Handel per Erscheinen ist der Börsenhandel in noch nicht ausgefertigten Wertpapieren. Es werden solche Kaufgeschäfte über Wertpapiere einbezogen, die vor Ausgabe von effektiven Stücken, d.h. vor Ausgabe der auszuhändigenden Wertpapierurkunden, abgeschlossen werden bzw. in Fällen der Börsenneueinführung, wenn effektive Stücke nicht oder erst später zur Verfügung gestellt werden. Für den Käufer hat dies den Vorteil, daß er sich den Rechtserwerb des Wertpapiers sichern kann, im Gegensatz zum Zeichnungsschein, bei dem sich der Erwerber lediglich zur Übernahme eines bestimmten Betrages neu ausgegebener

---

[121] Claussen, Das neue Insiderrecht, DB 94, S. 27, 30/31; im Ergebnis auch Hopt, Europäisches und deutsches Insiderrecht, ZGR 91, S. 17, 41.

[122] BT- Drucks. 12/ 6679, S. 70.

[123] Grundmann, Neuregelung des Insiderhandelsverbotes in Deutschland, ZfgKW 92, S. 12, 14.

[124] Caspari, Die geplante Insiderregelung in der Praxis, ZGR 94, S. 530, 534.

Wertpapiere verpflichtet, ein Rechtsanspruch zum Erwerb jedoch gerade nicht besteht.
Kreditinstitute tauschen in solchen Fällen Gutschriften auf Depot aus, solange die Einzelurkunden noch nicht vorliegen. Sind die einzelnen Urkunden dann vorhanden, kann das Geschäft abgeschlossen werden.
Hat der private und institutionelle Anleger somit grundsätzlich die Möglichkeit, Wertpapiere vor ihrem eigentlichen Erscheinen zu erwerben, so ist es selbstverständlich, auch diese Geschäfte zur Vermeidung von Umgehungsmöglichkeiten des Insiderverbotes zu erfassen.

2. Die Wertpapiere im einzelnen

a. Wertpapiere i.S.d. § 12 Abs. 1 WphG

Wertpapiere i.S.d. § 12 Abs. 1 WphG sind solche gem. § 2 Abs. 1 WphG mit den in § 12 WphG festgelegten Börsenmarktvoraussetzungen.
Während zu den Aktien als klassisches Handelsobjekt sämtliche Anteilsscheine irgendeines Emittenten gehören können, sind Zertifikate nur dann relevant, wenn sie Aktien vertreten. Dies sind zum einen Urkunden für hinterlegte Wertpapiere, das können jedoch auch Anteilsscheine sein, die Beteiligungen an Aktienfonds verbriefen, sofern sie die Marktvoraussetzungen erfüllen. In der Regel ist dies nur bei geschlossenen Wertpapierfonds der Fall. Anteilsscheine an Immobilien - oder Geldmarktfonds, wie sie seit Einführung des Zweiten Finanzmarktförderungsgesetz zulässig sind, fallen nicht hierunter, da sie keine Aktien vertreten. Neben den typischen Anteilsscheinen werden auch Genußscheine, d.h. Urkunden, die einen Anspruch gegen die Gesellschaft am Gewinn- oder Liquiditätserlös begründen, erfaßt.
Dies gilt auch für Schuldverschreibungen (Obligationen), demnach staatliche Schuldverschreibungen (Bundesobligationen, § 41 BörsG) oder Bankschuldverschreibungen. Die bekannteste Form ist die Industrieobligation, deren besondere Ausgestaltungen als Wandelobligationen bzw. Optionsanleihen in § 221 AktG normiert sind. Während die Wandelschuldverschreibungen auf einen in aller Regel verzinzlichen Zahlungsanspruch lauten und deren Inhabern das Recht entsteht, diese Titel in Aktien der emittierenden AG umzutauschen[125], stellt die Optionsanleihe ebenso einen verzinzlichen Zahlungsanspruch dar, der jedoch entweder hauptsächlich oder zusätzlich ein Bezugsrecht gegen Barzahlung gewährt.[126]
Für Genußscheine liegt die Gewinnmöglichkeit und somit die insiderrechtliche Relevanz auf der Hand. Demgegenüber ergeben sich die wirtschaftlichen Risiken der

---

[125] Lutter, Kölner Kommentar zum AktG, Bd. 2, § 221 Rdnr. 10.

[126] Lutter, Kölner Kommentar zum AktG, Bd. 2, § 221 Rdnr. 10.

Wandelschuldverschreibungen nicht aus dem auf eine festverzinsliche Geldsumme lautenden Zahlungsversprechen, sondern aus dem zusätzlich eingeräumten Umtausch - oder Bezugsrecht. Ebenso wie bei den durch Aktien verbrieften Mitgliedschaftsrechten ist hier der Wert des Umtausch - und Bezugsrechts von der Entwicklung der Gesellschaft abhängig. Bei einer notwendig werdenden Kapitalerhöhung verringert sich der Wert des Umtausch - und Bezugsrechts aufgrund der damit verbundenen Minderung der Beteiligungsquote. Umgekehrt führt eine Kapitalherabsetzung zu einer Kurssteigerung der restlichen Aktien und somit auch zu einem Wertgewinn der Wandelschuldverschreibung.[127]
Kann somit das noch nicht bekannte Wissen um eine erhebliche Verbesserung der finanziellen Situation der Gesellschaft oder insbesondere die Kenntnis von einer Kapitalherabsetzung/ Kapitalerhöhung beim Erwerb oder bei der Veräußerung von Wandelschuldverschreibungen wirksam eingesetzt werden, so gilt dies mindestens in gleichem Maße für die in § 2 Abs. 1 Nr. 1 WphG genannten Optionsscheine. Denn diese stellen das verbriefte und separat gehandelte Recht aus der Optionsanleihe dar und orientieren sich wertmäßig ebenfalls an der Aktiennotierung.[128]
Wertpapiere i.S.d. § 2 Abs. 1 WphG sind gem. Nr. 2 auch solche, die mit Aktien oder Obligationen vergleichbar sind, so z.B. mitgliedschaftliche Beteiligungen oder schuldrechtliche Forderungsrechte.[129]
Insgesamt kommt es bei der Wertpapierdefinition nach § 2 Abs. 1 WphG nicht auf die Verbriefung an[130], denn auch sogenannte Wertrechte können Insiderpapiere sein. Wertrechte sind unverbriefte Anteils - oder Gläubigerrechte, die einem Sammelverwalter im Sinne des DepotG zur Sammelverwahrung treuhänderisch anvertraut sind und den verbrieften Rechten gleichstehen[131]. Entscheidend ist, daß solche Wertrechte die allgemeinen Börsenmarktvoraussetzungen erfüllen. Letztlich erhöht die Verbriefung von Finanzinstrumenten jedoch deren Übertragbarkeit, so daß es sich bei den potentiellen Insiderpapieren meist um verbriefte Rechte handelt.

b. Wertpapiere i.S.d. § 12 Abs. 2 WphG

§ 12 Abs. 2 WphG dehnt den Begriff des Insiderpapiers auf die sogenannten Derivate aus, die sich wegen ihrer Hebelwirkung, d.h. ihrer Anfälligkeit für Kursschwankungen, für Insidertransaktionen besonders eignen.[132] Es handelt sich

---

[127] Lutter, Kölner Kommentar zum AktG, Bd. 2, § 221 Rdnr. 50.

[128] Schwark, Börsengesetz, 2. Auflg., Einl. §§ 50-70 Rdnr. 17.

[129] BT- Drucks. 12/ 6679, S. 39.

[130] BT- Drucks. 12 / 6679, S. 39.

[131] Gabler Bank Lexikon, S. 2230.

[132] Claussen, Das neue Insiderrecht, DB 94, S. 27, 30; Caspari, Die geplante Insiderregelung in der Praxis, ZGR 94, S. 530, 535; a.A.: Schlag, Der Einfluß der deutschen

dabei um aus Geschäften abgeleitete neue Geschäfte, welche der Absicherung gegen Zins-, Kurs-, und Preisschwankungen oder zu Spekulationszwecken dienen.[133]

Der Begriff der Derivate wird in § 2 Abs. 2 WphG definiert. § 12 Abs. 2 WphG bezieht sich nicht auf diese Definition, sondern engt den insiderrelevanten Bereich auf solche abgeleiteten Instrumente der börsennotierten Wertpapiere ein, die sich auf Wertpapiere i.S.v. § 12 Abs. 1 WphG beziehen.[134]

Nach § 12 Abs. 2 WphG sind unter einem Recht auf Zeichnung, Erwerb oder Veräußerung, Optionsrechte i.S.d. § 186 AktG zu verstehen sowie Kauf - oder Verkaufsoptionen (Call-oder Put-Optionen) auf Aktien.

Gem. § 12 Abs. 2 Nr. 2 WphG sind Insiderpapiere auch Rechte auf Zahlungen eines Differenzbetrages, der sich an der Wertentwicklung von Wertpapieren bemißt. Dies sind z.B. Zinsoptionsscheine, da sie grundsätzlich keinen realen Lieferanspruch, sondern das Anrecht auf Auszahlung der Kursdifferenz darstellen[135]. Erfaßt werden aber auch Aktienoptionsscheine, die entweder auf ein bestimmtes Wertpapier oder auf einen Aktienkorb lauten können.[136] Schließlich gehören auch Indexoptionen oder Indexoptionsscheine wie z.B. der FAZ-oder DAX-Index dazu, da der Aktienindex von der Entwicklung der Kurse abhängig ist und sich deshalb an der Wertentwicklung von Wertpapieren bemißt.[137]

Insiderpapiere gem. § 12 Abs. 2 Nr. 3 WphG sind Terminkontrakte auf einen Aktien - oder Rentenindex sowie Zinsterminkontrakte und Optionen auf solche Terminkontrakte, sofern sie Wertpapiere zum Gegenstand haben oder sich auf einen Index beziehen, der Wertpapiere zum Gegenstand hat. Ein Terminkontrakt auf einen Aktienindex ist z.B. der DAX- Future, der eine rechtsverbindliche Verpflichtung darstellt, den DAX-Index zu einem börsenmäßig zustandegekommenen Preis zu einem bestimmten Termin zu kaufen oder zu verkaufen.[138] Zinsterminkontrakte fallen nur dann unter § 12 Abs. 2 Nr. 3 WphG, sofern sie Wertpapiere zum Gegenstand haben. Das ist z.B. bei dem seit 1992 gehandeltem Bund - Future der Fall, dem ein fiktives festverzinsliches Wertpapier, eine Bundesanleihe, zugrundeliegt. Nicht hierunter fallen demnach solche Zinsfutures, die Devisen zur Grundlage haben.

Terminbörse auf Volatilität und Wertpapierrisiko am Frankfurter Aktienmarkt, ZBB 1991, S. 92, 98.

[133] Gabler Bank Lexikon, S. 819.

[134] Caspari, Die geplante Insiderregelung in der Praxis, ZGR 94, S. 530, 535.

[135] Zahn, Handlexikon zu Futures, Optionen und innovativen Finanzinstrumenten, S. 390.

[136] BT-Drucks.12/ 6679, S. 45.

[137] Caspari, Die geplante Insiderregelung in der Praxis, ZGR 94, S. 530, 535.

[138] Zahn, Handlexikon zu Futures, Optionen und innovativen Finanzinstrumenten, S. 146/171.

Rechte auf Zeichnung, Erwerb oder Veräußerung von Finanzterminkontrakten sind demnach z.B. Optionen auf den DAX - oder Bund - Future.
Von § 12 Abs. 2 Nr. 4 werden die sogenannten unbedingten Geschäfte erfaßt, die im Gegensatz zu Optionen nicht nur ein Recht gewähren, sondern eine Verpflichtung begründen, ein bestimmtes Wertpapier zu kaufen oder zu verkaufen.[139] Hierzu zählen sämtliche anderen Futures, die nicht unter § 12 Abs. 1 Nr. 1-3 WphG fallen, die allgemeinen Marktvoraussetzungen erfüllen und Wertpapiere zur Grundlage haben.

Gerade Financial Futures unterliegen einer großen Hebelwirkung und bieten somit ein fast unbegrenztes Gewinnpotential. Zwei Beispiele sollen dies verdeutlichen:

Beispiel 1
Der Anleger handelt mit dem Deutschen Aktienindex (DAX) Future. Der DAX-Future ist die rechtsverbindliche Verpflichtung, einen Indexwert zu einem börsenmäßig zustande gekommenen Preis zu einem festgelegten Termin zu kaufen oder zu verkaufen. Der Deutsche Aktienindex basiert dabei auf deutschen Standardwerten, die auf der Grundlage der Börsenumsätze ausgewählt werden. Der Kontraktwert liegt bei 100,-- DM pro DAX-Punkt. Spekuliert der Anleger nun auf steigende Kurse, so kann er im November 1995 bei einem aktuellen DAX-Stand von 2130 drei DAX-März-Future erwerben, die zu diesem Zeitpunkt mit 2176 gehandelt werden. Tatsächlich kommt es drei Wochen später zu dem erwarteten Kursanstieg, so daß der DAX-März-Future mit 2233 gehandelt wird. Entschließt sich der Anleger zum Verkauf seiner Kontrakte, so ergibt sich bei einer Punktdifferenz von 57 Punkten und drei Kontrakten ein Gewinn von 17100,-- DM (57x100x3).
Für den Anleger besteht dabei der Vorteil, daß er beim Ankauf der Papiere nicht den vollen Wert des Kontraktes (hier: 2176x100x3), sondern nur einen Einschuß, der an der Deutschen Terminbörse bei ca. 10% liegt[140], bezahlen muß.

Beispiel 2:
Der Anleger handelt mit Aktienoptionen.
Diese gewähren dem Erwerber das Recht, eine bestimmte Anzahl von Aktien jederzeit vor dem Verfalltermin der Option zu einem vereinbarten Preis zu kaufen

[139] BT- Drucks. 12/ 6679, S. 46.

[140] Eventuell wird eine Sicherheitsleistung erforderlich, deren Höhe von der Bonität des Kunden und von dem Risiko des Geschäfts abhängt. Schließlich wird der DAX-Future mit einem Preisaufschlag, der jedoch das Gewinnpotential nicht entscheidend beeinflußt, gehandelt. Dieser ergibt sich aus dem Liquiditätsvorteil gegenüber dem Kassageschäft, da aufgrund der vergleichsweisen geringen Sicherheitsleistung der eingesparte Betrag gegebenenfalls rentierlich am Geldmarkt angelegt werden könnte. Daher ist zur Herstellung eines Gleichgewichts zwischen Kassa - und Terminmarkt ein solcher Aufschlag notwendig, so Zahn, Handlexikon zu Futures, Optionen und innovativen Finanzinstrumenten, S. 3.

oder zu verkaufen. Im Gegenzug verpflichtet sich der Verkäufer der Option, die betreffenden Aktien bereitzuhalten oder zu übernehmen, falls das Optionsrecht ausgeübt wird. Für das Optionsrecht zahlt der Käufer dem Verkäufer den Optionspreis, der nicht zurückerstattet wird, gleichgültig, ob die Option ausgeübt wird oder nicht. [141]

Bei einer feststehenden Kontraktgröße von 50 Aktien des zugrundeliegenden Papiers spekuliert der Anleger erneut auf steigende Kurse und entschließt sich im Februar 1995 bei einem aktuellen Kassakurs der Hoechst-Aktie von 299,-- DM zu einem Kauf von drei Hoechst-April-Calls mit Basis 300,--DM zu 13,-- DM, woraus sich ein Optionspreis von 1950,-- DM (3x13x50) ergibt. In der Tat steigt der Kurs bis Ende März erneut an und erreicht einen Kassakurs von 310,-- DM, so daß der Anleger - ungeachtet der Möglichkeit, die Option wahrzunehmen und die Aktien zum vereinbarten Basispreis von 300,-- DM zu kaufen - durch den Verkauf der drei Hoechst-April-Calls bei einem aktuellen Marktwert der Aktie von 30,-- DM einen Optionspreis von 4500,-- DM (3x30x50) und somit einen Gewinn von 2550,--DM (4500-1950) erzielen kann.

Gerade dieses Beispiel macht die Hebelwirkung von Derivaten deutlich.

Denn vergleicht man den Wertzuwachs des Anlegers, der dieselbe Anzahl von Aktien direkt gekauft hätte mit dem des Optionskäufers, so wird der Unterschied offensichtlich.

Bei einem Einsatz des Direktkäufers von 44850,-- DM (3x50x299) und einem Marktwert von 46500,-- DM (3x50x310) erzielt er einen Wertzuwachs von ca. 3,67%. Dem steht ein Wertzuwachs von 130,77% für den Optionsanleger entgegen, so daß bei einem erwartungsgemäßen Kursverlauf die Gewinnerwartung unvergleichlich höher ist als die des Aktiendirektkäufers.

Obwohl die vorangegangenen Beispiele nur einen erwartungsgemäßen Kursverlauf darstellen, steht dem unbegrenzten Gewinnpotential selbstverständlich ein ebenso großes Verlustrisiko entgegen[142]. Mit dem entsprechenden Insiderwissen kann das Risiko auf ein Minimum reduziert werden, so daß eine insiderrechtliche Erfassung unabdingbar ist.

3. Wertpapiere, die nicht unter § 12 WphG fallen

Nach den obigen Ausführungen kann festgehalten werden, daß Insiderpapiere i.S.v.§ 12 WphG die beschriebenen Börsenmarktvoraussetzungen erfüllen und darüber hinaus Wertpapiere zur Grundlage haben müssen.

---

[141] Zahn, Handlexikon zu Futures, Optionen und innovativen Finanzinstrumenten, S. 32.

[142] Dies zeigt der durch Spekulationen mit Derivaten hervorgerufene Milliardenverlust der Merchantbank Baring Brothers, N.N., FAZ v.28.02.1995, Nr. 50, S. 13.

Aufgrund dessen können Bundesschatzbriefe nicht unter diese Regelung fallen. Ebenso scheiden Warentermin - und Devisentermingeschäfte, soweit sie in Deutschland zugelassen sind, sowie Anlagen in Gold, Silber usw. aus, da sie keine Wertpapiere zur Grundlage haben. Fondsanteile können nur dann Insiderpapiere sein, wenn es sich um Wertpapierfonds handelt, deren Zertifikate handelbar sind.

Verbriefte Rechte, die nach der juristischen Definition als Wertpapiere gelten,[143] wie z.B. Schecks, Wechsel oder Grundpfandtitel sind ebenfalls von der geltenden Regelung ausgeschlossen.

B. Die Insider

Der personale Anwendungsbereich der Insiderregelung erstreckt sich auf solche Personen, die aufgrund ihrer Position oder ihrer Tätigkeit typischerweise kursrelevante Informationen erhalten. Der sogenannte Primärinsider ist somit nicht mehr entgegen früheren Regelungen auf Gesellschaftsangehörige beschränkt. Vielmehr erstreckt sich der Tatbestand auch auf solche Personen, die unabhängig vom jeweiligen Emittenten arbeiten und an wichtigen „Informationsknotenpunkten" sitzen, so z.B. Behördenmitglieder oder Wertpapierhändler, die nach der Entstehungsgeschichte der EU - Richtlinie sogar Hauptzielgruppe des neuen Insiderrechts waren.[144] Neu erfaßt sind auch die Sekundärinsider, nämlich Personen, die zwar nicht Primärinsider sind, jedoch Kenntnis von kursrelevanten Informationen erhalten.

1. Der Primärinsider

Der Primärinsider wird in § 13 Abs. 1 WphG beschrieben. Hiernach stellen Organmitglieder, am Kapital des Unternehmens Beteiligte sowie Personen, die aufgrund ihres Berufes, ihrer Tätigkeit oder Aufgabe bestimmungsgemäß Informationen erhalten, die Hauptinsidergruppe dar.

a. Organangehörige als Insider

Gem. § 13 Abs. 1 Nr. 1 WphG gehören Vorstandsmitglieder, Aufsichtsräte, Geschäftsführer und auch der persönlich haftende Gesellschafter einer KGaA zum potentiellen Täterkreis. Hierbei soll es nicht darauf ankommen, ob das Organ

---

143 Brox, Handelsrecht und Wertpapierrecht, Rdnr. 475.

144 Claussen, Neues zur kommenden Insidergesetzgebung II, ZBB 92, S. 267, 273.

gesetzlich vorgeschrieben ist. Es reicht vielmehr aus, daß ein fakultatives Organ einer Gesellschaft vorhanden ist[145], so z.B. der Aufsichtsrat einer GmbH.
In diesem Zusammenhang stellt sich die Frage, ob auch der Beirat einer Gesellschaft ein Organ i.S.d. § 13 Abs. 1 Nr. 1 WphG darstellt.[146]
Die Frage kann nicht pauschal beantwortet werden, da ihm keine vom Gesetz übertragenen Aufgaben zustehen und daher verschiedene Funktionen in Betracht kommen können.
Der nicht in der Satzung verankerte und auf rein schuldrechtlicher Basis agierende Beirat übt meist nur Beratungstätigkeiten aus[147] und ist daher kein Organ i.S.d. Vorschrift. Anders ist hingegen bei dem im Gesellschaftsvertrag oder in der Satzung statuierten Beirat zu urteilen. Übernimmt dieser solche Aufgaben, die organschaftsähnliche Strukturen aufweisen (z.B. die Wahrnehmung von Geschäftsführungsaufgaben, Kontrolle und Überwachung der Geschäftsführung[148]), so müssen seine Mitglieder auch Insider i.S.v. § 13 Abs. 1 Nr. 1WphG sein. Letztlich ist also auf die im konkreten Fall ausgeübte Tätigkeit bzw. auf die in der Satzung verankerte Stellung des Beirates abzustellen.[149]

Bemerkenswert erscheint, daß § 13 Abs. 1 Nr. 1 WphG im Gegensatz zu den beiden folgenden Täterkreisen ein Kausalerfordernis nicht aufstellt.
Denn während § 13 Abs. 1 Nr. 1 allein auf die Mitgliedschaft in einem Organ der Gesellschaft abstellt, erfordert § 13 Abs. 1 Nr. 2/Nr. 3, daß der Insider Tatsachenkenntnis *aufgrund* der Beteiligung (Nr. 2) oder der Tätigkeit (Nr. 3) hat.
Dies bedeutet jedoch nicht, daß bei § 13 Abs. 1 Nr. 1 die mögliche Kenntnisnahme bei unmittelbarem Informationszugang zur Qualifikation als Primärinsider ausreicht.
Vielmehr muß der eindeutige Gesetzeswortlaut zu der Annahme führen, daß zu dem Merkmal der organschaftlichen Stellung eine tatsächliche Kenntnisnahme erforderlich ist.[150] Unklar ist hingegen, ob entgegen der Formulierung des Wortlauts auch bei § 13 Abs. 1 Nr. 1 WphG eine Kausalitätsbeziehung zwischen der Organstellung und der Kenntnisnahme notwendig ist.

---

145 BT- Drucks. 12/ 6679, S. 46.

146 Es ist eine dogmatische Frage, denn auch wenn der Beirat nicht unter § 13 Abs. 1 Nr. 1 WphG fällt, so werden seine Mitglieder, wie noch zu zeigen sein wird, in jedem Fall von § 13 Abs. 1 Nr. 3 WphG erfaßt.

147 Hölters, Der Beirat der GmbH und GmbH u.CoKG, S. 5; Voormann, Der Beirat im Gesellschaftsrecht, S. 21.

148 In diesem Fall wird auch von aufsichtsratsähnlichen Beiräten gesprochen, so Mertens, Der Beirat in der GmbH, in FS für Stimpel, S. 417, 419.

149 Hopt, Europäisches und deutsches Insiderrecht, ZGR 91, S. 17,36; a.A. Assmann, Das neue deutsche Insiderrecht, ZGR, 94 S. 494, 505.

150 Weber, Das neue deutsche Insiderrecht, BB 95, S. 157, 158.

Weber bejaht dies, da sich dadurch die Verbotswirkung für Organmitglieder erheblich reduzieren könne, ohne das zur Zweckerreichung erforderliche Maß beschränken zu müssen. Im übrigen spreche auch der Wortlaut nicht gegen ein Kausalitätserfordernis, da eine Verwendung des Begriffs „aufgrund" von Nr. 1-3 schwer umsetzbar sei, ohne daß der Gesetzeswortlaut künstlich wirke.[151]
Es scheint nur schwer vorstellbar zu sein, daß der Gesetzgeber aus rhetorischen Gründen auf eine eindeutige Formulierung des Gesetzes verzichtet hat. Darüber hinaus sprechen aber auch rechtliche Argumente gegen ein Kausalitätserfordernis bei § 13 Abs. 1 Nr. 1 WphG. So macht es durchaus einen Unterschied, ob nur das funktionsbedingt erlangte Wissen der Verbotswirkung der Primärinsider unterliegt, oder ob jede Kenntnis einer Information die Primärinsidereigenschaft begründet, da es dem Sekundärinsider freigestellt ist, eine Information weiterzugeben, somit auch „entgeltlich" mitzuteilen. Zwar ist die Strafbarkeit der Weitergabe einer vertraulichen Information durch Organmitglieder in § 404 AktG, § 85 GmbHG und § 17 UWG geregelt, jedoch handelt es sich hierbei lediglich um Antragsdedelikte, deren Wirkungslosigkeit bereits erwähnt wurde[152]. Nun könnte man sagen, daß die in Nr. 2/3 aufgestellte Kausalitätsbeziehung genau diese Folgen aufweist, d.h. die Primärinsider könnten nur unzureichend erfaßt werden. Dabei ist jedoch zu beachten, daß der Kreis der Beteiligungs - und Berufsinsider einer solchen Einschränkung bedarf, um einer uferlosen Tatbestandsausweitung entgegenzuwirken. Im Gegensatz dazu muß man bei einem Organvertreter in der Regel unmittelbaren Zugang zu kursrelevanten Informationen annehmen, ohne daß es hierfür eines zusätzlichen Kausalitätsmerkmals bedarf. Dies kann für Beteilgungs - und Berufsinsider gerade nicht gelten, so daß die auftretenden Beweisprobleme zwar bei § 13 Abs. 1 Nr. 2/3, nicht aber bei Nr. 1 als notwendig hingenommen werden müssen.
Entsprechend dem Gesetzeswortlaut ist daher eine Kausalitätsbeziehung nicht erforderlich.
An dieser Stelle sei hinzugefügt, daß die Dauer der Insidereigenschaft unabhängig von der Dauer der Anstellung in einem Unternehmen ist.[153] Vielmehr endet die Insiderstellung mit der öffentlichen Bekanntheit der Tatsache.[154] Dies gilt nicht nur für die Organvertreter, sondern ist auch für die Beteiligungs - und Berufsinsider anzunehmen.

---

[151] Weber, Das neue deutsche Insiderrecht, BB 95, S. 157, 159.

[152] Siehe S. 11.

[153] So schon für die IHR: zur Megede, Handbuch des Kapitalanlagerechts, § 14, Rdnr. 31.

[154] Weber, Das neue deutsche Insiderrecht, BB 95, S. 157, 159.

b. Beteiligungsinsider

Gem. § 13 Abs. 1 Nr. 2 ist auch der Insider, der aufgrund seiner Beteiligung am Kapital des Emittenten Kenntnis von einer nicht öffentlich bekannten Tatsache erlangt hat. Hiermit wird fast wörtlich Art. 2 der EU-Richtlinie umgesetzt und somit entgegen der IHR von 1988 die Beteiligung nicht auf eine Quote von 25% begrenzt. Die Höhe der Beteiligung ist demnach nicht entscheidend. Vielmehr kommt es allein auf die Ursächlichkeit der Beteiligung für die Kenntniserlangung an.[155]

Die neue Regelung ist jedoch nicht auf vorbehaltlose Zustimmung gestoßen, da in der Ausdehnung des Beteiligungsbegriffs eine nicht gerechtfertigte Erfassung jedes Kleinaktionärs gesehen[156] und somit eine Verunsicherung der Anleger befürchtet wird.[157]

Um dem entgegenzuwirken, soll der Beteiligungsbegriff dahingehend ausgelegt werden, daß eine Beteiligung nur dann vorliegt, wenn sie zu einer „dauernden Verbindung" mit dem Unternehmen führt.[158] Das legt die Anwendung des handelsrechtlichen Beteiligungsbegriffes in § 271 HGB nahe. Sie widerspricht jedoch § 13 Abs. 1 Nr. 2 WphG, da § 271 Abs. 1 S. 3 HGB eine Beteiligungsvermutung i.H.v. 20% des Nominalkapitals aufstellt. Eine quotenmäßige Bestimmung der Beteiligung ist jedoch dem Wortlaut nicht zu entnehmen, da alleine die Ursächlichkeit maßgebliches Kriterium sein soll. Im übrigen besteht für eine Einschränkung des Beteiligungsbegriffes auch kein rechtliches Bedürfnis. Denn Kleinaktionäre erhalten nur in seltenen Fällen Insiderinformationen.[159] Möglich ist dies, wenn der Aktionär von seinem Auskunftsrecht gem. § 131 AktG Gebrauch macht bzw. Informationen auf der Hauptversammlung bekanntgegeben werden. Bei einer geringen Anzahl von Teilnehmern ist dann profitabler Insiderhandel möglich[160] und daher eine Erfassung der Kleinaktionäre als potentielle Primärinsider sachgerecht.[161] Denn schließlich soll § 13 Abs. 1 Nr. 2 WphG all die Personen erfassen, die aufgrund ihrer Beteiligung Zugang zu kursrelevanten Informationen haben, ungeachtet der Tatsache, ob dies regelmäßig oder nur ausnahmsweise möglich ist.[162]

---

[155] BT-Drucks. 12/6679, S. 46.

[156] Claussen, Neues zur kommenden Insidergesetzgebung II, ZBB 92, S. 267, 270.

[157] Claussen, Das neue Insiderrecht, DB 94, S. 27.

[158] Claussen, Neues zur kommenden Insidergesetzgebung II, ZBB 92, S. 267, 271.

[159] Hopt, Europäisches und deutsches Insiderrecht, ZGR 91, S. 17, 36;
Peltzer, Die neue Insiderregelung, ZIP 94, S. 746, 748.

[160] Zu den Voraussetzungen eines profitablen Insiderhandels: Ott/ Schäfer,Ökonomische Auswirkungen der EG- Insider-Regelierung in Deutschland, ZBB 91, S. 226, 228.

[161] Caspari, Die geplante Insiderregelung in der Praxis, ZGR 94, S. 530, 537.

[162] So auch Grunewald, Neue Regeln zum Insiderhandel, ZBB 90, S. 128, 131.

Es besteht somit ein relativ weiter Beteiligungsbegriff, der jedoch durch das Merkmal der Ursächlichkeit eingeengt wird. Denn der am Kapital Beteiligte ist nur dann Insider, wenn er aufgrund seiner Beteiligung die Information erhalten hat. Diese Formulierung sagt jedoch nichts darüber aus, wie weit das Kausalitätserfordernis zu ziehen ist.

Bei Heranziehung des Kausalitätsgrundsatzes i.S. einer „conditio sine qua non" stellt sich zwingend die Frage, ob auch eine mittelbare Verschaffung ausreicht, z.B. dergestalt, daß die Beteiligung lediglich der Grund für die Entstehung eines Kontaktes zu einem anderen Insider ist, welcher dem Beteiligten Kenntnis von einer Insidertatsache verschafft.

Der Wortlaut würde einer solchen Auslegung nicht entgegenstehen.

Jedoch besteht die Bestrebung des Gesetzgebers, nur solche Personen vom Kreis der Primärinsider erfassen zu lassen, die unmittelbaren Zugang zu den Informationen haben.[163] Dies schließt aber die o.g. Personen aus. Darüber hinaus wäre die Abgrenzung zu den Sekundärinsidern nur schwer zu ziehen, so daß eine uferlose Ausdehnung des Tatbestandes die Folge wäre. Man wird es daher als notwendig ansehen müssen, daß die Beteiligung unmittelbar zur Kenntniserlangung führt, d.h. die Beteiligung muß selbst der Grund für die Informationsweitergabe gewesen sein.[164]

De facto können das meist nur solche Beteiligungen sein, bei denen der Beteiligte das Recht hat, mit dem Emittenten eine Interessenabstimmung und somit einen Informationsaustausch vorzunehmen.

Solche Einflußmöglichkeiten sind - zumindest bei Aktiengesellschaften - i.d.R. bei Beteiligungen ab 25% gegeben. Während eine Beteiligung i.H.v. 25,1% und mehr die Möglichkeit eröffnet, einen Entscheidungsbeschluß wegen § 179 Abs. 2 AktG zu verhindern (Sperrminorität), gilt bei einer 50% Beteiligung die Abhängigkeitsvermutung gem. § 17 Abs. 2 AktG.

Beteiligungen von 75% und mehr eröffnen gem. § 79 Abs. 2 AktG die Möglichkeit, wichtige Strukturentscheidungen durchzusetzen.

Hingegen gewähren Beteiligungen i.H.v. 10% oder 5% in Einzelfällen bestimmte Veto - und Kontollrechte, so daß aktive Einflußmöglichkeiten auf die Geschäftsführung bei diesen Beteiligungsquoten eher selten sind.[165]

Somit führt die Ausdehnung des Beteiligungsbegriffes auf eine quotenmäßig unabhängige Beteiligung zu der Möglichkeit, eine vollständige Erfassung aller potentiellen Insider zu gewährleisten. Das Kausalitätsgebot hingegen stellt für den Regelfall eine faktische Beteiligungsgrenze auf.

---

[163] BT-Drucks.12/ 6679, S. 46.

[164] So auch Assmann, Das neue deutsche Insiderrecht, ZGR 94, S. 494, 506.

[165] Im einzelnen hierzu: Albath, Unternehmensbeteiligungen unter 25% Kapitalanteil, S. 19ff, S. 80f.

c. Tätigkeitsinsider

aa. Die betroffenen Personen

Nach § 13 Abs. 1 Nr. 3 WphG werden Personen, die aufgrund ihres Berufes, ihrer Aufgabe oder ihrer Tätigkeit Insiderinformationen erhalten, als Primärinsider erfaßt. Im Gegensatz zu § 13 Abs. 1 Nr. 1/2 sind dies nicht nur unternehmensnahe, sondern auch unternehmensferne Personen.

Zu den unternehmensnahen Primärinsidern gehören Angestellte und Berater des Unternehmens, wie z.B. Rechtsanwälte, Steuerberater oder Wirtschaftsprüfer. Eine vertragliche Grundlage wird für die Tätigkeit allerdings nicht vorausgesetzt.[166] Denn es verbietet sich schon nach dem Zweck der Norm, die Möglichkeit der Kenntnisnahme von einer Insiderinformation nach rechtlichen Grundlagen statt nach faktischen Gegebenheiten zu beurteilen. Im übrigen ergeben sich auch aus dem Gesetzeswortlaut keinerlei Anhaltspunkte für eine solche Differenzierung.[167]

Als unternehmensferne Insider gelten Behördenmitarbeiter oder Börsenmakler. Für die Letztgenannten stellt die Regierungsbegründung klar, daß die weisungsgebundene Ausführung einer Kundenorder nicht dem Insiderverbot unterliegen soll.[168] Erteilt hingegen ein Kunde einen Auftrag „interessewahrend“, so läuft der Makler in Anbetracht seines Insiderwissens Gefahr, seinen Wissensvorsprung auszunutzen, so daß er gehalten sein müsse, den Auftrag an einen Nichtinsider abzugeben.[169] Dagegen wird vorgebracht, daß die Auftragsweitergabe nicht möglich sei, ohne zugleich Insiderwissen publik zu machen, weshalb der sichere Weg nur der Verzicht auf die Vornahme des Geschäfts sei.[170]

Bei einem „interessewahrenden“ Geschäft wird dem Makler ein Entscheidungsspielraum dahingehend eingeräumt, einen Auftrag zu einem oder mehreren und somit unterschiedlichen Kursen abzuwickeln, so daß tatsächlich - im Gegensatz zum weisungsgebundenen Geschäft - mit der Durchführung des Auftrages die Ausnutzung von Insiderinformationen einhergehen kann. Auch ist die Befürchtung, durch die Weitergabe eines Auftrages könne Insiderwissen mitgeteilt werden, begründet, wenn auch nicht zwingend, da mit Abgabe des Auftrages noch nicht die Information selbst mitgeteilt werden muß. In keinem Fall wird sich der Makler durch einen Verzicht auf die Vornahme des Geschäfts der Interessenkollision entziehen können.

---

[166] Hopt, Grundsatz -und Praxisprobleme nach dem Wertpapierhandelsgesetz, ZHR 95, 135, 145; Weber, Das neue deutsche Insiderrecht, BB 95, S. 157, 160.

[167] Immenga, Das neue Insiderrecht im Wertpapierhandelsgesetz, ZBB 95, S. 197, 200.

[168] BT-Drucks. 12/6679, S. 47.

[169] BT-Drucks. 12/6679, S. 47.

[170] Weber, Das neue deutsche Insiderrecht, BB 95, S. 157, 162.

Denn der Kursmakler unterliegt aufgrund seiner Monopolstellung einem Kontrahierungszwang, dem er sich nur beim Vorliegen sachlicher Gründe, z.B. wenn er Grund zur Annahme hat, daß die Erfüllung seines Auftrages sowie sein Provisionsanspruch gefährdet sind[171], entziehen kann.[172] Selbst wenn man jedoch die Kenntnis von Insidertatsachen als sachlichen Grund anerkennen wollte, wäre dies mit der Weitergabe der Insiderinformation verbunden, da der Grund einer Auftragsablehnung nicht ungenannt bleiben darf. Man wird sich daher mit der zugegebenermaßen unbefriedigenden Lösung abfinden müssen, daß im Falle eines „interessewahrenden“ Auftrages der mit Insiderwissen ausgestattete Makler angehalten ist, das Geschäft an einen anderen Makler abzugeben. Dies kann jedoch ohne eine sachliche Begründung erfolgen, so daß zwar der Umstand von Insiderwissen, nicht jedoch die Tatsache selbst bekannt werden muß.

Als nicht eindeutig wird auch die Einordnung der Finanzanalysten und Wirtschaftsjournalisten betrachtet.[173] Das Problem soll an anderer Stelle behandelt werden[174], jedoch ist grundsätzlich zu bedenken, daß die Bestimmung der Insidereigenschaft nach Nr. 3 sich nicht danach richtet, ob die betreffende Person einer Berufsgruppe angehört, die generell Insiderinformationen erhalten kann. Vielmehr muß entscheidend sein, ob die Information im konkreten Fall aufgrund des Berufes bestimmungsgemäß erlangt wurde. Ist die Frage zu bejahen, so muß der Informationsempfänger als Primärinsider behandelt werden. Demnach muß auch der Unternehmens - oder Wirtschaftsjournalist Primärinsider sein, wenn er z.B. im Rahmen eines Managerinterviews nicht öffentlich bekannte Informationen erhält.[175]

Bezweifelt wird die Primärinsidereigenschaft bei Aufgaben, die nur noch tatsächlich öffentlicher Natur sind, so z.B. bei den Mitarbeitern der wirtschaftlichen Institute.[176] Kommt das Rheinisch-Westfälische Institut für Wirtschaftsforschung (RWI) zu der Erkenntnis, daß gute Aussichten für die Stahlkonjunktur bestehen, so muß man zum einen aufgrund des Prognosecharakters der Nachricht an der Tatsacheneigenschaft zweifeln, zum anderen aber auch eine Insidereigenschaft verneinen, da die Prognose das Ergebnis einer wissenschaftlichen Analyse aufgrund öffentlich bekannter Informationen ist. Diese sind jedoch gem. § 13 Abs. 2 WphG gerade keine Insidertatsachen.

Andererseits kann jedoch das Wissen um die Veröffentlichung dieser Nachricht selbst wieder eine kursrelevante Information sein, so daß die Wissenschaftler eines

---

[171] Schwark, Börsengesetz, 2. Auflg., § 30 Rdnr. 7.

[172] Schwark, Börsengesetz, 2. Auflg., § 32 Rdnr. 1.

[173] Claussen, Das neue Insiderrecht, DB 94, S. 27, 28.

[174] Siehe S. 73ff.

[175] So auch Immenga, Das neue Insiderrecht im Wertpapierhandelsgesetz, ZBB 95, S. 197, 200.

[176] Hopt, Europäisches und deutsches Insiderrecht, ZGR 91, S. 17, 39.

solchen Instituts nicht generell von der Primärinsidereigenschaft ausgenommen werden können.
Ähliches gilt für unternehmensexterne Naturwissenschaftler. Ihre technische Erfindung selbst macht sie selbstverständlich noch nicht zu Insidern. Dies gilt jedoch nicht mehr für den Fall, daß sie sich entschlossen haben, ihre Entdeckung an ein entsprechendes Unternehmen zu verkaufen. Denn der Erwerb eines Patentes durch einen Emittenten kann eine kursrelevante Information sein, die der Wissenschaftler aufgrund seiner Tätigkeit erworben hat. Seine Primärinsidereigenschaft wäre somit gegeben.
Es bestätigt sich also die Aussage, daß die Insidereigenschaft nach § 13 Abs. 1 Nr. 3 nicht für eine bestimmte Berufsgruppe pauschal abgelehnt werden kann. Vielmehr kommt es darauf an, ob im konkreten Fall gerade die Tätigkeit zur Kenntnisnahme geführt hat.

bb. Einschränkung durch den Begriff „bestimmungsgemäß“

Gem. § 13 Abs. 1 Nr. 3 WphG ist Insider, wer aufgrund seines Berufes, seiner Tätigkeit oder Aufgabe eine Information bestimmungsgemäß erhält. Somit wird nicht nur der fragliche Personenkreis eingeschränkt, vielmehr übernimmt der Begriff auch die Funktion einer näheren Erläuterung des Kausalitätsgebotes.[177]
Während die EU-Richtlinie im Zusammenhang mit den „Berufsinsider“ auf den Zugang zur Information abstellt und somit auch solche Personen in die Primärinsidereigenschaft miteinbezieht, die lediglich zufällig eine Information erhalten oder auch nur mithören[178], schließt die Formulierung des WphG gerade das nur bei Gelegenheit erlangte Wissen aus.[179]
Positiv ausgedrückt bedeutet dies, daß ein bestimmungsgemäßer Erhalt nur dann vorliegt, wenn jemand einem anderen im Rahmen seiner Tätigkeit eine Information zukommen lassen möchte.[180]
Dies schließt zwar den Informationserhalt einer Vertretung oder Aushilfe nicht aus[181], denn im Normalfall läßt man auch den Vertretern zwecks Erfüllung ihrer Aufgaben

---

[177] Claussen, Das neue Insiderrecht, DB 94, S. 27, 28, FN. 11.

[178] Schödermeier/ Wallach, Die Insider-Richtlinie der Europäischen Gemeinschaft, EuZW 90, S. 122, 123; Grunewald, Neue Regeln zum Insiderhandel, ZBB 92, S. 128, 132; Claussen, Neues zur kommenden Insidergesetzgebung II, ZBB 92, S. 267, 271.

[179] BT- Drucks. 12/6679, S. 46; Caspari, Die geplante Insiderregelung in der Praxis, ZGR 94, S. 530, 538.

[180] Es erübrigt sich somit die Diskussion, wie bei Gesellschaftsangehörigen die Abgrenzung vorgenommen werden könnte, so z.B. der Vorschlag von v.Rosen, Insider-Regeln und Zukunft, ZfgKW 89, S. 658, 660, der auf ein besonderes Vertrauensverhältnis abstellen wollte.

[181] So aber Hopt, Zum neuem Wertpapierhandelsgesetz, WM- Festg. 94, S. 29, 30, FN. 10.

wichtige Informationen zukommen, so daß eine bestimmungsgemäße Kenntnis vorliegt. Nicht erfaßt werden jedoch neben den theoretischen Taxifahrer - und Chauffeur-Fällen[182] auch solche Ereignisse, bei denen der Täter berufsbedingt Zugang zu wichtigen Informationen hat, diese aber nicht willentlich vom Informationsinhaber sondern durch eine rechtswidrige Vorgehensweise erhält. Hat z.B. ein Rechtsanwalt Zutritt zum Büro eines Kollegen, infolgedessen er rechtswidrig Kenntnis von kursrelevanten Informationen nimmt, so macht er sich nach geltendem Insiderrecht nicht strafbar, wenn er die Information lediglich einer anderen Person mitteilt. Auch scheidet eine Strafbarkeit gem. § 203 StGB aus, da durch das eigenmächtige Eindringen in eine fremde Geheimnissphäre kein „bekannt werden" i.S.d. Vorschrift vorliegt.[183] Eine Strafbarkeit nach § 204 StGB ist ebenfalls nicht gegeben, da demzufolge der Insider nicht zur Geheimhaltung nach § 203 StGB verpflichtet ist. Somit wird die Mitteilung einer Information, von der der Insider durch „unbefugtes Ausspähen" Kenntnis erlangt hat, allein von § 17 UWG erfaßt, wobei seine Ausgestaltung als Antragsdelikt gerade in diesen Fällen oft zur Wirkunglosigkeit führt, da die betroffenen Firmen, sofern sie überhaupt das „Informationsloch" bemerken, eine Imageschädigung befürchten.

Hopt sieht in dem Begriff „bestimmungsgemäß" somit zu Recht eine Verschiebung der Grenze zwischen Primär - und Sekundärinsidern. Dies ist jedoch mit der EU-Richtlinie nicht vereinbar,[184] so daß es Sache des nationalen Gesetzgebers ist, den EU-konformen Zustand herzustellen.[185]

Andererseits reicht alleine die Streichung dieses Begriffes nicht aus. Vielmehr müßte zur genauen Umsetzung der EU-Richtlinie ebenfalls darauf abgestellt werden, ob die Person aufgrund ihres Berufes, ihrer Tätigkeit oder Aufgabe Zugang zu wichtigen Informationen hat. In einem gesonderten Ausschlußtatbestand müssen dann die Personen ausgenommen werden, die die Information durch Zufall und ohne beruflichen Bezug erhalten haben.[186]

---

[182] Dies ist aufgrund der uferlosen Tatbestandsausweitung kriminalpolitisch durchaus sinnvoll.

[183] Sch-Sch-Lenckner, § 203 Rdnr. 15.

[184] Hopt, Zum neuen Wertpapierhandelsgesetz, WM- Festg. 94, S. 29, 30.

[185] Ein dem mitgliedstaatlichem Recht widersprechendes nationales Gesetz stellt eine Vertragsverletzung dar, gegen die die Kommission gem. Art. 169 EWGV vorgehen kann. Da die Richtlinie jedoch im Gegensatz zu Verordnungen grundsätzlich keine unmittelbare Wirkung innerhalb der Mitgliedstaaten entfaltet, wird man richtlinienwidriges Recht nicht per se als nichtig ansehen können, so Oppermann, Europarecht, Rdnr. 463f m.w.N..

[186] Claussen, Neues zur kommenden Insidergesetzgebung II, ZBB 92, S. 267, 275.

d. Ausdehnung des gesellschaftsbezogenen Insiderbegriffs auf andere Unternehmen

aa. Verbundene Unternehmen

Nach § 13 Abs. 1 Nr. 1/2 WphG sind potentielle Insider die Organe und Kapitalbeteiligte des Emittenten und die des mit ihm verbundenen Unternehmens. Damit geht die deutsche Insiderregelung über die EU- Richtlinie hinaus, die den gesellschaftsbezogenen Insiderbegriff auf das Unternehmen des Emittenten beschränkt. Mit dem Begriff des verbundenen Unternehmens sind Unternehmen i.S.v. § 15 AktG gemeint[187], so daß durch die Verwendung dieses Oberbegriffs[188] eine vollständige Erfassung der Unternehmensverbindungen erreicht wird.[189]

bb. Nicht verbundene Unternehmen

In diesem Zusammenhang stellt sich das Problem, ob der gesellschaftsbezogene Insiderbegriff auch auf nicht mit dem Emittenten verbundene Unternehmen ausgedehnt werden kann. Anders ausgedrückt: Kann der Vorstandsvorsitzende X der Gesellschaft A Insider der Gesellschaft B sein, wenn er Informationen über die Gesellschaft B erfährt?
Die Formulierungen von § 13 Abs. 1 Nr. 1/2 sind diesbezüglich eindeutig, demgemäß Insider nur das Organmitglied bzw. der Kapitalbeteiligte des Emittenten oder eines mit ihm verbundenen Unternehmens sein kann.
Hieran ändert auch nicht die Tatsache, daß die Definition der Insiderinformation, die im Zusammenhang mit dem Insiderbegriff gelesen werden muß, ohne Bezug zu einem bestimmten Emittenten formuliert ist, da dies allenfalls für die Auslegung des Informationsbegriffs relevant ist, im Zusammenhang mit dem Insiderbegriff jedoch keine Rolle spielt.
Somit stellt sich jedoch die Frage, ob die in § 13 Abs. 1 Nr. 1/2 aufgestellte Beschränkung ebenfalls für Nr. 3 gelten muß.
Sowohl bei Heranziehung des Richtlinientextes als auch bei der Zugrundelegung des Wortlautes des deutschen Gesetzestextes muß man zu dem Ergebnis kommen, daß der Erfassung von Organvertretern und Kapitalbeteiligten nichts entgegensteht.

---

[187] BT- Drucks. 12/ 6679, S. 46; Caspari, Die geplante Insiderregelung in der Praxis, ZGR 94, S. 530, 537.

[188] Schorndorfer, Verbundene Unternehmen im Dritten Buch des HGB, S. 15.

[189] Kritisch hierzu Happ, Zum Regierungsentwurf eines Wertpapierhandelsgesetzes, JZ 94, S. 240, 242, der zwecks Vermeidung von Unsicherheiten die Vereinheitlichung der Unternehemensbegriffe im WphG anstrebt und den sich an § 290 Abs. 2 HGB anlehnenden Begriff des kontrollierten Unternehmens gem. § 22 Abs. 3 WphG vorschlägt. § 290 Abs. 2 WphG erfaßt jedoch nicht alle Fälle der Unternehmensverbindungen, so z.B.nicht die wechselseitig beteiligte Aktiengesellschaft.

Denn erhalten Vorstandsmitglieder während einer Verhandlung Informationen über ein anderes Unternehmen, so haben sie diese Kenntnis ohne Zweifel aufgrund ihres Berufes erhalten. Eine Beschränkung auf das Unternehmen des jeweiligen Organvertreters ist dem Wortlaut nicht zu entnehmen.
Anders ist hingegen bei der Auslegung nach dem Kontext zu entscheiden.
Zum einen spricht die Beschräkung in den beiden ersten Tatbestandsalternativen für eine gleiche Auslegung von § 13 Abs. 1 Nr. 3 WphG, zum anderen würde eine andere Interpretation des Gesetzestextes die Formulierungen in Nr. 1 und Nr. 2 nutzlos werden lassen, wenn Organangehörige ohnehin von der dritten Alternative erfaßt würden.
Auch die historische Sichtweise spricht eher für eine Beschränkung der Organvertreter und Anteilseigner auf den jeweiligen Emittenten. Denn während die erste Fassung des EU-Richtlinienvorschlages[190] gem. Art. 1 Abs. 1 jeden als Insider ansah, der in Ausübung seines Berufes bzw. seiner Aufgabe eine Insiderinformation erhält, stellen der zweite Vorschlag[191] sowie die endgültige Fassung eine von der Bundesrepublik erzielte Kompromißlösung dar, die den Insiderbegriff bzgl. der Organmitglieder und Anteilseigner ausdrücklich auf den Emittenten und auf die mit ihm verbundenen Unternehmen beschränken.
Somit zeigt sich gerade hier, daß die Bundesrepublik bemüht war, den Insiderbegriff eng zu halten und über einen gesellschaftsbezogenen Begriff nicht hinausgehen wollte.[192]
Ein anderes Bild ergibt sich wiederum, wenn man das Gesetz teleologisch auslegt. Primäres Ziel des Gesetzes ist die Verhinderung von Insiderhandel.
Sind die in § 13 Abs. 1 Nr. 1/2 genannten Personen nur Insider bezüglich der emittentenbezogenen Informationen, so wird ihnen zumindest die Weitergabe der Informationen gestattet, welche einen entsprechenden Gesellschaftsbezug nicht aufweisen. Gerade der Sitz in einem Aufsichtsrat oder einem Vorstand gibt jedoch häufig Gelegenheit zur Kenntnisnahme von nicht unternehmensbezogenen Nachrichten, so daß es die Zielsetzung des Gesetzes gebietet, „Gesellschafts-insider" auch von § 13 Abs. 1 Nr. 3 erfassen zu lassen.
Nicht unberücksichtigt bleiben darf in diesem Zusammenhang der Blick auf andere europäische Insiderregeln. Während Art. 10-1 der französischen Ordonnance eine dem EU-Richtlinienentwurf vergleichbare weite Definition enthält, läßt auch § 1 Abs. 2 des englischen Securities Act die Erfassung des fraglichen Falles zu.[193]

---

190 ABLEG Nr.C, 153/ 8 v.11.06.1987.

191 ABLEG Nr.C, 277/ 13 v. 27.10.1988.

192 Schödermeier/ Wallach, Die Insider- Richtlinie der Europäischen Gemeinschaft, EuZW 90, S. 122.

193 Schödermeier/ Wallach, Die Insider- Richtlinie der Europäischen Gemeinschaft, EuZW 90, S. 122; vgl. auch Art. 161 des Schweizerischen Strafgesetzbuches, der auf ein Mitglied des Verwaltungsrates usw. <u>einer</u> Aktiengesellschaft abstellt.

Faßt man zusammen, so kann festgestellt werden, daß bei Anwendung der grammatikalischen und der teleologischen Auslegung Gesellschaftsangehörige gem. § 13 Abs. 1 Nr. 1/2 von Nr. 3 erfaßt werden, wenn sie nicht unternehmensbezogene Nachrichten erhalten. Nach der systematischen und historischen Auslegung ist dies hingegen zu verneinen.

Zwar gibt es unter den verschiedenen Auslegungsmethoden keine festgelegte Reihenfolge, es besteht jedoch weitgehend Einigkeit, daß der Wortlaut sowie die Intention eines Gesetzes ein Ergebnis entscheidend mitprägen.[194] Zieht man den rechtsvergleichenden Aspekt hinzu, der gerade bei Auslegung angeglichenen Rechts ein wichtiges Kriterium ist, so muß eine Anwendung des § 13 Abs. 1 Nr. 3 auch bei den Gesellschaftsinsidern bejaht werden, die nicht unternehmensbezogene Nachrichten erhalten.[195]

2. Der Sekundärinsider

Gem. § 14 Abs. 2 WphG wird der Insiderbegriff auf den Sekundärinsider, auch Tipempfänger genannt, erweitert. Sekundärinsider sind Personen, die nicht unter den Kreis der Primärinsider fallen und Kenntnis von einer Insidertatsache haben.

Die tatbestandliche Erfassung ist von der EU-Richtlinie vorgeschrieben, allerdings mit der Maßgabe, daß die Information unmittelbar oder mittelbar von einem Primärinsider stammt.[196] Die deutsche Fassung stellt hingegen allein auf die Kenntnis einer Insidertatsache ab, verzichtet demnach auf die Voraussetzung einer bis zu einem Primärinsider zurückzuverfolgenden Informationskette,[197] so daß auch ein diesbezügliches Vorsatzerfordernis aus dem Vorentwurf[198] gestrichen werden konnte.

Nicht zuletzt wegen der vorgenommenen Modifizierung erweist sich der Tatbestand als sehr weit. Angefangen bei den Familienangehörigen eines Primärinsiders bis hin zu den Freunden und Bekannten sowie jenen, die nur zufällig von einer Insidertatsache erfahren, fallen alle Personen mit entsprechender Kenntnis unter den „Auffangtatbestand". Somit kann jeder Täter eines Insiderdelikts sein. Dies führt zu dem Problem einer effektiven Strafverfolgung. Ungeachtet dessen, daß aufgrund

---

[194] Lutter, Die Auslegung angeglichenen Rechts, JZ 92, S. 593, 596.

[195] Zu diesem Ergebnis kommt Waser, Die Insiderregelung in der Bundesrepublik Deutschland, Rezeptionsmodell für die Schweiz?, S. 47, schon für die IHR; a.A. Schödermeier/ Wallach, Die Insider-Richtlinie der Europäischen Gemeinschaft, EuZW 90, S. 122, 123.

[196] Siebel, Der Sekundärinsider, FS für Semler, S. 955, 959.

[197] Happ, Zum Regierungsentwurf eines Wertpapierhandelsgesetzes, JZ 94, S. 240, 242.

[198] Siehe hierzu Hopt, Auf dem Weg zum deutschen Insidergesetz, in FS für Beusch, S. 393, 399.

der Vielzahl der potentiellen Täter ohnehin nicht alle Geschäfte aufgedeckt und verfolgt werden können, stellt sich auch ein erhebliches Berurteilungs - und Nachweisproblem in Bezug auf das Tatbestandsmerkmal der Insidertatsache. Denn je höher die Anzahl der Informationsinhaber ist, umso weniger ist für den einzelnen Informationsempfänger der Ursprung der Nachricht ausfindig zu machen. Genau dies ist u.a. aber, wie noch zu zeigen sein wird, für die Abgrenzug eines Börsengerüchts zu einer Insidertatsache von Bedeutung.[199]

Die Insidertatsache wird in Anbetracht einer hohen Anzahl von Sekundär-, insbesondere aber auch Primärinsidern von einem Börsengerücht nur schwer abzugrenzen sein. Wird aufgrund dessen die Information als Gerücht eingestuft, muß nicht nur das Merkmal der Insidertatsache, sondern auch die Insidereigenschaft entfallen. Hingegen ist das Problem der Strafverfolgung bzw. der Strafbarkeit aufgrund des weiten Tatbestandes nicht dadurch zu lösen, bestimmte Personen wie z.B. Taxifahrer, Sekretärinnen etc. zwar als Insider einzustufen, den von ihnen begangenen Insiderverstoß „aufgrund des Bagatellcharakters - eine Marktbeeinträchtigung sei durch ihr Ausnutzen der Information nicht zu befürchten - nicht zu kriminalisieren“[200].

Eine solche Auslegung des Straftatbestandes würde dazu führen, nur solche Insider der Strafverfolgung zuzuführen, die aufgrund ihrer Stellung oder ihrer finanziellen Möglichkeiten in der Lage sind, eine Marktbeeinträchtigung herbeizuführen, so daß entsprechende Abgrenzungsprobleme vorprogrammiert sind. Im übrigen ist, sofern der Tatbestand eines Strafgesetzes erfüllt ist, der Aspekt des herbeigeführten Schadens bzw. der Umfang des Verstoßes entweder im Rahmen der Einstellungsmöglichkeit oder der Strafzumessung zu berücksichtigen. Letztlich wird der Gesichtspunkt des Bagatellcharakters durch das Merkmal der Geeignetheit zur erheblichen Kursbeeinflussung mitaufgenommen. Eine weitere „Strafbarkeitsschranke“ ist weder dem Wortlaut noch dem Zweck des Gesetzes zu entnehmen.

C. Insiderinformationen

1. Einleitung

Insiderinformationen sind im Gesetz als nicht öffentlich bekannte Tatsachen, die sich auf einen oder mehrere Emittenten von Insiderpapieren oder auf Insiderpapiere beziehen und geeignet sind, im Falle ihres öffentlichen Bekanntwerdens den Kurs der Insiderpapiere erheblich zu beeinflussen, definiert.

---

199 Schwarze, Insiderregelungen im Spannungsfeld der Praktikabilität, BFuP 94, S. 124, 135.

200 Tippach, Insider-Handelsverbot, S. 157.

Die Formulierung der neuen Insiderregelung unterscheidet sich erheblich von der alten IHR, da sie nicht auf eine abschließende Aufzählung von potentiellen kursrelevanten Ereignissen beschränkt ist.
Hingegen ist die Vorgabe durch die EU-Richtlinie ähnlich. Der nennenswerte Unterschied besteht lediglich darin, daß die deutsche Fassung den Begriff der „Tatsache“ verwendet, während die Richtlinie auf eine „präzise Information“ abstellt.
Somit stellt sich die Frage nach dem Inhalt des Tatsachenbegriffs und seiner Abgrenzung zu Börsengerüchten, welche ein notwendiges Wesensmerkmal des Börsengeschehens sind und somit von der Insiderregelung nicht erfaßt werden dürfen.
Einer Klärung bedarf auch das Tatbestandsmerkmal der „Geeignetheit zur erheblichen Kursbeeinflussung“, obwohl schon an dieser Stelle bezüglich einer abschließenden Bestimmung der Begriffe auf die Weiterentwicklung durch die Rechtsprechung verwiesen werden muß.

2. Der Tatsachenbegriff

Entsprechend dem Gesetzestext in § 13 Abs. 1 WphG werden nur Tatsachen von der Insiderinformation erfaßt. Einen vertraulichen Charakter müssen sie nicht haben.[201]
Ebenso fallen Werturteile, Meinungsäußerungen, Rechtsauffassungen und subjektive Wertungen nicht unter den Begriff.[202]
Jedoch beinhaltet die Gesetzesbegründung keine positive Umschreibung des Tatbestandsmerkmals.
Allein im Zusammenhang mit § 15 WphG finden sich Beispiele für den Tatsachenbegriff, so die Aufkündigung oder der Abschluß von Patent-, Liefer- oder Abnahmeverträgen oder die Einstellung wichtiger Produktions-zweige.[203]
Zwangsläufig stellt sich somit die Frage, ob der Tatsachenbegriff des § 13 WphG an den in § 15 WphG verwendeten Begriff angelehnt ist.

a. Tatsachenbegriff des § 15 WphG

§ 15 WphG regelt die Mitteilungs - und Veröffentlichungspflichten der Emittenten und verwendet dabei ebenfalls den Begriff der kursbeeinflussenden Tatsache. Im wesentlichen wird dabei auf die bisherige Regelung des § 44a BörsG[204] zurückgegriffen, die ebenfalls die Veröffentlichungspflicht der Tatsachen anordnete,

---

[201] BT-Drucks. 12/ 6679, S. 46.

[202] BT- Drucks. 12/ 6679, S. 46.

[203] BT- Drucks. 12 6679, S. 48.

[204] BT- Drucks. 12/ 6679, S. 48.

welche im Tätigkeitsbereich des Unternehmens eingetreten und dem Publikum nicht bekannt sind und „wegen der Auswirkungen auf die Vermögens - und Finanzlage oder auf den allgemeinen Geschäftsverlauf des Emittenten zu einer erheblichen Kursänderung zugelassener Aktien führen können". Die Regierungsbegründung zum § 44a BörsG enthält keine näheren Erläuterungen zum verwendeten Tatsachenbegriff. Es sollte vielmehr gewährleistet werden, daß alle für die Beurteilung der zugelassenen Wertpapiere wichtigen Tatsachen schon unverzüglich nach ihrem Eintreten veröffentlicht werden.[205] Auch wenn diese Vorschrift darüber hinaus der Verhinderung von Insidergeschäften diente[206], so konnte sie selbstverständlich nicht zur vollständigen Erfassung aller insiderrelevanten Ereignisse führen.

In diesem Lichte muß auch der Regelungszweck des § 15 WphG gesehen werden. Denn obwohl der Wortlaut aufgrund seiner generalklauselartigen Formulierung „Auswirkungen auf den Geschäftsverlauf" sämtliche kursrelevanten Ereignisse in einem Unternehmen erfaßt[207], darf die Mitteilungspflicht nicht dazu führen, daß selbst erarbeitete Marktvorsprünge eines Unternehmens dadurch aufgehoben werden, daß der Emittent Absichten oder Planungen veröffentlichen müßte, die noch nicht Gegenstand eines endgültigen Beschlusses geworden sind.[208] Somit sollen unter § 15 WphG auch nur rechtlich abgeschlossene Entscheidungstatbestände fallen[209] oder zumindest eine Veröffentlichung nicht vor Unterrichtung des Aufsichtsrates vorgenommen werden dürfen.[210] Folgerichtig wird dann aber, selbst wenn man der weitergehenden Interpretation folgt, eine Anwendung des Tatsachenbegriffs von § 15 WphG auf die Insiderregelung verneint werden müssen. Denn sowohl die Bezugnahme auf rechtlich abgeschlossene Entscheidungstatbestände als auch das Abstellen auf die Kenntnisnahme durch den Aufsichtsrat lassen rein physische Sachverhalte ohne rechtlichen Bezug außer Betracht, so z.B. neue wichtige technische Entwicklungen.

Gerade aber auch rechtliche Ereignisse könnten erst erfaßt werden, wenn ihre Umsetzung erfolgt ist[211], so daß die Weitergabe der Information bzw. ihr Ausnutzen bis zu diesem Zeitpunkt erlaubt wäre. Für das Insiderrecht würde dies bedeuten,

---

205 BT- Drucks. 10/ 4296, S. 16.

206 Schwark, Das neue Kapitalmarktrecht, NJW 87, S. 2041, 2045.

207 Hopt, Zum neuen Wertpapierhandelgesetz, WM- Festg. 94, S. 29, 32.

208 Happ, Zum Regierungsentwurf eines Wertpapierhandelsgesetzes, JZ 94, S. 240, 242.

209 Happ, Zum Regierungsentwurf eines Wertpapierhandelsgesetzes, JZ 94, S. 240, 243; Weisgerber/ Jütten, Das Zweite Finanzmarktförderungsgesetz, S. 209.

210 Peltzer, Die neue Insiderregelung im Entwurf des Zweiten Finanzmarktförderungsgesetzes, ZIP 94, S. 746, 750.

211 Ein interner Vorstandsbeschluß, ein Übernahmeangebot abzugeben, könnte erst mit seiner Durchführung erfaßt werden.

daß Informationsvorsprünge nur bei wenigen kursrelevanten Ereignissen verhindert werden könnten. Der Zweck des Gesetzes liegt jedoch darin, alle insiderrelevanten Ereignisse zu erfassen, so daß der Tatsachenbegriff des § 15 WphG für die insiderrechtlichen Vorschriften nicht gelten kann.[212]

b. Tatsachenbegriff des StGB

Unter den Begriff der Tatsache i.S.d. §§ 186, 263 StGB fallen alle konkreten oder gegenwärtigen Geschehnisse oder Zustände der Außenwelt und des menschlichen Innenlebens. Zukünftige Ereignisse werden nicht erfaßt, hingegen gilt das angeblich Geschehene oder Bestehende als Tatsache.[213]
Ausgehend von dem Umstand, daß das Insiderrecht auf einen Wissensvorsprung abstellt, können Mitteilungen über irreale Ereignisse sowie Absichten, Überzeugungen usw., welche eine innere Tatsache darstellen, nicht Grundlage einer Insiderinformation sein.
Somit ist auch der Tatsachenbegriff des materiellen Strafrechts als Anknüpfungspunkt für das Insiderrecht ungeeignet. Es muß daher ein dem Insiderrecht angepaßter Tatsachenbegriff gelten.

c. Tatsachenbegriff des Insiderrechts

Unter einer Tatsache ist etwas Geschehenes oder Feststehendes zu verstehen.[214]
Somit werden in jedem Fall gegenwärtige und vergangene konkrete Ereignisse erfaßt. Dem Wortlaut nach ist dies für in der Zukunft liegende Vorgänge jedoch zweifelhaft.
Die EU-Richtlinie als „Grundlage des deutschen Insiderrechts" schließt mit dem Begriff der Information die Kenntnisnahme bzw. Mitteilung sämtlicher Nachrichten ein, somit auch zukünftige Ereignisse.
Auch der Schutzzweck des Gesetzes verlangt die Einbeziehung zukünftiger Geschehnisse, denn gerade dieses Wissen kann einen Informationsvorsprung gegenüber anderen Marktteilnehmern am Börsenmarkt ausmachen. Allerdings kann der Tatbestand des § 13 WphG nicht über den Wortlaut hinaus ausgedehnt werden. Grundsätzlich müssen daher Mitteilungen über zukünftige Ereignisse vom Anwendungsbereich ausgeschlossen werden. Etwas anderes muß dann gelten,

---

212 Ebenso Weisgerber/Jütten, Das Zweite Finanzmarktförderungsgesetz, S. 202. a.A. offenbar Tippach, Insider-Handelsverbot, S. 137ff, der aufgrund des Erfordernisses der Geeignetheit zur Kursbeeinflusung den Begriff der Information an die Publizitätspflichten anlehnen will, mit der Einschränkung, daß § 15 WphG einen weiten, aber abschließenden Katalog publizitätspflichtiger Sachverhalte erhält.

213 Sch-Sch-Cramer, § 263 Rdnr. 8.

214 Wahrig, Der kleine Wahrig, Wörterbuch der deutschen Sprache, S. 768.

wenn der Mitteilung über ein zukünftiges Ereignis konkrete Vorgänge zugrundeliegen, die auf den Eintritt eines Ereignisses schließen lassen.[215]
Somit stellt sich jedoch die Frage, in welchem Stadium der Entwicklung von einer Tatsache i.S.d. Insiderrechts gesprochen werden kann.
Um den Zeitpunkt bestimmen zu können, ist wieder davon auszugehen, daß Informationsparität gewahrt und Wissensvorsprünge verhindert werden sollen. Bezogen auf ein zukünftiges Ereignis kann ein Wissensvorsprung nur dann vorliegen, wenn der Informationsempfänger im Zeitpunkt des Ausnutzens bzw. der Weitergabe Kenntnis konkreter Umstände hat, die auf den Eintritt des Ereignisses sicher schließen lassen.
Für rechtliche Unternehmensvorgänge kommen hierfür mehrere Stadien in Betracht. So wird z.B. im Rahmen von Unternehmensübernahmen allein die Aufnahme von Vertragsverhandlungen für die Annahme der Tatsache nicht ausreichen. Selbstverständlich stellt der Vorgang der Verhandlungen ein gegenwärtiges konkretes Ereignis, somit also eine Tatsache dar, in der Regel wird es ihr jedoch an der erforderlichen Kursrelevanz fehlen, da zum Zeitpunkt der Verhandlungen der Abschluß eines Vertrages und somit eine bestimmte Kursentwicklung nicht vorhersehbar ist.
Andererseits kann es auch nicht auf den Zeitpunkt der Vertragsunterschrift ankommen, da zwischen dem Beschluß der Vertragsparteien, einen Vertrag unterzeichnen zu wollen, und der Realisierung des rechtlichen Abschlusses eine Zeitspanne läge, die es den Insidern ermöglichen würde, entsprechende Aktiengeschäfte zu tätigen.
Demnach muß ein Wissensvorsprung schon dann angenommen werden, wenn der interne Willensbildungsprozeß für einen bestimmten rechtlichen Vorgang abgeschlossen ist und dem Eintritt des Ereignisses keine wesentlichen Hindernisse mehr entgegenstehen. Im Einzelfall können dies eine noch notwendige Zustimmung des Aufsichtsrates oder eine noch ausstehende Genehmigung durch das Bundeskartellamt sein. Allerdings wird man ein Hindernis ebenfalls verneinen müssen, wenn z.B. auch die Einwilligung des Aufsichtsrates in das Geschäft für Insider von vornherein erkennbar war.[216]
Die objektive Grenzziehung zwischen einer Vermutung oder Überzeugung einerseits und dem Vorliegen einer Tatsache andererseits wird im Einzelfall daher sehr

---

[215] So für § 263 Sch-Sch-Leckner, § 263 Rdnr. 8.

[216] So im Fall der AEG-Übernahme durch den Daimler-Benz Konzern. Am 07.10.1985 informierte der Aufsichtsratsvorsitzende der AEG seine Kollegen über eine bevorstehende Sondersitzung am kommenden Wochenende. Obwohl der Aufsichtsratschef über den Tagesordnungspunkt geschwiegen hatte, wußten die Aufsichtsräte, worum es geht. Einen Tag später steigt der Kurs der AEG-Aktie von 157,-- auf 174,-- DM. Allerdings hatte der Vorsitzende des Aufsichtsrates bereits selbst durch Aktienkäufe zwischen dem 12.09. und 20.09.85 vorgesorgt, so Werner, Ab in den Bau, Wirtschaftswoche 1994, Nr. 42, S. 207.

schwierig sein, ist letztlich aber notwendig, da nur der objektive Informationsvorsprung verhindert werden soll.
Bei realen, rein physischen Sachverhalten, z.B. einer technischen Erfindung, kann die Zeitbestimmung ebenfalls nicht eindeutig sein. Man wird in solchen Fällen nur dann von einer Tatsache i.S.v. § 13 WphG sprechen können, wenn schon sehr konkrete Anhaltspunkte auf den Eintritt des Ereignisses hindeuten. Letztendlich wird es dabei wieder auf den konkreten Einzelfall ankommen müssen.
Voraussetzung für das Vorliegen einer Tatsache ist jedoch nicht der Eintritt des Ereignisses selbst. Mußte man nach objektiven Maßstäben im Zeitpunkt des Ausnutzens der Information durch den Insider von einer Tatsache ausgehen, ist das Ereignis dann aber wider aller Erwartungen jedoch nicht eingetreten, so ist der objektive Tatbestand trotzdem zu bejahen.

Somit kann folgendes festgehalten werden:
Tatsachen sind Informationen über objektiv bestimmbare Ereignisse der Vergangenheit oder Gegenwart.
Zukünftige Ereignisse sind erfaßt, wenn im Zeitpunkt der Mitteilung bzw. des Ausnutzens ungeachtet des rechtlichen Abschlusses der Eintritt des Ereignisses aufgrund der objektiven Umstände als sicher gelten kann.

Die Grenze zwischen Tatsachen und Werturteilen ist entsprechend den nach § 186 StGB aufgestellten Abgrenzungskriterien zu ziehen.[217] Dies bedeutet, daß Tatsachen vorliegen, wenn sie der objektiven Klärung zugänglich sind und als etwas Geschehenes oder Vorhandenes mit den prozessualen Möglichkeiten festgestellt werden können.[218] Hingegen ist ein bloßes Werturteil anzunehmen, wenn die Äußerung durch Elemente der subjektiven Stellungnahme oder des Meinens geprägt ist. Die Grenze ist allerdings fließend. So ist es zutreffend, daß Werturteile, Rechtsauffassungen usw. durchaus kursrelevante Tatsachen sein können, so z.B. wenn sie aufgrund der objektiven Umstände auf den Eintritt eines bestimmten Ereignisses sicher schließen lassen. Auch kann die subjektive Aussage selbst eine kursrelevante Tatsache sein, wenn man nicht auf den Inhalt der Aussage, sondern auf die Äußerung als Ereignis abstellt.[219]
Eine andere Frage ist es hingegen, wie eine Tatsachenmitteilung formuliert sein muß, damit sie als solche erkennbar ist.
In diesem Zusammenhang kann die äußere Form der Mitteilung durchaus von Bedeutung sein. Wird eine Tatsache als Werturteil oder Meinung dargestellt, so

[217] Weisgerber/Jütten, Das Zweite Finanzmarktförderungsgesetz, S. 209.
[218] Sch-Sch-Lenckner, § 186 Rdnr. 4.
[219] Happ, Zum Regierungsentwurf eines Wertpapierhandelsgesetzes, JZ 94, S. 240, 242.

kann nicht unbedingt von einem Wissensvorsprung des Informationsempfängers ausgegangen werden. Andererseits schließt es den Tatsachencharakter dieser Mitteilung nicht aus, wenn der Aussage erkennbar konkrete Geschehnisse zugrundeliegen. Auch hier wird man aufgrund der Gesamtumstände entscheiden müssen, wie ein objektiver Dritter die Information verstehen mußte.
Ein weiteres, praxisrelevantes Problem wird die Abgrenzung zum Börsengerücht sein.
Ein Gerücht nennt man eine unverbriefte Nachricht oder eine ungesicherte mündliche Mitteilung. Für die notwendige Abgrenzung verlangt *Claussen* einen objektiv zuverlässigen Grad der Aussage[220], wonach die Äußerung eines Vorstandsmitgliedes anders zu bewerten sei als die eines außenstehenden Dritten.
Tatsächlich kann die Person des Mitteilenden von Bedeutung sein und zu einem höherem Maß an Glaubwürdigkeit und Zuverlässigkeit führen. Für den Fall, daß die Nachricht nicht von einem Primärinsider weitergegeben wird, ist es daher auch mitentscheidend, ob der Ausgangspunkt einer Information auszumachen und die Informationskette zurückzuverfolgen ist.
Wird z.B. die Nachricht für den Informationsempfänger erkennbar von einem Freund, Bekannten oder einem Verwandten des Primärinsiders weitergegeben, so ist das Vorliegen einer Tatsache objektiv möglich. Anders ist hingegen zu urteilen, wenn eine Person von einem Vorgang berichtet, zu dessen Inhalt sie weder in persönlicher noch in sachlicher Hinsicht eine Beziehung aufweisen kann. In jedem Fall müssen auch hier Umstände wie Person und Tätigkeit des Informationsgebers, die äußere Form der Mitteilung oder auch bereits vorliegende Vorausinformationen des Informationsempfängers eindeutig auf das Vorliegen einer gesicherten Erkenntnis und damit auf eine Tatsache hindeuten.

Für den Tatsachenbegriff ergibt sich somit folgendes:
- Objektiv muß eine Tatsache im o.g. Sinne vorliegen.
- Nach dem objektiven Empfängerhorizont muß die Tatsachenmitteilung als solche für den Informationsempfänger erkennbar sein.

3. Emittentenbezug des Tatsachenbegriffs

Eine Tatsache im o.g. Sinne kann dem Gesetzeswortlaut nach nur dann vorliegen, wenn sie sich „auf einen oder mehrere Emittenten von Insiderpapieren oder auf Insiderpapiere“ bezieht. Ob dies eine Einschränkung des Tatsachenbegriffs darstellt, ist fraglich. Denn erfaßt werden sowohl unternehmensnahe Informationen

---

[220] Claussen, Das neue deutsche Insiderrecht, DB 94, S. 27, 30; so auch Weber, Das neue deutsche Insiderrecht, BB 95, S. 157, 163.

(Übernahmen, Kapitalerhöhungen, Gewinne/Verluste) als auch außerhalb der Gesellschaft liegende Nachrichten.[221] Während jedoch die Bedeutung der ersten Gruppe eindeutig ist, stellt sich für die unternehmensexternen Tatsachen die Frage, ob und gegebenenfalls wie eine Grenze zu den insiderirrelevanten Geschehnissen zu ziehen ist. Dabei sind auch die sogenannten Marktdaten von Bedeutung.

Marktdaten sind Informationen, die nicht ein bestimmtes Unternehmen, sondern den Kapitalmarkt oder die allgemeine politische Situation betreffen, so z.B. Diskontsatzänderungen, Arbeitslosenzahlen oder Inflationsraten.

Schon Art. 6 des Richtlinienvorschlags der EU vom 25.05.1987 benannte nicht nur emittentenbezogene, sondern auch wertpapierbezogene Nachrichten als Insidertatsachen.[222] Die Begründung zum Richtlinienvorschlag stellte klar, daß mit dem Wortlaut auch allgemeine, marktbezogene Nachrichten einbezogen sein können.[223]

Hiervon weichen die deutsche Gesetzesformulierung sowie die Gesetzesbegründung nicht ab. Letztlich ist die Erfassung von Marktdaten auch nach der Intention des Gesetzes geboten. Soll nämlich die Informationsparität und somit die Chancengleichheit am Markt gewahrt werden, kann es keinen Unterschied machen, ob es sich um eine nicht öffentlich bekannte firmenspezifische Tatsache oder um Wirtschaftsnachrichten handelt, sofern sie geeignet sind, den Kurs erheblich zu beeinflussen.[224] Aufgrund der Fülle von Nachrichten, die unter diesen Begriff fallen können, ist jedoch zu fragen, ob das Tatbestandserfordernis des Emittenten - und Wertpapierbezugs bestimmte Arten von Marktdaten ausschließt.

Zur Klärung dieser Frage hat *Tippach* die Marktdaten in fünf verschiedene Gruppen unterteilt und ist durch Auslegung des Richtlinientextes zu dem Ergebnis gekommen, daß reine politische bzw. gesamtwirtschaftliche statistische Daten nicht dem Informationsbegriff unterliegen, da diese nicht mehr „ein oder mehrere Insiderpapiere" betreffen.[225] Hiergegen wird eingewandt, daß es sich bei allen Insiderpapieren nur um eine begrenzte Anzahl von Gesellschaften handelt, da der Börsenhandel eine Zulassung der Insiderpapiere durch die Börse voraussetze.[226]

Zuzustimmen ist dem insoweit, da der Wortlaut nicht automatisch zum Ausschluß der politischen bzw. gesamtwirtschaftlichen statistischen Daten führt. Darüber

---

[221] BT- Drucks. 12/ 6679, S. 46.

[222] ABLEG No.C 153/8,v. 25.05.1987.

[223] Begr.des Richtlinienvorschlags, KOM (87) 111 endg.,21.05.1987, S. 5.

[224] Assmann, Das neue deutsche Insiderrecht, ZGR 94, S. 494, 513; Hopt, FS für Beusch, S. 393, 397; ders., Europäisches und deutsches Insiderrecht, ZGR 91, S. 17, 31; a.A. Suter, Regulation of Insider Dealing in Britain, p. 288; anders auch das dänische und portugiesische Gesetz,so Hopt/ Wymeersch, European Insider Dealing, p. 155.

[225] Tippach, Marktdaten im künftigen Insiderrecht, WM 93, S. 1269, 1270.

[226] Kümpel, Zum Begriff der Insidertatsache, WM 94, S. 2137, 2139.

hinaus gehören zu den Insiderpapieren z.B. auch Optionen, denen sogenannte Index-Werte (z.B. der DAX-Index) zugrundeliegen. Index-Werte kommen jedoch durch Kurse mehrerer Unternehmen aus verschiedenen Branchen zustande, die von gesamtwirtschaftlichen Daten durchaus beeinflußt werden können.[227] Schließlich können insbesondere politische Vorgänge Auswirkungen auf ein Unternehmen haben und somit auch den Kurs des jeweiligen Wertpapiers beeinflussen, nicht zuletzt deshalb, weil immer häufiger deutsche Firmen ihre Produktionen auch in solche Länder verlagern, wo politische Instabilitäten vorherrschen und speziell die Situation eines bestimmten Unternehmens beeinflussen.

Der Emittentenbezug einer Nachricht ist somit für die Insidertatsache nicht entscheidend. Vielmehr werden unternehmensexterne Nachrichten insiderrelevant, wenn sie zur erheblichen Kursbeeinflussung geeignet sind.

Demnach kann festgestellt werden, daß das hier behandelte Tatbestandsmerkmal kein zusätzliches einschränkendes Kriterium darstellt. Auch kann es kein spezielles Abgrenzungskriterium für Marktdaten sein.[228]

4. Öffentliche Bekanntheit

Nach dem Gesetzeswortlaut des § 13 Abs. 1 WphG sind Insiderinformationen Tatsachen, die nicht öffentlich bekannt sind.

Begriffe wie „Öffentlichkeit“ oder „öffentliche Bekanntmachung“ werden in vielen Gesetzesformulierungen verwendet und aufgrund der verschiedenen Regelungszwecke ebenso verschieden ausgelegt. Auf eine einheitliche Begriffsbestimmung kann daher nicht zurückgegriffen werden, so daß sich die Frage aufdrängt, wie weit der Öffentlichkeitsbegriff in diesem Fall zu ziehen ist bzw. welche Verbreitungsmodalität ergriffen werden muß, damit die Öffentlichkeit als erreicht gilt.

Schon die Fragestellung deutet darauf hin, daß allein die formale Bekanntmachung der Tatsache als nicht ausreichend angesehen wird. Auch wenn diese den Vorzug hätte, den Zeitpunkt der öffentlichen Bekanntheit genau feststellen zu können und darüber hinaus der englische Text der EU - Richtlinie („information which has not been made public“) diese Möglichkeit nicht auszuschließen scheint[229], spricht doch der deutsche Wortlaut eine im wahrsten Sinne des Wortes andere Sprache, wenn er nicht auf eine „nicht öffentlich bekanntgemachte“, sondern auf eine „nicht öffentlich bekannte“ Tatsache abstellt.

---

[227] Nicht zuletzt vor der Bundestagswahl 1994 hatten die DAX-Werte aufgrund der verschiedenen Wahlumfragen erhebliche Kursausschläge zu verzeichnen.

[228] Im Ergebnis ebenso Assmann, Das neue deutsche Insiderrecht, ZGR 94, S. 494, 514; Kümpel, Zum Begriff der Insidertatsache, WM 94, S. 2137, 2139. a.A. Möller, Das neue Insiderrecht-Eckpfeiler funktionsfähiger Wertpapiermärkte, BFuP 94, S. 99, 105, der ausdrücklich solche Marktdaten ausnimmt, die lediglich reflexartig auf den Markt wirken, so z.B. politische Ereignisse.

[229] Hopt, Europäisches und deutsches Inisderrecht, ZGR 91, S. 17, 30.

Maßgebend muß somit der Zeitpunkt sein, an dem die Öffentlichkeit die Nachricht tatsächlich erfahren konnte.

a. Die Öffentlichkeit

Der Begriff der Öffentlichkeit wird im Rahmen des deutschen Insiderrechts als Bereichsöffentlichkeit, welche von den professionellen Marktteilnehmern, z.B. den Versicherungen, Kreditinstituten oder Börsenmaklern repräsentiert wird, verstanden.[230] Es wird argumentiert, daß, nähmen sie Kenntnis von der Tatsache, dies Berücksichtigung in den Anlagedispositionen fände und sich schnell in den Börsen - und Marktpreisen niederschlüge. Die Herstellung der Bereichsöffentlichkeit verhindere somit den Mißbrauch von Insiderinformationen[231] und stelle im übrigen auch ein sehr praktikables Kriterium dar.[232]
Dem Wortlaut nach ist dem Öffentlichkeitsbegiff Genüge getan, wenn eine unbestimmte Anzahl von Personen Kenntnis von der Tatsache erhalten hat.[233] Hierbei kann die zahlenmäßige Unbestimmtheit alleine nicht entscheidend sein, vielmehr muß die Nachricht so verbreitet werden - angelehnt an den urheberrechtlichen Öffentlichkeitsbegriff in § 15 Abs. 2 UrhRG -, daß nicht nur eine bestimmte abgrenzbare Personengruppe erreicht wird.[234]
Die Erfüllung dieser Voraussetzung kann zweifelhaft sein, versteht man unter „Öffentlichkeit“ die Bereichsöffentlichkeit, da die professionellen Marktteilnehmer eine eigene, von den Klein - oder Durchschnittsanlegern abgrenzbare Gruppe darstellen. Denn sowohl die von ihnen ausgeübte Tätigkeit als auch technische und organisatorische Einrichtungen gewähren ihnen die schnellstmögliche Kenntnisnahme von Börseninformationen, so daß neue Nachrichten unmittelbar an die Bereichsöffentlichkeit weitergegeben werden, die außerhalb stehenden Personen jedoch erst zu einem späteren Zeitpunkt informiert werden können.
Allerdings kann allein die Möglichkeit eines schnelleren Zugriffs auf kursrelevante Informationen aufgrund besserer organisatorischer Einrichtungen nicht als strafbare Handlung angesehen werden.[235] Dies darf und soll das Gesetz nicht ändern, hat es doch nur die Herstellung gleicher Marktchancen im Sinne der äußeren Marktbedingungen und nicht die Gleichschaltung der Marktteilnehmer zum Ziel.

---

[230] BT- Drucks.12/ 6679, S. 46; Assmann, Neues deutsches Insiderrecht, ZGR 94, S. 494, 511; Siebold, Das neue Insiderrecht, S. 232.

[231] Caspari, Die geplante Inisderregelung in der Praxis, ZGR 94, S. 530, 539;
Kümpel, Zum Begriff der Insidertatsache, WM 94, S. 2137, 2138.

[232] Assmann, Neues deutsches Insiderrecht, ZGR 94, S. 494, 511.

[233] BT-Drucks.12/ 6679, S. 46; Caspari, Die geplante Insiderregelung in der Praxis, ZGR 94, S. 530, 539.

[234] v.Gamm, Urheberrechtsgesetz, § 15 Rdnr. 17.

[235] Hopt/ Will, Europäisches Insiderrecht, S. 64.

Andererseits erscheint es fraglich, ob eine Tatsache als öffentlich bekannt gelten kann, wenn aufgrund der Verbreitungsmodalität die Nachricht in jedem Fall zunächst nur eine bestimmte Personengruppe erreichen kann, somit also ein Großteil der Anleger für einen kurzen, aber möglicherweise entscheidenden Zeitraum uninformiert bleibt.

Das systematische Argument spricht eindeutig für den Begriff der Bereichsöffentlichkeit. Denn der Gesetzgeber scheint sich hinsichtlich der Ad-hoc Publizität in § 15 Abs. 3 WphG an den Begriff der Bereichsöffentlichkeit angelehnt zu haben[236], indem er eine Veröffentlichungsmöglichkeit sowohl in einem Börsenpflichtblatt als auch über ein elektronisches Informationssystem zuläßt, wobei die zweite Methode im nachhinein eingeführt wurde, um die Interessen der Wirtschaft zu berücksichtigen.[237] Gerade die Verbreitung über ein elektronisches Informationssystem führt jedoch dazu, daß die unmittelbar am Markt beteiligten Kreditinstitute, Versicherungsunternehmen usw. Kenntnis vor den Kleinanlegern erlangen können. Demnach wäre es ein Wertungswiderspruch innerhalb des Gesetzes, wenn man zur Wahrung der Publizitätspflichten zwar die Verbreitung über ein elektronisches Informationssystem zuläßt, andererseits aber die Auslegung des Öffentlichkeitsbegriffs i.S.d. Bereichsöffentlichkeit verneint.

Eine andere Frage ist es hingegen, ob dies mit dem Zweck des Gesetzes vereinbar ist.

Dieser liegt zunächst darin, den Mißbrauch von Insiderinformationen zu verhindern. Für den profitablen Insiderhandel bedarf es einer nur geringen Anzahl von Insidern[238], so daß mit Herstellung der Bereichsöffentlichkeit diese Voraussetzung nicht mehr gegeben wäre. Da jedoch grundsätzlich jede Form von Insiderhandel unterbunden werden soll, kann die Frage, ob ein bestimmter Insidergewinn für die Strafbarkeit der Tat erforderlich ist, allein am Tatbestand, somit also am Merkmal der Geeignetheit zur Kursbeeinflussung entschieden werden. Darüber hinaus ist die Gesamtzielsetzung des Zweiten Finanzmarktförderungsgesetzes eine andere.

Diese besteht in der Wahrung der Informationsparität und damit in der Sicherung der Funktionsfähigkeit der Märkte sowie in dem Vorhaben, die Märkte für Kleinanleger zugänglicher zu machen, was sich nicht zuletzt auch in der Herabsetzung des Nennbetrages einer Aktie von 50,-- DM auf 5,-- DM niederschlägt.[239] Wie jedoch bereits dargelegt wurde, müssen zur Realisierung dieser Ziele gleiche Marktzugangschancen für die Anleger bestehen.[240]

---

236 Kümpel, Zum Begriff der Insidertatsache, WM 94, S. 2137, 2138.

237 BT- Drucks. 12/ 7918,S. 101.

238 Ott/ Schäfer, Ökonomische Auswirkungen der EG- Insider- Regulierung in Deutschland, ZBB 91, S. 226, 228.

239 So die geänderte Fassung des § 8 Abs. 1 S. 1 AktG.

240 Schon im Rahmen der Diskussion über eine generelle Notwendigkeit einer Insiderregelung wurde das ökonomische Argument, der individuelle Anleger sei gar nicht

Dem widerspricht jedoch die Gesetzesauslegung des Öffentlichkeitsbegriffs i.S.d. Bereichsöffentlichkeit.

Denn gilt eine Information schon als öffentlich bekannt, wenn die Bereichsöffentlichkeit die Möglichkeit zur Kenntnisnahme hatte, so können die unmittelbar am Markt Beteiligten wiederum ihre Dispositionen vor den Kleinanlegern vornehmen.

Auch wenn Kleinanleger faktisch nur selten über ihre Dispositionen selbst entscheiden, sondern diese von den professionellen Marktteilnehmern wie z.B. den Kreditinstituten ausführen lassen, so darf ihnen von Gesetzes wegen nicht die Möglichkeit genommen werden, aufgrund der äußeren Marktbedingungen diese zeitgleich mit den „Marktinsidern" vornehmen zu können. Mit der bevorzugten Benachrichtigung der Bereichsöffentlichkeit ist hingegen zu befürchten, daß sich zwar der Informationsabstand zwischen Insidern und berufsmäßigen Marktteilnehmern verkürzt, dagegen der Wissensabstand zum breiten Anlegerpublikum vergrößert wird.[241]

Auch unter strafrechtlichen Gesichtspunkten ist eine enge Auslegung des Öffentlichkeitsbegriffs nicht zu rechtfertigen[242]. Selbstverständlich führt eine Beschränkung der Informationspflicht auf die Marktteilnehmer zu einem engeren Straftatbestand. Die Auslegung darf jedoch nicht auf Kosten des eigentlichen Regelungsziels erfolgen. Wird der Handel nach Information der professionellen Anleger als gesetzeskonform angesehen, so liegt nach wie vor ein Informationsvorsprung der Marktteilnehmer gegenüber den Kleinanlegern vor, was rechtspolitisch ausgesprochen fragwürdig erscheint.

Ein Blick in andere europäischen Länder zeigt, daß auch dort das Problem nicht einheitlich behandelt wird.

Zwar scheint die englische Literatur den Öffentlichkeitsbegriff ebenfalls eher i.S. einer Bereichsöffentlichkeit zu verstehen[243]. Anders fordert jedoch der französische cour d'appel de Paris in seiner Entscheidung vom 28.01.1985 eine breite Streuung der Information über die Massenmedien[244].

Ein Hinweis für die Gesetzesanwendung in Deutschland ist dies nicht.

---

geschädigt, mit der Begründung, entscheidend sei die Gleichheit der Anleger am Markt, abgelehnt, s. Jenckel, Das Insiderproblem, S. 28.

[241] Schneider, Wider Insiderhandelsverbot und die Informationseffizienz des Kapitalmarkts, DB 93, S. 1429, 1430; Rudolph, Betriebswirtschaftliche Beurteilung des Insiderhandelsverbots, BFuP 94, S. 114, 123.

[242] So aber Tippach, Insider-Handelsverbot, S. 82.

[243] „Unpublished price sensitive information is defined as information which......is not generally known to those persons who are accustomed or would likely to deal", in: Suter, The regulation of insider dealing in Britain, S. 100.

[244] Schödermeier/ Wallach, EuZW 90, S. 122, 123, FN. 26.

Vielmehr muß nach der gegenwärtigen Gesetzeslage die Öffentlichkeit i.S. einer Bereichsöffentlichkeit verstanden werden, obwohl die Gesamtzielsetzung des Finanzmarktförderungsgesetzes die Benachrichtigung des breiten Anlegerpublikums erfordert.

b. Die Verbreitungsmodalität

Sollen gleiche äußere Marktbedingungen bei der Informationsverbreitung für die Anleger vorherrschen, so bedeutet dies nicht, daß der Anleger tatsächlich Kenntnis von einer Tatsache haben muß, vielmehr muß er nur Kenntnis nehmen können, d.h. die Information mußte für ihn zugänglich sein.
Hinsichtlich der insiderrechtlichen Vorschriften ließ das Zweite Finanzmarktförderungsgesetz zunächst mehrere Arten der Nachrichtenverbreitung zu. Man konnte auf die Einspeisung in einen Börsenticker, die Verbreitung durch die Massenmedien, die Veröffentlichung in einem Börsenpflichtblatt oder gar in einer regionalen Tageszeitung abstellen.[245]
Durch die nachträglich eingeführte Möglichkeit, die Nachricht sowohl über ein Börsenpflichtblatt als auch über ein elektronisches Informationsverbreitungssystem zu veröffentlichen, ist der Mindeststandard der Verbreitungsmodalität auch bezüglich der Insidertatsache festgelegt, da die Insidervorschriften nicht über die formellen Veröffentlichungsvorschriften der Unternehmen hinausgehen können. Ausgehend davon, daß vorwiegend von der letzten Möglichkeit Gebrauch gemacht wird, wird der Kleinanleger zunächst uninformiert bleiben.
Zwar darf es nicht erforderlich sein, daß sich die Nachricht dem Anleger aufdrängen muß. Abzustellen ist jedoch auf den interessierten Durchschnittsanleger, dem die Möglichkeit eröffnet sein muß, über allgemeine standardisierte Medien Informationen zu erhalten. Eine Nachricht dürfte somit erst dann als öffentlich bekannt gelten, wenn sie z.B. über Videotext zu empfangen ist oder durch Informationsdienste der öffentlich - rechtlichen oder privaten Fernsehanstalten übermittelt wurde.[246] Den professionellen Marktteilnehmern wäre es in Anbetracht der heutigen technischen Informationsverbreitungsmöglichkeiten zuzumuten, den Handel für diese kurze Zeitdauer, bis zu der auf diesem Wege erfolgten Veröffentlichung, in den betroffenen Insiderpapieren zu unterlassen.

---

[245] Claussen, Neues zur kommenden Insidergesetzgebung II, ZBB 92, S. 267, 275; Peltzer, Die neue Insiderregelung im Entwurf des Zweiten Finanzmarktförderungsgesetzes, ZIP 94, S. 746, 749.

[246] Die Verbreitung über Börseninformationssysteme wird nur dann als ausreichend angesehen werden können, wenn auch der Durchschnittsanleger an ein solches System angeschlossen werden kann. Dies ist zur Zeit aus Kostengründen nicht möglich.

Hingegen ist eine allgemeine Handelspause ohnehin nicht zu befürchten, da allein die Insider einem Handlungsverbot unterlägen und diese im Verhältnis geringe Anzahl der nicht teilnehmenden Anleger nicht zu eine Gefährdung der ständigen Liquidität des Marktes führen kann.[247] Bei einer solchen Regelung wäre es auch kein Problem, den Zeitpunkt der öffentlichen Bekanntmachung genau bestimmen zu können.

Zusammenfassung:
Eine Tatsache soll als öffentlich bekannt gelten, wenn sie dem breiten Anlegerpublikum über ein allgemeines, standardisiertes Massenmedium zugänglich gemacht wurde.

5. Die Kursrelevanz

Voraussetzung des Insidergeschäfts ist die Kursrelevanz der zu veröffentlichenden Tatsache. Der deutsche Gesetzestext drückt dies mit dem Kriterium der „Geeignetheit zur erheblichen Kursbeeinflussung“ aus. Stellt man die Frage nach der notwendigen Beschaffenheit einer Tatsache bzgl. dieser Voraussetzungen, ergeben sich unweigerlich Zweifel hinsichtlich der Bestimmtheitsanforderungen des Art. 103 Abs. 2 GG.
Das BVerfG hat sich des öfteren mit der Frage der Bestimmtheit eines Strafgesetzes befassen müssen,[248] insbesondere auch in Verbindung mit Blankettstrafgesetzen[249]. Es hat diesbezüglich ausgeführt, daß Art. 103 Abs. 2 GG die Verpflichtung des Gesetzgebers beinhalte, „die Voraussetzungen der Strafbarkeit so konkret zu umschreiben, daß Tragweite und Anwendungsbereich zu erkennen sind und sich durch Auslegung ermitteln lassen“.
Ebenso müsse die Vorschrift, auf die ein Blankettgesetz Bezug nimmt, hinreichend bestimmt sein. Einschränkend wird allerdings hinzugefügt, daß das Gebot der Bestimmtheit nicht übersteigert werden dürfe, da ansonsten die Gesetze zu starr und kasuistisch und dem Wandel der Verhältnisse oder der Besonderheit des Einzelfalles nicht mehr gerecht würden.[250]
Das Strafgesetzbuch bedient sich in vielen Vorschriften des Begriffes der „Geeignetheit“, so z.B. in den §§ 186, 187 StGB oder im Rahmen des Umweltstrafrechts. Auch scheint im vorliegenden Zusammenhang die Verwendung unvermeidbar. Denn obwohl schon bei den IHR von der Möglichkeit des

---

[247] So aber Tippach, Das Insider-Handelsverbot, S. 80.

[248] BVerfGE 83, 130, 145; BVerfGE 78, 374, 381; BVerfG NStZ 87, 450.

[249] BVerfG NJW 93, 1909, 1910.

[250] BVerfG NJW 93, 1909, 1910.

Einzelfallkataloges Gebrauch gemacht wurde und dies den Vorteil hatte, die kursrelevanten Informationen genauer bestimmen zu können, konnte nur eine unzureichende Erfassung aller kursrelevanten Tatsachen gewährleistet werden.
Schließlich hätte man auch auf einen tatsächlichen Kurseinfluß abstellen können, die Insidernorm wäre somit ein Erfolgsdelikt. Dies hätte zur Folge, daß erhebliche Beweisschwierigkeiten beim Kausalitätsnachweis entstünden, da die Kurse in der Regel durch viele Umstände beeinflußt werden können. Genau dies sollte jedoch vermieden werden. Allerdings wird es aufgrund der faktischen Entdeckungsmöglichkeiten von Insidergeschäften darauf hinauslaufen, daß das Insiderdelikt als Verletzungsdelikt praktiziert wird, da in der Regel nur ein erheblicher Kursausschlag zur Aufdeckung eines insiderrelevanten Sachverhaltes führen kann, das Insidergeschäft zu diesem Zeitpunkt also bereits abgewickelt wurde.[251]
Bei der vorliegenden Gesetzesformulierung stellt sich daher das Problem der notwendig vorzunehmenden Konkretisierung der Begriffe.
Die Frage, wann eine Tatsache geeignet ist, den Kurs erheblich zu beeinflussen, könnte einmal in Form einer Einzelbeurteilung durch Rechtsverordnungen für jedes einzelne Wertpapier geregelt werden. *Claussen* räumt dagegen ein, daß aufgrund der derivativen Finanzinstrumente zu viele Ausweichmöglichkeiten am Markt bestünden, die es den Insidern erlaubten, ihr Wissen auf solchen Marktsegmenten einzusetzen, die durch „individuelle Beträchtlichkeitsschwellen" nicht festlegbar seien.[252] Ebenso könne eine Differenzierung danach, ob ein Papier vielfach gehandelt werde oder nur selten Umsätze zu verzeichnen seien, kein taugliches Kriterium sein, da eine derartige Unterscheidung zwischen den einzelnen Wertpapieren dem Gesetzeswortlaut nicht zu entnehmen sei.[253]
Vielfach wird daher die Höhe der Kursausschläge herangezogen. Zum Teil wird eine Geeignetheit zur erheblichen Kursbeeinflussung entsprechend der Bedingungen der Frankfurter Wertpapierbörse bei einer Kursänderung i.H.v. 5%[254], teilweise aber erst bei einer Überschreitung von 15% angenommen.[255]
Doch wurde auch für dieses mögliche Beurteilungskriterium eingeräumt, es könne nur bedingt geeignet sein, da das Ausmaß der Kursbeeinflussung maßgeblich von der Marktlage bzw. Marktbreite abhänge, so daß pauschale Grenzen nicht aufgestellt werden könnten.[256]

---

[251] Kallmeyer, Gastkommentar in DB 94, Heft v.29.04.94, S. I.

[252] Claussen, Neues zur kommenden Insidergesetzgebung II, ZBB 92, S. 267, 278.

[253] Claussen, Neues zur kommenden Insidergesetzgebung II, ZBB 92, S. 267, 278.

[254] Assmann, Das neue deutsche Insiderrecht, ZGR 94, S. 494, 515; Caspari, Die geplante Insiderregelung in der Praxis, ZGR 94, S. 530, 540.

[255] Claussen, Neues zur kommenden Insidergesetzgebung II, ZBB 92, S. 267, 278.

[256] Peltzer, Neue Insiderregelung im Entwurf des Zweiten Finanzmarktförderungsgesetzes, ZIP 94, S. 746, 749.

Tippach hingegen will das Merkmal der Kursrelevanz an den nach europäischem Recht publizitätspflichtigen Informationen ausrichten, wobei er einräumt, daß hinsichtlich der Publizitätspflicht nach § 15 WphG ein abschließender Katalog relevanter Sachverhalte errichtet werden müsse.[257]
Dieser Vorschlag ist mit der geltenden Gesetzeslage unvereinbar. Wie bereits dargelegt wurde[258], kann die Vorschrift des § 15 WphG aufgrund der vorzunehmenden Einschränkung, selbst erarbeitet Marktvorsprünge der Unternehmen nicht zu gefährden, nur rechtlich abgeschlossene Entscheidungstatbestände erfassen. Ungeachtet der Frage, inwieweit dieses für die Unternehmen zu beachtende Ziel durch die Einführung eines erweiterten abschließenden Kataloges gefährdert würde, führt eine abschließende Aufzählung kursrelevanter Ereignisse, wie die Erfahrungen aus der Zeit der IHR zeigen, zu Strafbarkeitslücken und somit zu einer tatbestandlich nicht effizienten Verfolgung von Insiderstraftaten.
Im übrigen kann der Vorschlag auch aus einem anderen Grunde nicht überzeugen. Zwar führt *Tippach* zu Recht an, daß die Festlegung einer Prozentgrenze als ausschließliches Merkmal für die Bestimmung der Kursrelevanz ungeeignet sei.[259] Mit der abschließenden Aufzählung publizitätspflichtiger Tatsachen (großer Fund bzw. erfolgreiche Bohrung, die für sich genommen den Ertrag des Geschäftsjahres um ca. 10% steigert, Stellenabbau von mehr als 5%, Verlust vom Grundkapital in Höhe von mindestens 5%) führt er bei Ereignissen, deren Kursrelevanz nicht offensichtlich ist, die Prozentschwelle wieder ein, so daß auch hier der Einzelfall unberücksichtigt bleibt. Daher ist dieser Vorschlag abzulehnen.
Verwiesen wird schließlich auf die bei §§ 186, 187 StGB entwickelten Grundsätze.[260] Diese erweisen sich jedoch deshalb schon als unzureichend, da im Zusammenhang mit § 186 StGB bereits mit jeder Behauptung einer ehrenrührigen Tatsache der Tatbestand erfüllt ist, so daß eine nähere Bestimmung des Begriffs in diesem Zusammenhang weder erforderlich noch möglich ist.[261]

Zur Konkretisierung des Tatbestandsmerkmals sollen zwei Gedanken vorausgeschickt werden.
Der Begriff „erheblich“ dient dem Ausschluß von Bagatellfällen[262] und somit auch der Einschränkung des Tatsachenbegriffs.[263]

---

[257] Tippach, Insider-Handelsverbot, S. 148ff.

[258] Siehe S. 48f.

[259] Tippach, Insider-Handelsverbot, S. 124, 132.

[260] Weisgerber/Jütten, Das Zweite Finanzmarktförderungsgesetz, S. 202.

[261] Sch-Sch-Lenckner, § 186, Rdnr. 5.

[262] BT- Drucks.12/ 6679, S. 47.

[263] Assmann, Das neue deutsche Insiderrecht, ZGR 94, S. 494, 514.

Dies kann deshalb sinnvoll sein, weil der Informationsvorsprung bei Tatsachen, die nur einen unerheblichen Kursausschlag bewirken werden, nicht gewinnbringend eingesetzt werden kann. Darüber hinaus muß die Frage, ob eine Tatsache zur Kursbeeinflussung geeignet ist, durch eine objektiv nachträgliche Prognose im Zeitpunkt des Insidergeschäfts beantwortet werden.[264]
Nun wird der Insiderhandel in der Regel nur durch einen erheblichen Kursausschlag des betreffenden Wertpapiers festzustellen sein.[265] In diesem Zusammenhang kann der Kursausschlag zwar nicht Beweis für die Kursrelevanz sein, er muß jedoch als entscheidendes Indiz in die Prüfung miteinbezogen werden.[266]
Hinsichtlich der Höhe des Kursausschlags muß sicherlich mit einem Richtwert gearbeitet werden, bei dessen Überschreitung eine erhebliche Kursbeeinflussung anzunehmen ist. Die Bedingungen der Frankfurter Wertpapierbörse sehen für den Kursmakler eine Anzeigepflicht bei einer Kursänderung von mehr als 1,5% des Nennwertes bei festverzinslichen Wertpapieren und bei Aktien bei mehr als 5% vor, was für ihre Anwendung als Richtwert sprechen kann.
Allerdings ist dem Argument *Peltzers*, das Ausmaß der Kursausschläge hänge ganz wesentlich von der Marktbreite des gehandelten Wertpapiers ab, hinzuzufügen, daß auch die allgemeine Börsenstimmung sowie sonstige besonderen Umstände mitzuberücksichtigen sind, da dieselbe Nachricht in einer Hausse oder einer Baisse verschiedene Wirkungen aufweisen kann.[267] Daher wird man mit *Assmann* annehmen müssen, daß eine Prüfung nur einzelfallbezogen und unter besonderer Berücksichtigung der aktuellen Umstände erfolgen kann.[268]
Liegen also konkrete Verdachtsmomente für ein Insidergeschäft vor, so muß zunächst die generelle Geeignetheit zur Kursbeeinflussung beurteilt werden.
Als dann ist die Höhe des Kursausschlags festzustellen, wobei die Bedingungen der Frankfurter Wertpapierbörse durchaus Grundlage eines entsprechenden Richtwertes sein können. In einem letzten Schritt ist zu prüfen, ob konkrete Umstände oder Indizien vorliegen, die eine Änderung des Ergebnisses herbeiführen könnten[269], z.B. die Tatsache, daß die Information von den Börsenteilnehmern

---

[264] Hopt, Europäisches und deutsches Insiderrecht, ZGR 91, S. 17, 32; Kallmeyer, Gastkommentar in DB 94, Heft v. 29.04.94, S. I; diesbezüglich nicht eindeutig: Claussen, Das neue Insiderrecht, DB 94, S. 27, 30.

[265] Schmidt/ Wulff, Zur Entdeckung von Insideraktvitäten am deutschen Aktienmarkt, ZBB 93, S. 57, 58.

[266] Die EG- Richtlinie arbeitet bei einer tatsächlichen Veränderung des Kursniveaus mit einer Vermutungsregelung, so Claussen, Neues zur kommenden Insidergesetzgebung II, ZBB 92, S. 267, 278.

[267] N.N., FAZ v.23.06.1994, S. 17; Schwarze, Insiderregelungen im Spannungsfeld der Praktikabilität, BFuP 94, S. 124, 132.

[268] Siehe auch N.N.,FAZ v.17.02.1995, Nr. 41, S. 16.

[269] Assmann, Das neue deutsche Insiderrecht, ZGR 94, S. 494, 514.

bereits antezipiert worden ist und dies sich bereits im Börsenkurs niedergeschlagen hat."

Man muß somit zu dem Ergebnis kommen, daß das Tatbestandsmerkmal der Kursrelevanz eines erheblichen Prüfungsaufwandes bedarf.

Dabei sind die Feststellungs - und Nachweisprobleme vor allem in der Beträchtlichkeitsschwelle begründet. Die angesprochene Notwendigkeit, einen entsprechenden Richtwert zu bestimmen, die Berücksichtigung der allgemeinen Börsenstimmung sowie weiterer besondere Umstände könnte de lege ferenda entfallen, wenn ein Erheblichkeitserfordernis nicht bestünde. Es bliebe bei der Prüfung, ob die Nachricht generell geeignet war, den Kurs zu beeinträchtigen. Diese für ein abstraktes Gefährdungsdelikt typische Prüfung kann jedoch anhand von Erfahrungen und der nachträglichen Beurteilung des tatsächlichen Kursausschlags, welcher ohnehin zur Aufdeckung eines Insiderdelikts herangezogen werden muß, durchgeführt werden. Somit stellt sich die Frage nach dem eigentlichen Zweck der Erheblichkeitsschwelle.

Zwar ist der Vorteil des Ausschlusses von Bagatelldelikten, wie bereits erwähnt wurde, unbestritten. Dieser bei Streichung des Erheblichkeitsmerkmals entfallende Vorteil würde jedoch durch die ausreichend vorhandenen Einstellungsmöglichkeiten vor und nach der Anklageerhebung ausgeglichen werden können.[270] Im übrigen sollte zunächst der Zweck des Gesetzes, der in der Herstellung der Markttransparenz und in der Vereitelung von Informationsvorsprüngen liegt, Priorität haben. Daher scheint es bedenklich, die Einführung eines zusätzlichen Merkmals mit dem Ausschluß von Bagatelldelikten zu rechtfertigen, wenn die ohnehin schon zur Genüge bestehenden Nachweisschwierigkeiten - der Vorgang eines Insidergeschäfts ist Teil des Börsengeschäfts und als solcher aufgrund der verschiedensten potentiellen Kurseinflüsse nicht genau vorhersehbar oder nachvollziehbar[271] - erheblich vergrößert werden. Die Vorteile der Nachweiserleichterung, die mit einem abstrakten Gefährdungsdelikt verbunden sein sollen, werden jedenfalls aufgrund der Notwendigkeit, weitere im Rahmen der Erheblichkeit notwendige Prüfungen vornehmen zu müssen, aufgehoben. Die Möglichkeit eines Nachweises wird sich daher auf eindeutige Fälle beschränken.

---

[270] Siehe S. 117ff.

[271] Das Ergebnis einer Untersuchung eines Franfurter Bankhauses über die Kursrelevanz von Kapitalerhöhungen im Zeitraum von 1973-1994 ergab, daß die Kursrelevanz von Nachrichten über Kapitalmaßmahmen eines Unternehmens nicht pauschal beurteilt werden könne. Vielmehr hänge diese von der Größe des Unternehmens und damit von der Höhe des absoluten Emissionsvolumens ab, so N.N., FAZ v. 18.07.1995, Nr. 164, S. 17.

D. Die Verbotshandlung nach § 14 WphG

In § 14 WphG ist die untersagte Handlung festgelegt. Im einzelnen handelt es sich dabei um das Verbot, ein Insiderpapier für eigene oder fremde Rechnung unter Ausnutzung von Insiderwissen zu erwerben oder zu veräußern.
In § 14 Abs. 1 Nr. 1 und Nr. 2 WphG ist das Mitteilungs - sowie das Empfehlungsverbot für den Primärinsider normiert.

1. § 14 Abs. 1 Nr. 1 WphG

Nach § 14 Abs. 1 Nr. 1 WphG ist es einem Insider verboten, unter Ausnutzung seiner Kenntnis von einer Insidertatsache Insiderpapiere für eigene oder fremde Rechnung oder für einen anderen zu erwerben oder zu veräußern. Dieses Verbot gilt gleichermaßen für den Primär - wie auch für den Sekundärinsider.

a. Ausnutzen der Kenntnis

Ein Ausnutzen soll vorliegen, wenn der Insider sich das Insiderwissen mit der Zielsetzung zunutze macht, für sich oder einen anderen einen wirtschaftlichen Vorteil zu erreichen.[272]
Dem Wortlaut ist diese Auslegung nicht zu entnehmen. Zum einen ist der zu erzielende Vorteil nicht Tatbestandsmerkmal[273], zum anderen geht diese Zielsetzung auch nicht aus dem Begriff des „Ausnutzens“ selbst hervor, da es vorliegend um das Nutzen eines bereits bestehenden Vorteils, welcher in der Kenntnis der Tatsache besteht, und nicht um das Erreichen eines solchen geht.
Zu einem anderen Ergebnis kann man nur unter dem Gesichtspunkt der Herstellung der Chancengleichheit der Anleger am Wertpapiermarkt kommen, da allein die Zielsetzung, einen Vorteil aus dem Wissensvorsprung zu ziehen, diese zu beeinträchtigen vermag. Dabei muß es sich nicht um einen wirtschaftlichen Vorteil handeln. Auch ist das tatsächliche Erreichen eines Vorteils nicht Tatbestandsvoraussetzung.

b. Erwerb und Veräußerung

Erwerb und Veräußerung i.S.d. Insiderrechts bedeuten neben dem zivilrechtlichen Vollerwerb und dem entspechenden Rechtsverlust die Erfassung sämtlicher „wertrechtlich relevanter Transaktionen“.[274] Zutreffend ist dies schon deshalb, weil

---

[272] BT-Drucks.12/6679, S. 47; Hopt, Europäisches und deutsches Insiderrecht, ZGR 91, S. 17, 42;

[273] Claussen, Das neue Insiderrecht, DB 94, S. 27, 31.

[274] Assmann, Das künftige deutsche Insiderrecht, Die AG 94, S. 237, 246;

auch die EU-Richtlinie mit dem Tatbestandsmerkmal des direkten und indirekten Erwerbs die Umgehung des Insiderverbots durch Einschaltung Dritter verhindern wollte.[275]

Bittet der Insider A den gutgläubigen B, er möge über sein Konto einen Wertpapierkauf tätigen, so reicht der zivilrechtliche Erwerbsbegriff für die Annahme einer mittelbaren Täterschaft nicht aus. Denn das Eigentum der Wertpapiere geht kraft Gesetzes gem. § 18 Abs. 3 DepotG mit Absendung des Stückeverzeichnisses auf B über.[276] Zu einer Strafbarkeit des A kommt man auch nicht über § 14 Abs. 1 Nr. 3 WphG, denn alleine die Bitte, einen Wertpapierkauf zu tätigen, erfüllt nicht den Empfehlungsbegriff i.S.d. Norm.[277] Daher muß entscheidend sein, ob dem Insider aus der von ihm veranlaßten Wertpapiertransaktion ein Vorteil zukommen soll.

Hier zeigt sich auch die Übereinstimmung mit dem Begriff des „Ausnutzens", bei dem es ebenfalls nicht auf das Ziel ankommt, ein Papier im zivilrechtlichen Sinne zu erwerben.

Eine „wertrechtlich relevante Transaktion" liegt hingegen nicht vor, wenn ein Erwerbs - oder Veräußerungsvorhaben nur unterlassen wird.[278] Der Wortlaut des setzt diesbezüglich eindeutige Grenzen, da der Gesetzestext nur den Erwerb oder die Veräußerung als strafrechtlich relevanten Vorgang ansieht. Hätte das Unterlassen miterfaßt werden sollen, so hätte der Gesetzgeber allein auf den zu erzielenden Vorteil aufgrund einer Insidertatsache abstellen müssen.

2. § 14 Abs. 1 Nr. 2 WphG

§ 14 Abs. 1 Nr. 2 WphG normiert das Verbot, eine Insiderinformation mitzuteilen oder zugänglich zu machen.

Entgegen dem Vorschlag des Bundesrates[279] gilt dieses Verbot nur für den Primärinsider. Eine Weitergabe einer Information wird nur bei einem zielgerichteten Handeln anzunehmen sein, allein ein nachlässiger Umgang reicht nicht aus.[280] Zugänglich wird eine Insidertatsache dann gemacht, wenn dem Empfänger mindestens mit bedingtem Vorsatz die Kenntnisnahme ermöglicht wird, so z.B. durch das offene Liegenlassen von Unterlagen in Geschäftsräumen oder durch Offenbarung eines Kennwortes, welches den Zutritt zu einer Datenverarbeitungsanlage und den entsprechenden Informationen ermöglicht. Voraussetzung eines Verstoßes ist jedoch, daß die Mitteilung in einer der genannten Formen „unbefugt"

[275] Claussen, Neues zur kommenden Insidergesetzgebung II, ZBB 92, S. 267, 281.

[276] Canaris, Bankvertragsrecht, Rdnr. 1969.

[277] Siehe S. 68.

[278] Cramer, in: Assmann/Schneider, Wertpapierhandelsgesetz, § 14 Rdnr. 9.

[279] BT- Drucks. 12/ 6679, S. 94.

[280] So schon für die IHR: zur Megede, Handbuch des Kapitalanlagerechts, § 14 Rdnr. 40.

erfolgt. Hierbei stellt sich sowohl die Frage nach der dogmatischen Einordnung des Begriffes als auch das Problem seiner näheren Konkretisierung.

a. Merkmal des Tatbestandes

Die Frage nach der dogmatischen Einordnung des Begriffes „unbefugt" ist schon im Zusammenhang mit anderen Geheimnisschutzvorschriften aufgetaucht und nicht einhellig beantwortet worden. Während man sich für § 404 AktG einig zu sein scheint, daß es sich bei dieser Formulierung um ein Rechtswidrigkeitsmerkmal handelt[281], so soll die mit Einwilligung des Berechtigten erfolgte Mitteilung im Rahmen von § 17 UWG schon den Verbotstatbestand ausschließen.[282] Für die §§ 201-204 StGB ist dies umstritten.[283] Grundsätzlich wird das Vorliegen eines Tatbestandsmerkmals bejaht, wenn die umschriebene Handlung als solche keinen Unrechtsakt darstellt und wertneutral ist.
Die Weitergabe einer Insiderinformation soll strafrechtlich verfolgt werden, um eine unnötige Ausweitung des Insiderkreises und somit einer höheren Gefahr des Insiderhandels entgegenzuwirken.[284] Andererseits werden jedoch Mitteilungen bestimmter Art im Rahmen der Berufsausübung nicht vermeidbar sein, so daß nicht jede Informationsweitergabe zwingend ein Unrechtsakt ist.[285]
Man wird in dem Merkmal der „Unbefugtheit" daher zumindest auch eine Begrenzung des Tatbestandes sehen müssen.

b. Inhalt

Art. 31a der EU-Richtlinie beschreibt die „unbefugte" Weitergabe als eine außerhalb der normalen Berufs - und Geschäftsausübung erfolgte Mitteilung.[286]
Was als „normale" Berufsausübung angesehen werden kann, ist nicht näher bezeichnet. Für Vorstands - oder Aufsichtsratsmitglieder eines Unternehmens sind kursrelevante Tatsachen in der Regel vertrauliche Angaben oder Geheimnisse i.S.d.

---

[281] Fuhrmann, in: Geßler/Hefermehl/Eckhardt/Kropff, Aktiengesetz, § 404 Rdnr. 10; Klug, Großkommentar zum Aktiengesetz, § 404 Rdnr. 7; Geilen, Kölner Kommentar zum Aktiengesetz, § 404 Rdnr. 74.

[282] Baumbach/ Hefermehl, Wettbewerbsrecht, § 17 Rdnr. 18.

[283] Für die Annahme eines Rechtswidrigkeitsmerkmals Dreher/ Tröndle, § 201, Rdnr. 7; SK-Samson, StGB, § 203 Rdnr. 36; a.A.:Sch-Sch-Lenckner, § 201 Rdnr. 13; LK-Jähnke, § 203 Rdnr. 74.

[284] Durch das Tipverbot soll auch ein „europäischer Boesky" verhindert werden, s.Hopt, Europäisches und deutsches Insiderrecht, ZGR 91, S. 17, 47.

[285] Im Ergebnis so auch Caspari, Die geplante Insiderregelung in der Praxis, ZGR 94, S. 530, 545.

[286] ABLEG 1989, Nr.L 334/ 30.

§ 93 Abs. 1 AktG, bei denen Mitteilungen nur in den dort genannten Fällen gestattet sind. Insbesondere sind dies Mitteilungen des Vorstandes an den Aufsichtsrat, an den Abschlußprüfer oder auch an den Rechtsanwalt, der die Interessen der Gesellschaft vertritt.[287] Darüber hinausgehende unternehmensexterne Informationsweitergaben können nur mit Einwilligung des vertretungsberechtigten Organs erfolgen. Neben den strafrechtlichen Verschwiegenheitspflichten müssen auch die beruflichen Rechte und Pflichten als Beurteilungsmaßstab herangezogen werden, so z.B. § 42 der RichtlRA, nachdem der Rechtsanwalt über die gesetzliche Schweigepflicht hinaus bei allen ihm in Ausübung seiner Tätigkeit bekanntgewordenen Tatsachen zur Verschwiegenheit verpflichtet ist.[288]
Die Grenze zur befugten Informationsweitergabe stellen somit die Gesetze, die Berufspflichten, die Berufsüblichkeiten[289] und vor allem auch individuelle vertragliche Vereinbarungen, so z.B. die von einem Arbeitnehmer unterzeichnete Erklärung, über die ihm bekanntgewordenen Tatsachen Stillschweigen zu bewahren, dar.
Z.T. wird in diesem Zusammenhang auf die betriebliche Erforderlichkeit abgestellt.[290] Demnach wären Mitteilungen dann als „befugt“ anzusehen, wenn eine Weitergabe aufgrund betrieblicher Anforderungen erforderlich ist. Zwar führt dieses Kriterium in den meisten Fällen zu gleichen Ergebnissen. Allerdings ist dem Wortlaut nach auf die dem Einzelnen auferlegte rechtliche Beschränkung abzustellen. Dem wird die weite Formulieung der betrieblichen Notwendigkeit nicht gerecht.

3. § 14 Abs. 1 Nr. 3 WphG

Nach § 14 Abs. 1 Nr. 3 WphG macht sich der Primärinsider auch dann strafbar, wenn er einem anderen auf der Grundlage seiner Kenntnis den Erwerb oder die Veräußerung von Insiderpapieren empfiehlt.
Mit dem Empfehlungsverbot soll verhindert werden, daß der Insider sich eines Dritten bedient oder mit ihm kollusiv zusammenarbeitet.[291] Bezüglich des Tatbestandsmerkmals der Empfehlung ist an den in § 38 Abs. 1 Nr. 10 GWB anzuknüpfen[292], wonach eine Empfehlung eine einseitige, rechtlich unverbindliche Erklärung ist, durch die jemand in der Absicht, den Willen des Adressaten zu beeinflussen, ein Verhalten als für den Adressaten vorteilhaft bezeichnet und die Verwirklichung dieses Verhaltens anrät.[293] In Fortführung der Ansicht, daß das

---

[287] Hefermehl, in: Geßler/Hefermehl/Eckhardt/Kropff, AktG, § 93 Rdnr. 21, lit. a.

[288] Feuerich, Bundesrechtsanwaltsordnung, § 43 Rdnr. 158/ 159.

[289] Hopt, Europäisches und deutsches Insiderrecht, ZGR 91, S. 17, 47.

[290] Assmann, Das neue deutsche Insiderrecht, ZGR 94, S. 494, 520.

[291] BT- Drucks.12/ 6679, S. 48.

[292] Assmann, Das neue deutsches Insiderrecht, ZGR 94, S. 494, 520.

[293] BGHSt 14, 55, 57.

Unterlassen einer Transaktion von § 14 Abs. 1 Nr. 1 WphG nicht erfaßt wird, kann auch die Empfehlung, von einem Erwerb abzusehen, nicht unter § 14 Abs. 1 Nr. 3 WphG fallen.

E. Der subjektive Tatbestand

Der Vorsatz muß sich auf sämtliche Merkmale des objektiven Tatbestandes beziehen. Im einzelnen sind dies die Insidereigenschaft, das Insiderpapier, die Insidertatsache sowie die Merkmale der einzelnen Handlungsalternativen.
Weiß der Täter fahrlässig nicht, daß seinem Wertpapiergeschäft eine Insiderinformation zugrundeliegt, so bleibt er straflos, da ein entsprechender Fahrlässigkeitsstraftatbestand, der im Vorentwurf des Gesetzes vorgesehen war[294], nicht besteht. Ebenso straflos ist derjenige, der glaubt, er nutze eine Insiderinformation aus, obwohl diese in Wahrheit bereits öffentlich bekannt ist. In einem solchen Fall handelt es sich um einen untauglichen, aber ebenfalls straflosen Versuch.[295]
Grundsätzlich reicht dolus eventualis aus. Hinsichtlich der einzelnen Merkmale der Insidertatsache einschließlich der Kursrelevanz ist jedoch positive Kenntnis erforderlich.[296] Der eindeutige Wortlaut der §§ 13, 14 WphG läßt eine andere Deutung zumindest bzgl. der Geeignetheit zur erheblichen Kursbeeinflussung nicht zu[297], obschon es aufgrund des zu schützenden Rechtgutes für die Strafwürdigkeit des Verhaltens unerheblich ist, ob der Insider die Kursrelevanz der Tatsache kennt, wenn er doch eine Wertpapiertransaktion mit dem Ziel vornimmt, eine nicht öffentlich bekannte Information auszunutzen, d.h. also ohnehin mit dem Ziel handeln muß, durch den Wissensvorsprung einen Vorteil zu erreichen. Dies gilt um so mehr, wenn man bedenkt, daß der Zweck des Merkmals der Kursrelevanz darin liegt, Bagatellfälle auszuschließen. Das auf die Geeignetheit zur erheblichen Kursbeeinflussung bezogene Vorsatzerfordernis stellt somit eine zusätzliche und gleizeitig unnötige Nachweiserschwernis dar[298].
Die Probleme beginnen jedoch schon beim Nachweis der Kenntnis von der Tatsache selbst[299]. Dies muß sich notwendigerweise aus dem Wesen der Vorschrift ergeben,

---

[294] Hopt, Auf dem Weg zum deutschen Insiderrecht, FS für Beusch, S. 393, 401.

[295] Auch die Einführung einer Versuchsstrafbarkeit ist durch den Bundesrat angestrebt worden, BT-Drucks. 12/ 6679, S. 102.

[296] Happ, Zum Regierungsentwurf eines Wertpapierhandelgesetzes, JZ 94, S. 240, 242; Schröder, Aktienhandel und Strafrecht, S. 144.

[297] Das Merkmal der Geeignetheit einschließlich der Erheblichkeitsschwelle könnte objektive Bedingung der Strafbarkeit sein.

[298] Schröder, Aktienhandel und Strafrecht, S. 144.

[299] Siehe hierzu S. 110ff.

nach der das Ausnutzen eines Wissensvorsprungs, nicht aber das Spekulationsgeschäft behindert werden darf. Wie noch zu zeigen sein wird, begünstigen die bestehenden Beweisschwierigkeiten insbesondere professionelle Marktteilnehmer[300], da sie aufgrund ihrer Marktkenntnisse und der damit verbundenen Vielfalt von Spekulationsmöglichkeiten eine Motivation für einen Kaufentschluß erklären können, der ansonsten ein Indiz für eine Tatsachenkenntnis sein könnte. Andererseits kann das Wissen um das Zustandekommen von Börsenkursen auch förderlich für den Nachweis des Vorsatzes sein.[301] Dies darf letztlich aber nicht darüber hinwegtäuschen, daß die ohnehin schon bestehende Nachweisproblematik durch das zusätzliche, auf die Erheblichkeit der Kursbeeinflussung bezogene Vorsatzerfordernis, deutlich erhöht wird. Da eine positive Kenntnis von der erheblichen Kursrelevanz aufgrund der dem Börsengeschäft immanenten Unwägbarkeiten nur bei eindeutigen Sachlagen zu beweisen sein wird, kommt es in allen anderen Fällen im Ergebnis auf die richterliche Überzeugung an.

---

[300] Siehe S. 112.

[301] Tippach, Insider-Handelsverbot, S. 77.

Teil 4: Die strafrechtlichen Konsequenzen für Kreditinstitute

A. Das Kreditinstitut

1. Begriff und Tätigkeitsbereiche

Gem. § 1 KWG sind Kreditinstitute Unternehmen, die Bankgeschäfte betreiben, wenn der Umfang dieser Geschäfte einen in kaufmännischer Weise eingerichteten Geschäftsbetrieb erfordert. In Deutschland, wie in anderen europäischen Ländern auch, herrscht dabei das System der Universalbanken vor.[302]
Die Universalbanken beschäftigen sich mit den in § 1 KWG genannten Geschäften, zu denen u.a. Einlagen-, Kredit-, Diskont-, und Effektengeschäfte gehören. Wichtige Geschäftszweige sind auch die Depot - und Investmentgeschäfte. Begrifflich erfaßt werden solche Institute, die zumindest das Kredit-, Einlagen - und Effektengeschäft mit einem breiten Kundenstamm pflegen.[303]

2. Informationsquellen

Möglichkeiten, Insiderinformationen zu erhalten, ergeben sich bei den Universalbanken aus den verschiedenen Tätigkeitsbereichen. Gerade im Bereich der Unternehmensfusionen und Unternehmensübernahmen sind Banken engagiert. Unbeschadet dessen, daß sie als Berater des Verkäufers oder der Zielgesellschaft einer Unternehmensübernahme in der Vergangenheit häufig genug unentgeltlich mitwirkten, haben sie zwischenzeitlich auch die bezahlte Mergers and Acquisitions Dienstleistung für sich entdeckt[304], woraus sich eine entscheidende Quelle für Insiderinformationen ergibt.
Die Bezeichnung „Mergers and Acquisitions“ stammt aus dem angelsächsischen Raum, wo vorzugsweise Merchant Banks (Großbritannien) und Investment Banks (Vereinigte Staaten) die Vermittlung von Unternehmenszusammenschlüssen und Aufkäufen betreiben.[305] Im Rahmen dieser Tätigkeit ist es unerläßlich, den Auftraggeber mit dem betroffenen Unternehmen und seinen Marktverhältnissen vertraut zu machen. Dementsprechend ist in der Regel eine Voruntersuchung zum Zwecke der

---

[302] Ausgenommen hiervon sind die angelsächsischen Länder, welche das Spezialbankenprinzip bevorzugen.

[303] Gabler Bank Lexikon, S. 2091.

[304] Storck, Betriebs-und marktpolitische Aspekte von Mergers and Acquisitions, Die Bank 1990, S. 376.

[305] Gabler Bank Lexikon, S. 1499.

Informationsbeschaffung[306] notwendig, mit der ein allgemeiner Überblick z.B. über die Qualität des Managements (Einsicht in Sitzungsprotokolle von Gesellschaftern und Geschäftsführern bzw. Vorstandssitzungen geben Auskunft über wichtige Entscheidungen) oder über den Stand von Forschung und Entwicklung des Unternehmens verbunden sein soll. Von größter Bedeutung ist in diesem Zusammenhang die finanzielle Lage des Unternehmens. Bei ihrer Analyse werden Einblicke in verfügbare Daten (Jahresabschlüsse, Quartalsberichte, Planungsrechnungen, Steuererklärungen) in Verbindung mit den allgemeinen Bilanzierungs - und Bewertungsregeln des Unternehmens Aufschlüsse über sämtliche Passiva (Eigenkapital, Verbindlichkeiten aus Lieferungen, Rückstellungen) und Aktiva wie Anlagevermögen, Forderungen, liquide Mittel usw. geben.[307] Im Ergebnis wird somit deutlich, daß die im Rahmen von Unternehmenszusammenschlüssen/-käufen tätig werdenden Banken eine erhebliche Fülle an nicht öffentlich bekannten[308] Informationen erhalten können. Wurden bis 1990 bei 15% aller Unternehmenskäufe in Deutschland professionelle Berater, d.h. ca. 500 Personen, eingeschaltet, so waren dies etwa 25% Bankmitarbeiter.[309]

Ebenfalls eine wesentliche Informationsquelle ist die Kreditbeziehung zwischen Banken und Unternehmen.[310] Gerade wenn es um die Vergabe größerer Kredite geht, informieren sich die Banken über den wirtschaftlichen Zustand ihres Kunden.

Darüber hinaus verfügen die Kreditinstitute über verschiedenste Beteiligungen an Kapitalgesellschaften, aufgrund derer sie Informationen erhalten können.

Als potentielle Informationsquellen wurde immer auch die Aufsichtsratsmandate einzelner Vorstandsmitglieder der Banken genannt. Sie sind jedoch als unzulässig zu betrachten, weil zum einen für das Aufsichtsratsmitglied bei Kenntnis einer vertraulichen Information eine Schweigepflicht gem. § 93 Abs. 1 S. 2 AktG besteht, zum anderen, weil infolgedessen die Kenntnis dem jeweiligen Kreditinstitut nicht zugerechnet werden kann.[311]

---

306 Siehe hierzu Weiss, Die Informationsbeschaffung beim Unternehmenskauf, in: Siegwart, Mergers & Acquisitions, S. 379ff.

307 Weiss, Die Informationsbeschaffung beim Mergers & Acquisitions, in: Siegwart, Mergers & Acquisitions, S. 383.

308 Auch wenn eine Veröffentlichungspflicht der Jahresabschlüsse besteht, so kann dies in keinem Fall, insbesondere nicht für den privaten Anleger, zu einem detaillierten Überblick, wie er im Rahmen von Voruntersuchungen bei Unternehmensübernahmen erreicht werden soll, führen.

309 Storck, Betriebs- und marktpolitische Aspekte von Mergers and Aquisations, Die Bank 90, S. 376.

310 Dingeldey, Das chinese wall - Prinzip im Bankrecht der Vereinigten Staaten, RiW 83, S. 81, 83.

311 Siehe hierzu im einzelnen: Lutter, Bankenvertreter im Aufsichtsrat, ZHR 81, S. 224, 242.

B. Die Tätigkeiten im einzelnen

1. Die Tätigkeit der Finanzanalysten

Kreditinstitute machen sich immer häufiger die Dienste von Finanzanalysten zunutze, um die eigenen Wertpapiergeschäfte sowie die der Anlagekunden effektiver durchführen zu können. Die deutsche Vereinigung für Finanzanalyse-DVFA e.V. zählte Ende 1991 580 persönliche Mitglieder, die nahezu alle in den in Deutschland ansässigen und im Wertpapiergeschäft aktiven Bankinstituten tätig sind.[312] Aufgabe der Finanzanalysten ist es, im Rahmen der Wertpapieranalyse die Anlageziele eines jeweiligen Papiers, nämlich sein Ertrag, seine Sicherheit und seine Liquidität, d.h. seine Verkäuflichkeit herauszufinden.[313]
Hierfür stehen ihnen im wesentlichen zwei Analysearten zur Verfügung, die Fundamentalanalyse und die technische Analyse.
Während die Fundamentalanalyse versucht, den wahren Wert der Aktie, der von dem sich aus Angebot und Nachfrage zusammensetzenden Börsenkurs zu unterscheiden ist, herauszufinden, versucht die technische Analyse die Kursentwicklung einer Aktie allein aus den Daten des Aktienmarktes, also aus dem Marktgeschehen der Börse, zu erklären.[314]
§ 13 Abs. 2 WphG weist ausdrücklich darauf hin, daß eine Bewertung, die ausschließlich aufgrund öffentlich bekannter Tatsachen erstellt wird, keine Insidertatsache sein kann. Somit kann auch die auf der Fundamentalanalyse oder der technischen Analyse zurückführende Bewertung einer Aktie keine Insiderinformation sein, welche den Finanzanalysten zum Insider macht.
Andererseits ist das Wissen, welches allein auf öffentlich bekannten Tatsachen basiert, ein allgemein gültiges Abgrenzungsmerkmal für die Insidereigenschaft, also kein spezielles Problem der Finanzanalysten und ändert nichts an der Tatsache, daß dieser, wenn er eine nicht öffentlich bekannte Information erhält, auch Insider ist. Bekommt er dieses Wissen z.B. im Rahmen eines Managerinterviews usw., besteht auch der ursächliche Zusammenhang zwischen Tätigkeit und Informationsempfang, so daß er grundsätzlich der Regelung des § 13 Abs. 1 Nr. 3 WphG unterliegt.[315] Dies hat zur Folge, daß der Finanzanalyst diese Information weder zur Grundlage einer Wertpapiertransaktion noch einer Empfehlung machen darf.[316]

---

[312] List, Neue Berufe aus steuerrechtlicher Sicht, BB 93, S. 1488.

[313] Buchner, Grundzüge der Finanzanalyse, S. 218.

[314] Buchner, Grundzüge der Finanzanalyse, S. 221-236.

[315] Bröker, Neue Strafvorschriften im deutschen Börsenrecht, wistra 95, 132; dies gilt selbstverständlich in gleichem Maße für Wirtschaftsjournalisten.

[316] Hopt, Insiderwissen und Interessenkonflikte, FS für Heinsius, S. 289/290; Siebold, Das neue Insiderrecht, S. 118.

Anders wird es hingegen beurteilt, wenn der Analyst Insiderinformationen erhalten hat, die Analyse jedoch allein durch öffentliche Angaben getragen wird. In solchen Fällen soll die Bank oder der Analyst von seiner Investmentempfehlung und von dem Wertpapiergeschäft nicht Abstand nehmen müssen.[317]

Hinsichtlich des Weitergabe- und Empfehlungsverbotes ist diesem Ergebnis zuzustimmen. Führt alleine eine Aktienanalyse dazu, daß der Analyst ein Wertpapier empfehlen möchte und wird der Anlagerat so gestaltet, daß eine Weitergabe der Information selbst nicht erfolgt, so liegt ein Verstoß gegen § 14 Abs. 1 Nr. 3 auch dann nicht vor, wenn der Analyst nach Abschluß der Untersuchung Kenntnis von einer das Ergebnis unterstützenden Insidertatsache nimmt.

Etwas anderes muß für das Erwerbs- und Veräußerungsverbot gelten.

Zu entscheiden ist die Frage am Merkmal des „Ausnutzens".[318] Ein „Ausnutzen" muß dann bejaht werden, wenn die Insidertatsache ursächlich für die Wertpapiertransaktion ist und mit dem Ziel, einen Vorteil zu erreichen, vorgenommen wird. Für den ursächlichen Zusammenhang reicht jede Mitursächlichkeit aus.[319] Erhält der Analyst vor, während oder nach Abschluß seiner Analyse eine Information, so ist diese, wie für jeden Anleger, von Bedeutung. Denn widerspricht sie dem Untersuchungsergebnis, wird er es neu überdenken, stützt sie es, wird er in seinem Entschluß, ein Geschäft zu tätigen, bestärkt.

Dies gilt umso mehr, da Insiderinformationen im allgemeinen ein hohes Maß an Zuverlässigkeit beigemessen wird. Man wird daher kaum bestreiten können, daß eine Information das „ob" oder „wie", z.B. die Höhe der zu kaufenden Stückzahl, einer Wertpapiertransaktion beeinflussen kann, zumal ein Analyseergebnis das sichere Wissen um die Entwicklung einer Aktie nicht ersetzen kann. Allein das Bestärken eines Entschlusses zu einer Wertpapiertransaktion muß jedoch für die Mitursächlichkeit ausreichen. Grundsätzlich wird daher ein Erwerbs - oder Veräußerungsverbot anzunehmen sein.

2. Kurs-und Marktpflege

Unter Kurspflege ist der börsentechnische Kauf und Verkauf von Wertpapieren zu verstehen, um größere Kursschwankungen zu vermeiden.

Durchgeführt werden Kurspflegemaßnahmen durch den Emittenten oder unter Einschaltung eines ihm nahestehenden Kreditinstitutes.[320] Insbesondere bei bevorstehenden Kapitalerhöhungen werden Kurspflegemaßnahmen getätigt, um den Kurs eines bestimmten Wertpapiers hochzuhalten und somit den Bezug der Aktie

---

[317] Hopt, Insiderwissen und Interessenkonflikte, FS für Heinsius, S. 289, 290.

[318] So auch Hopt, Insiderwissen und Interessenkonflikte, FS für Heinsius, S. 289, 290.

[319] RGSt 76, 82, 87;

[320] Gabler Bank Lexikon, S. 1402.

attraktiver zu machen. Allerdings dienen Kurspflegemaßnahmen auch der Fungibilität eines Wertpapiers, so daß es dem Anleger erleichtert wird, das betreffende Papier an der Börse zu kaufen oder zu verkaufen.
Darüber hinaus ist die Kurspflege aufgrund ihrer kursstabilisierenden Wirkung für die Aktie besonders wichtig. Durch entsprechende Wertpapierkäufe/-verkäufe werden größere Abweichungen nach oben oder nach unten, welche durch die geschäftliche Entwicklung des Unternehmens nicht gerechtfertigt sind, verhindert. Kauft oder verkauft die Gesellschaft unternehmenseigene Wertpapiere, um den Börsenpreis, der in vielen Fällen nicht mit dem wahren Wert der Aktie übereinstimmt, dahingehend zu korrigieren, daß der Kurs die tatsächliche Entwicklung widerspiegelt, so können spekulative Kursbewegungen vermieden werden. Die kursstabilisierende Wirkung dient somit vor allem auch dem Anlegerinteresse. Dies gilt jedoch nur solange, als die Kurspflegemaßnahme nicht mißbräuchlich eingesetzt wird und zu einer Irreführung des Effektenpublikums führt.[321] Diesbezüglich ist eine Abgrenzung nur schwer zu ziehen. Eine Unterscheidung kann allein darin gesehen werden, ob die Maßnahme als eine für den Anleger und Kapitalmarkt nützliche Sache anzusehen ist oder eine unerlaubte Kursmanipulation i.S.d. § 88 BörsG darstellt.[322]
Den eigentlich positiven Einfluß der Kurspflege berücksichtigt die EU-Richtlinie, in deren Präambel es heißt, daß Geschäfte, die alleine mit dem Ziel vorgenommen würden, den Kurs von neu emittierten oder im Rahmen eines Sekundärangebotes gehandelten Wertpapiere zu regulieren, von der Regelung ausgenommen würden.[323] Dies ist auch der Begründung zum Regierungsentwurf zu entnehmen.[324]
Ungeachtet der Auswirkungen auf dem Kapitalmarkt muß die Ausklammerung von Kurspflegemaßnahmen auch die Konsequenz der Tatsache sein, daß die Durchführung von unternehmerischen Entscheidungen kein Ausnutzen einer Insidertatsache sein kann. Denn Kurspflegemaßnahmen sind die Durchführung des Entschlusses des Emittenten, einen Kurs zu stabilisieren, eine Entscheidung, die insbesondere in Baisseperioden zu einer kostspieligen Aufnahme großer Teile einer Emission führen kann.
Somit ergibt sich aus der Kurspflege selbst kein Wettbewerbsvorsprung am Markt. Dies gilt auch für Kursstützungsmaßnahmen, d.h. planmäßige Käufe zur Verhinderung von Kursrückgängen an der Börse, selbstverständlich nur dann, so lange sie nicht zu einer Kursmanipulation führen. Die Information über eine bevor-

---

[321] Ungeachtet der in § 88 BörsG normierten Kursmanipulation fehlt es in Deutschland an einer rechtlichen Regelung bzgl. der Kurspflegemaßnahmen, siehe hierzu Hopt, Kapitalanlegerschutz im Recht der Banken, S. 495-497.

[322] Hopt, Insiderwissen und Interessenkonflikte, FS für Heinsius, S. 291.

[323] ABLEG 89, Nr.L 334/ 30.

[324] BT-Drucks. 12/6679, S. 47.

stehende Kurspflegemaßnahme kann daher ohne weiteres eine Insiderinformation sein.

3. Front-running

Beim Front-running handelt es sich um sogenannte Vorlauf - oder Parallelgeschäfte. Erfährt ein Bankmitarbeiter von einer Großorder, so kann er diese kurzzeitig zurückhalten und selbst alle auf dem Markt verfügbaren Aktien erwerben. Anschließend verkauft er diese Aktien zu deutlich gestiegenen Kursen und zu Lasten des Kunden. Gegen die geltenden Berufspflichten, die Händler - und Beraterregeln, welche Eigengeschäfte der Banken zu Lasten des Kunden untersagen, verstießen diese Geschäfte schon früher, insiderrechtlich waren sie jedoch nicht relevant, da die Information über eine Großorder eines Kunden nicht unter den abschließenden Katalog des § 2 IHR fiel.

Ob Front-running von der aktuellen Insiderregelung erfaßt wird, hängt davon ab, ob die Kenntnisnahme von einer Großorder als Insiderinformation i.S.v. § 13 WphG anzusehen ist und der Bankhändler somit dem Verbot gem. § 14 Abs. 1 Nr. 1 WphG unterliegt.

Die Information über eine Großorder ist eine marktbezogene Nachricht. Wie bereits festgestellt wurde, gehören auch Marktdaten uneingeschränkt zu den Insiderinformationen, sofern sie geeignet sind, den Kurs erheblich zu beeinflussen. Gerade das Kursbeeinflussungspotential wird in solchen Fällen das Problem sein, da sich dieses bei Orderlagen unter anderem nach der in Auftrag gegebenen Stückzahl bzw. nach der Aktie selbst richtet. Somit wird eine positive Feststellung nur bei eindeutigen Fällen möglich sein, d.h. wenn die Order einen entsprechenden Umfang aufweist.

Ungeachtet dieses Problems wird Front-running jedoch von der geltenden Insiderregelung erfaßt, auch wenn zu Recht darauf hingewiesen wird, daß ein Verbot expressis verbis nicht vorliegt.[325]

Als Front-running kann man auch das Geschäft des Anlageberaters bezeichnen, der in dem Wissen, einen Anlagerat zu veröffentlichen, selbst vor dem öffentlichen Bekanntwerden entsprechende Wertpapiere an der Börse kauft.[326]

Denn diese Geschäfte stellen gerade keine notwendige Durchführung bzw. Umsetzung einer unternehmerischen Entscheidung dar, so daß die in der Präambel der EU-Richtlinie genannte Freistellung nicht greifen kann.

---

[325] Claussen, Das neue Insiderrecht, DB 94, S. 27, 28.

[326] Hopt, Insiderwissen und Interessenkonflikte, FS für Heinsius, S. 289, 295.

4. Pakethandel/ Übernahmeangebote

Von einem Aktienpaket spricht man, wenn ein Posten eines im Verhältnis zum gesamten Grundkapital der Aktiengesellschaft erheblichen Nennbetrages sich in der Hand eines Aktionärs befindet.[327] Den Kauf oder Verkauf eines solchen Aktienpakets, der sich in der Regel außerhalb der Börse vollzieht, bezeichnet man als Pakethandel. Auch diesbezüglich stellt die EU-Richtlinie klar, daß die dem Erwerb oder der Veräußerung vorausgehende unternehmerische Entscheidung keine Insiderinformation ist und somit in der ausführenden Handlung kein Ausnutzen eines Wissensvorsprungs liegen kann.
Der Grundsatz ist selbstverständlich, denn ein Aktionär kann nicht allein aufgrund seiner Entscheidung, ein Aktienpaket zu erwerben, dem Insiderverbot unterliegen. Andererseits ist es eindeutig, daß der Pakethandel nicht aus der Insiderregelung herausfallen kann.[328] Denn wird die unternehmerische Entscheidung aufgrund einer Insiderinformation gefällt, so muß hierin ein Verstoß gegen § 38 Abs. 1 Nr. 1 WphG gesehen werden. Nichts anderes gilt, wenn der Paketerwerber oder Veräußerer aufgrund einer nicht öffentlich bekannten Tatsache weitere Aktien im börslichen oder außerbörslichen Handel erwirbt. Insofern kann auch die Information über den Pakethandel selbst, ebenso wie bei der Kurspflege, eine Insiderinformation sein.
Ähnlich stellt sich die Lage beim Vorgang eines Übernahmeangebotes dar. Unter einem Übernahmeangebot versteht man ein Verfahren, dessen Grundstruktur dadurch gekennzeichnet ist, daß die Aktionäre einer Gesellschaft von einem potentiellen Käufer zum Verkauf ihrer Wertpapiere aufgefordert werden. Eine natürliche oder juristische Person unterbreitet den Aktionären einer anderen Gesellschaft, der Zielgesellschaft, ein öffentliches und den derzeitigen Marktwert regelmäßig übersteigendes Aktienerwerbsangebot mit der Maßgabe, eine Beteiligung zu begründen oder aufzustocken. Üblicherweise wird dabei eine Kontrollmehrheit angestrebt.[329]
Als feindlich wird ein Übernahmeangebot bezeichnet, wenn die Offerte nicht mit dem Management der zu übernehmenden Gesellschaft abgesprochen wurde und sie bei diesem auf Widerstand stößt. In diesen Fällen fehlt es an der Zustimmung der Unternehmensverwaltung, nicht aber notwendigerweise an der Zustimmung der Aktionäre, die ihre Anteile ja freiwillig verkaufen.[330] Zur Verdeutlichung soll ein Beispielsfall dargestellt werden.

---

[327] Die Erheblichkeit orientiert sich dabei an den Rechten, welche den Aktionären aufgrund ihrer Beteiligung durch das Aktiengesetz verliehen werden, siehe S. 39/40.

[328] So auch Assmann, Das neue deutsche Insiderrecht, ZGR 94, S. 494, 518;
Caspari, Die geplante Insiderregelung in der Praxis, ZGR 94, S. 530, 542.

[329] Assmann/ Basaldua/ Bozenhardt/ Peltzer, Übernahmeangebote, S. 8.

[330] Röhrich, Feindliche Übernahmeangebote, S. 16/17.

Am 30.10.1974 unterbreitete die Veba AG der Gelsenberg AG ein Übernahmeangebot. Den Aktionären der Gelsenberg AG wurde im Einvernehmen beider Gesellschaften der Umtausch von fünf Gelsenberg-Aktien in vier Veba-Aktien und zusätzlich ein Barbetrag von 30,-- DM angeboten. Ziel war die der Höhe nach nicht limitierte Verstärkung einer bereits bestehenden Mehrheitsbeteiligung der Bundesrepublik Deutschland, deren Verwaltung treuhänderisch auf die Veba übertragen worden war.[331] [332]

Der Entschluß zur Abgabe eines Übernahmeangebotes ist eine unternehmerische Entscheidung, welche an sich keine Insiderinformation ist.
Wird diese Information jedoch von einer Bank für eigene Geschäfte oder für Kunden ausgenutzt, so liegt ein Verstoß gegen geltendes Insiderrecht vor. Hingegen stellen die im Vorfeld erfolgten Aktienkäufe durch den Bieter lediglich die Durchführung dieser unternehmerischen Entscheidung dar. Dies wird nicht anders beurteilt, wenn das Kreditinstitut vom bietenden Unternehmen beauftragt wird, für dieses zu handeln, das Übernahmeangebot also durch offene oder verdeckte Käufe mitdurchzuführen, sofern sich das Kreditinstitut im Rahmen seines üblichen Tätigkeitsfeldes bewegt und die Vergütung den normalen Rahmen nicht überschreitet.[333] Denn zum einen kommt es für die Durchführung einer unternehmerischen Entscheidung nicht darauf an, ob diese durch das Unternehmen selbst oder durch einen beauftragten Dritten erfolgt, zum anderen fehlt es bei dieser Fallkonstellation am Merkmal des „Ausnutzens".
Mißlingt hingegen die Übernahme, so wird der Verkauf der im Vorfeld erworbenen Aktien nicht vor der öffentlichen Bekanntgabe der gescheiterten Übernahme erfolgen dürfen. Andernfalls wäre auch dies das Ausnutzen eines Wissensvorsprungs.
Problematisch sind allerdings die Fälle, in denen der Bieter Kreditinstitute, institutionelle und private Anleger über ein bevorstehendes Übernahmeangebot informiert, um notwendige „Verbündete anzuwerben", das sogenannte warehousing.[334]
Aus Sicht der Gesellschaft, die beabsichtigt, ein anderes Unternehmen zu übernehmen, ist es erstrebenswert, Anleger zu gewinnen, die im Interesse des Übernehmenden Beteiligungen erwerben, um das eigentliche Ziel, d.h. die Übernahme der Gesellschaft, durchzusetzen. In diesem Zusammenhang soll der Fall Krupp/ Hoesch kurz erwähnt werden.

---

[331] Einzelheiten zu diesem Fall und weitere Fälle finden sich bei Schmitthoff/ Goré/ Heinsius, Übernahmeangebote im Aktienrecht, S. 55ff.

[332] Beispiele für ausdrücklich feindliche Übernahmeangebote finden sich in Deutschland eher selten, obwohl gerade die Übernahme Krupp/Hoesch als feindlich bezeichnet wurde, Der Spiegel vom 14.10.1991, Nr. 42, S. 156; siehe hierzu auch S. 80.

[333] Assmann, Das künftige deutsche Insiderrecht, Die AG 94, S. 237, 253.

[334] Siehe hierzu: Hopt, Insiderwissen und Interessenkonflikte, FS für Heinsius, S. 289, 297.

Bevor Krupp selbst knapp 24,4% der Hoesch-Aktien an Börsen und aus Beständen von Anlegern zusammenkaufte und weitere 30% sich in den Händen der WestLB und der Schweizerischen Kreditanstalt befanden, sah es so aus, als ob Hoesch als Großunternehmen mit breiter Aktienstreuung an einen ausländischen Mitbewerber fallen würde. Rund 30% lagerten zu diesem Zeitpunkt in britischen Anlagefonds sowie in Japan. Doch die Versuche der Anlegergruppen, ihren Hoesch-Besitz zu einer Mehrheit aufzustocken und an Hoesch-Konkurrenten wie z.B. British Steel zu verkaufen, scheiterten. Denn Hoesch-Aktien waren nicht zu bekommen, weil seit Monaten Banken und Börsenmakler im Auftrag von Krupp und WestLB die Wertpapiere aufkauften.[335]

Einigkeit besteht dahingehend, daß dieser Vorgang insiderrechtlich relevant ist, sofern der oder die Informationsempfänger Vorteile aus der Kenntnis ziehen und diese in keinem unmittelbaren Zusammenhang mit der Durchführung des Geschäfts stehen. Allerdings verneint *Assmann* in diesem Zusammenhang den bestimmungsgemäßen Erhalt der Information[336], was zur Folge hätte, daß die informierten Drittunternehmen nur als Sekundärinsider zu betrachten sind und als solche Insiderinformationen weitergeben dürfen.[337]

Indes kann dieser Meinung nicht gefolgt werden. Stellt man sich vor, daß die Gesellschaft A die Bank B und diese ein wohlgesonnenes Drittunternehmen C über ein bevorstehendes Übernahmeangebot von X an Y informiert, so schließt diese Information den bestimmungsgemäßen Informationsempfang nicht aus, da es hierfür nicht einer Regelmäßigkeit bedarf, sondern eines gewollten und zielgerichteten Handelns durch den Mitteilenden.[338] Dies liegt jedoch vor. Daher könnte man in dem gebildeten Fall alleine am Ursächlichkeitszusammenhang zwischen dem Informationsempfang und der ausgeübten Tätigkeit zweifeln.

Verneinen müßte man diese Voraussetzung, wenn die Informationsweitergabe rein personenbedingt, also ohne Bezug zur jeweiligen Tätigkeit erfolgt. Dies wird beim warehousing im Normalfall gerade nicht der Fall sein. Denn dort erhält die betreffende Person die Information, damit sie aufgrund ihrer beruflichen Möglichkeiten die Interessen der bietenden Gesellschaft unterstützt.

Die daraus folgende Primärinsidereigenschaft führt zu einem Mitteilungs - und Empfehlungsverbot. Demnach kann entsprechend den oben gemachten

---

[335] Siehe hierzu: N.N., Der Spiegel 1991, Nr. 42, S. 156ff.

[336] Assmann, Das künftige deutsche Insiderrecht, Die AG 94, S. 237, 253.

[337] Die Organinsiderschaft entfällt, da diese auf die die Information betreffende Unternehmen oder die mit ihnen verbunden sind, beschränkt ist.

[338] Wenn das Vorstandsmitglied seiner Familie Kenntnis von einer kurssensiblen Nachricht verschafft, dann fehlt es am ursächlichen Zusammenhang zwischen Kenntnisnahme und Tätigkeit, allerdings ist an der Bestimmungsgemäßheit nicht zu zweifeln.

Ausführungen eine Mitteilung nur befugt sein, wenn sie der Durchführung eines unternehmerischen Entschlusses dient.

5. Dividenden-Stripping

Kurz eingegangen sei noch auf das sogenannte Dividenden-Stripping, welches offensichtlich auch bei Kreditinstituten eine Rolle spielt.[339]
Das Dividenden-Stripping beruht auf der Tatsache, daß die von der Aktiengesellschaft an den Aktionär gezahlte Dividende abzüglich der auf die Dividende anfallende Körperschaftssteuer erfolgt, welche, wie bei der Kapitalertragssteuer, von der Aktiengesellschaft selbst abzuführen ist. Allerdings besteht für den Aktionär unter Vorlage einer Dividendengutschrift und einer Steuerbescheinigung die Möglichkeit, die abgezogene Körperschaftssteuer auf seine Einkommensteuer anzurechnen, vorausgesetzt, er ist unbeschränkt steuerpflichtig. Dies sind aber z.B. nicht inländische juristische Personen des öffentlichen Rechts oder beschränkt steuerpflichtige ausländische Anteilseigner. Dementsprechend kann, um bei dem Beispiel des ausländischen Anteilseigners zu bleiben, dieser die Körperschaftssteuer, mit der die Dividende belastet ist, bei der Einkommensteuer nicht in Anrechnung bringen. Um nun doch in den Genuß des Körperschaftssteuerguthabens zu kommen, kann der ausländische Anteilseigner kurzfristig die Wertpapiere an einen Inländer (vor dem Dividendenstichtag) verkaufen mit dem Ziel, daß dieser, der sowohl in den Genuß des Anrechnungsguthabens als auch der Dividende kommt, einen entsprechend höheren Kaufpreis für die Aktien zahlt. Da der Verkäufer sich auf Dauer aber gar nicht von seinen Aktien trennen will, kauft er nach dem Dividendenstichtag die Aktien zurück, wobei er hofft, daß sie dann um den Dividendenbetrag billiger sind. Im wirtschaftlichen Sinne wäre der ausländische Anteilseigner dann so gestellt, als habe er die Aktien nicht verkauft und sowohl die Dividende als auch das Anrechnungsguthaben für sich vereinnahmt.[340]

Mit Einführung des § 50c Abs. 10 und § 36 Abs. 2 Nr. 3 S. 4 lit. g EStG soll die faktische Anrechnung des Körperschaftssteuer-Guthabens beim nicht anrechnungsberechtigten Anleger verhindert werden. Steuerlich ist dieser Vorgang somit relevant.
Geht man von dem theoretischen Fall aus, daß die Nachricht einer Dividendenzahlung im Zeitpunkt des An-oder Verkaufs des betreffenden Wertpapiers noch nicht öffentlich bekannt ist, so stellt sich die Frage nach einem Verstoß gegen § 14 WphG. Grundsätzlich ist die Person mit Kenntnisnahme über den Termin einer

---

[339] FAZ v. 12.11.1994, Nr. 264, S. 11.

[340] Kindermann, Börsengeschäfte im zeitlichen Zusammenhang mit Dividendenterminen, WM 94, S. 817, 818.

Dividendenzahlung Insider. Kauft oder veräußert er die Aktien, so nutzt er seine Kenntnis aus, um einen wirtschaftlichen Vorteil zu erlangen. Das dieser Vorteil eine steuerliche Fragestellung betrifft, ist grundsätzlich ohne Bedeutung.[341]
Allerdings muß das Ziel, einen Vorteil zu erlangen, auf der mangelnden öffentlichen Bekanntheit der Information beruhen.[342] Genau dies ist beim Dividenden-Stripping nicht der Fall. Denn der Vorteil kann ungeachtet der Bekanntheit der Nachricht erreicht werden. Somit scheidet ein Verstoß gegen § 14 WphG aus.

6. Anlagegeschäfte

In diesem Abschnitt sollen die Folgen des WphG auf die Effektengeschäfte, die Anlageberatung sowie die Vermögensverwaltung im Interesse des einzelnen Anlegers untersucht werden. Während die Möglichkeiten der Eigengeschäfte der Kreditinstitute durch das geltende Insiderrecht eindeutig eingegrenzt werden, erfordert die Durchführung der Kundengeschäfte darüber hinaus die Beachtung der Kundeninteressen und Kundenrechte.

a. Aufklärungs-und Beratungspflichten

Bei der Vielfalt der Anlagemöglichkeiten ist eine vernünftige Anlageentscheidung des Privatanlegers nur nach einer Beratung durch ein Kreditinstitut möglich.[343] Der BGH hat dies mit seiner Entscheidung vom 06.07.1993[344] entsprechend gewürdigt, indem er die Pflichten des Kreditinstitutes, welches eine Vermögensanlage empfiehlt, auf eine gesicherte vertragliche Grundlage gestellt hat. Hiernach ergeben sich Aufklärungs-und Beratungspflichten aus einem stillschweigend geschlossenen Beratungsvertrag, wenn die Bank über die Anlage eines Geldbetrages berät, unabhängig davon, ob sich die Bank zuerst an den Kunden gewandt hat oder umgekehrt, ob der Kunde zum ersten Mal an die Bank herantritt oder der Kunde die Beratung gesondert vergüten muß.[345]
Inhalt und Umfang der vertraglichen Beratungspflicht müssen sich sowohl auf die beratende Person als auch auf das Anlageobjekt beziehen.[346] Zum einen bedeutet dies, daß die Bank ihre Beratung dem Wissensstand und Anlagehorizont des

---

[341] So aber Claussen, Das neue Insiderrecht, DB 94, S. 27, 31.

[342] Assmann, Das neue deutsche Insiderrecht, ZGR 94, S. 494, 518.

[343] Mutter, Über das Menschliche im Kapitalanleger, MDR 94, S. 233.

[344] BGH WM 93, S. 1455.

[345] Raeschke-Kessler, Bankenhaftung bei der Anlageberatung über neue Finanzprodukte, WM 93, S. 1830, 1831; BGH WM 93, S. 1455.

[346] Kümpel, Die allgemeinen Verhaltensregeln des WphG, WM 95, S. 689, 692.

einzelnen Kunden anzupassen hat, zum anderen, daß die Bank produktspezifisch beraten muß, dementsprechend also auch auf die produktspezifischen Risiken vollständig hinzuweisen hat.[347]

Darüber hinaus gehört es zu den allgemeinen Beratungspflichten, daß die Beratung richtig, sorgfältig und vollständig ist.[348] Insbesondere darf die Beratung auch nicht irreführend sein, d.h. sie darf einen Umstand, der zur vollständigen Beratung gehört, nicht verschweigen.[349]

Schließlich ist die Bank verpflichtet, ihre bestehenden Informationslücken offenzulegen[350], was dazu führen kann, daß sie den Kunden darüber aufklären muß, eine sachkundige bzw. vollständige Beratung nicht leisten zu können.[351] Im Rahmen einer besonderen Geschäftsbeziehung kann sogar eine Warnpflicht des Kreditinstituts bestehen, die die Abwendung von Gefahren bezweckt und den Vertragspartner über Umstände unterrichten soll, die er selbst nicht kennt oder erkennen kann.[352] Eine Aufklärungs-und Beratungspflicht besteht allerdings nicht, wenn der Kunde von sich aus unmittelbar einen Auftrag erteilt und somit zu erkennen gibt, daß er eine Beratung durch die Bank nicht benötige oder wünsche.[353]

Die §§ 31ff WphG stellen die Aufklärungs - und Beratungspflichten auf eine gesetzliche Grundlage.

Während § 32 WphG eine Konkretisierung der bisherigen Händler-und Beraterregeln darstellt, sollen die allgemeinen Verhaltensregeln gem. § 31 WphG neben der kommissionsrechtlichen Interessenwahrungspflicht und der Vermeidung von Interessenkonflikten insbesondere die Informations-und Beratungspflicht der Wertpapierdienstleistungsunternehmen normieren.[354] Ebenso wie bei der von der Rechtsprechung entwickelten vertraglichen Aufklärungspflicht muß die Beratung und Aufklärung auch nach dem WphG dem Anleger und der Anlage angepaßt sein. Demnach ist ein Kreditinstitut nach § 31 Abs. 2 WphG verpflichtet, von dem Kunden Angaben über seine Kenntnisse und Erfahrungen mit den betreffenden Geschäften sowie Informationen über die verfolgten Ziele und finanziellen Verhältnisse zu

---

347 BGH MDR 93, S. 861, 862.

348 BGH WM 93, S. 1455, 1456.

349 Raeschke-Kessler, Bankenhaftung bei der Anlageberatung über neue Finanzprodukte, WM 93, S. 1830, 1835.

350 BGH WM 82, 90.

351 Arendts, Beratungs-und Aufklärungspflichten über das einem Wertpapier erteilte Rating, WM 93, S. 229, 234.

352 Vortmann, Aufklärungs-und Beratungspflichten der Banken, Rdnr. 7ff; Schäfer, Haftung für fehlerhafte Anlageberatung und Vermögensverwaltung, S. 7.

353 Raeschke-Kessler, Bankenhaftung bei der Anlageberatung über neue Finanzprodukte, WM 93, S. 1830, 1831.

354 Kümpel, Die allgemeinen Verhaltensregeln des WphG, WM 95, S. 689.

verlangen. Im Hinblick darauf hat das Kreditinstitut dem Kunden alle zweckdienlichen Informationen mitzuteilen, wobei diese Aufklärung gem. § 31 Abs. 1 Nr. 1 WphG mit der erforderlichen Sachkenntnis, Sorgfalt und Gewissenhaftigkeit vorgenommen werden muß. Zwar wird die Mitteilungspflicht dadurch eingeschränkt, daß sie nur erfolgen soll, soweit dies zur Wahrung der Interessen des Kunden und im Hinblick auf Art und Umfang des Geschäfts erforderlich ist. Allerdings betrifft dies mehr den Grad der Professionalität des Kunden sowie seinen Erfahrungs - und Wissensstand über Eigenschaften und Risiken der Anlage[355], läßt hingegen die Aufklärungspflicht über wesentliche Informationen unberührt.

b. Die Vermögensverwaltungspflicht

Im Rahmen eines Vermögensverwaltungsvertrages, dem in der Regel ein Geschäftsbesorgungsvertrag zugrundeliegt, tritt neben den o.g. Pflichten die Vermögensverwaltungs - oder Interessenwahrungspflicht. Auch wenn die Pflichten hinsichtlich der Interessenwahrung nicht im einzelnen geklärt sind, besteht doch zumindest soweit Einigkeit, daß Vermögenswerte vor Schäden zu bewahren sind, unabhängig davon, ob sie aufgrund natürlicher Ursachen oder durch das Handeln anderer drohen.[356] Hat das Kreditinstitut daher Kenntnisse, die für die Anlage des Geschäftsherrn von Bedeutung sind, so hat es diese in die Verwaltungstätigkeit miteinfließen zu lassen.

c. Einschränkung durch das Insiderrecht

Es wird somit offensichtlich, daß durch das Erwerbs- und Veräußerungsverbot sowie das Mitteilungs - und Empfehlungsverbot eine Konfliktlage geschaffen wurde, die es gilt, in diesem Abschnitt unter strafrechtlichen Gesichtspunkten zu untersuchen. Vorweggenommen sei, daß sich der Interessenkonflikt nicht allein durch die Einrichtung von chinese walls[357] lösen läßt[358]. Denn auch diese künstlich geschaffene Organisationsmaßnahme zur Verhinderung des Informationsflusses innerhalb des Kreditinstitutes kann nicht verhindern, daß das Wissen der Mitarbeiter grundsätzlich der Bank zuzurechnen ist[359] und somit eine Pflichtenkollision nicht schon aus diesem Grunde nicht besteht.

---

[355] BT-Drucks. 12/7918, S. 104.

[356] RG JW 37, 3092; BGHSt 5, 187, 190.

[357] Siehe hierzu S. 92f.

[358] So aber Siebold, Das neue Insiderrecht, S. 123.

[359] Siehe hierzu ausführlich Tippach, Insider-Handelsverbot, S. 254ff.

aa. Die einzelnen Meinungen

aaa. Schon vor Inkrafttreten des Zweiten Finanzmarktförderungsgesetzes wurde trotz der bestehenden IHR eine beschränkte Informationspflicht der Kreditinstitute auch bei Insiderinformationen angenommen.
Ansatzpunkt war die in weitem Umfang bestehende Aufklärungs - und Interessenwahrungspflicht des Kreditinstituts. Der daraus resultierende Konflikt zwischen der Individualpublizität und der Geheimhaltungspflicht der Bank würde sich im aktienrechtlichen Auskunftsrecht widerspiegeln, bei dem Unternehmens - und Aktionärsinteressen kollidieren, so daß der Lösungsansatz bei der vorliegenden Interessenkollision § 131 Abs. 3 Nr. 1 AktG sein müsse.[360]
Das Kriterium des „nicht unerheblichen Nachteils" gem. § 131 Abs. 3 Nr. 1 AktG sollte bei einem grundsätzlichen Insiderhandelsverbot Maßstab für ein Recht bzw. eine Pflicht zur Informationsweitergabe sein[361], wobei die geeignete Abgrenzung entsprechend der aktienrechtlichen Vorschrift im Rahmen einer Interessenabwägung vorzunehmen sei.
Auch mit Einführung des WphG könne die Bank sich nicht einfach unter Berufung auf das Insiderhandelsverbot der Interessenwahrungs - und Informationspflichten entziehen, da gerade der Privatanleger auf die Information und die Dienste der Bank angewiesen sei, so daß auch nach der neuen Gesetzeslage § 131 Abs. 3 Nr. 1 AktG der richtige Lösungsansatz sei.[362] Ein vollständiges Zurücktreten der Interessenwahungspflicht würde jedenfalls zur geschäftlichen Unglaubwürdigkeit der Banken führen und hieße, eine „Vogel-Strauß-Politik" betreiben.[363]
bbb. *Canaris* verneint eine Rechtspflicht des Kreditinstituts zur Weitergabe von Insiderinformationen, da deren Ausnutzung wegen der dadurch hervorgerufenen Verzerrung der Chancengleichheit am Wertpapiermarkt rechts - und sozialpolitisch bedenklich sei.[364] Denn selbst wenn eine Bank all ihren Kunden die Information gleichermaßen weitergäbe, so bestünde doch eine Benachteiligung der Kunden, welche dem Kreditinstitut nicht angehörten. Im Ergebnis würde dies bedeuten, daß die Kunden von Großbanken bevorzugt würden, da diese aufgrund ihrer starken Verflechtung mit den Wirtschaftsunternehmen regelmäßig Insiderinformationen erhielten. Im übrigen spreche gegen eine Weitergabe das Bankgeheimnis bzw. die

---

[360] Hopt, Kapitalanlegerschutz im Recht der Banken, S. 449; im Ergebnis zustimmend Kohls, Die vorvertragliche Informationshaftung nach dem Recht der B.R.Deutschland, der USA und Englands, S. 23ff; S. 85ff; Schwark, Insider-Geschäfte auf dem Wertpapiermarkt, DB 71, S. 1605, 1607.

[361] Hopt, Insiderwissen und Interessenkonflikte, FS für Heinsius, S. 289, 303.

[362] Ders., Zum neuen Wertpapierhandelsgesetz, WM-Festg. 94, S. 29, 31.

[363] Ders., Insiderwissen und Interessenkonflikte, FS für Heinsius, S. 289, 303.

[364] Canaris, Bankvertragsrecht, Rdnr.1893; zustimmend Heinsius, Anlageberatung durch Kreditinstitute, ZHR 81, S. 177, 194.

Verschwiegenheitsverpflichtung der Angestellten, die Mitglieder eines Organs des betreffenden Unternehmens sind.

Dingeldey erkennt das Bankgeheimnis als Argument gegen eine Weitergabepflicht von Informationen nicht an. Vielmehr zweifelt er daran, dem Kreditinstitut die Dispositionsbefugnis über vertrauliche Informationen einzuräumen, da die Kompetenz des Vorstandes, dem Aktionär sein Auskunftsrecht unter gewissen Umständen zu versagen, vom Aktiengesetz nicht ohne Grund eingeräumt worden und daher auf das Insiderrecht nicht übertragbar sei.[365] Dies gelte umso mehr, wenn man bedenkt, daß selbst der Aufsichtsratsvorsitzende nur in Übereinstimmung mit dem Vorstand eine i.S.d. § 131 AktG wirksame Auskunft geben könne.

Im Ergebnis ist man sich jedoch dahingehend einig, daß eine grundsätzliche Verpflichtung zur Weitergabe von Insiderinformationen nicht bestehen kann. Allerdings hätten die Banken in Ausnahmefällen, so z.B. wenn die Bank erführe, daß ein Unternehmen im Schutze der Geheimhaltung durch falsche Informationen betrügerisch die Kurse manipuliert, unter dem Gesichtspunkt der Nothilfe gem. § 32 StGB, § 227 BGB eine Aufklärungspflicht ihrem Kunden gegenüber.[366]

Assmann lehnt auch nach dem aktuellen Recht eine nur ausnahmsweise geltende Pflicht zur Weitergabe von Insiderinformationen ab, da eine Nothilfeausnahme darauf hinaus liefe, daß die Banken und ihre Angestellten sich ständig zwischen einer Strafbarkeit und einer Schadenersatzforderung von seiten der Kunden bewegen würden.[367] Entscheidend sei allerdings, daß es die Kreditinstitute in der Hand hätten, Konfliktlagen durch geeignete Vorkehrungen zu vermeiden, ohne daß dadurch die Erwartungen der Kunden in die Beratungsleistungen schwinden würden.[368]

bb. Die notwendige Schlußfolgerung aus der neuen Regelung

aaa. Befugnis zur Informationsweitergabe

Die zivilrechtlichen Aufklärungs - und Interessenwahrungspflichten können nicht dadurch aufrechterhalten werden, daß eine in diesem Rahmen weitergegebene Information als „befugt" gilt.[369] Andernfalls müßte das gesamte Kundengeschäft der

---

[365] Dingeldey, Die Verpflichtung der Banken zur Weitergabe von Insiderinformaionen, DB 82, S. 685.

[366] Dingeldey, Die Verpflichtung der Banken zur Weitergabe von Insiderinformationen, DB 82, S. 685; Heinsius, Anlageberatung durch Kreditinstitute, ZHR 81, S. 177, 194; Canaris, Bankvertragsrecht, Rdnr. 1894.

[367] Assmann, Das künftige deutsche Insiderrecht, Die AG 94, S. 237, 255.

[368] So auch Cramer, in: Assmann/Schneider, Wertpapierhandelsgesetz, § 14 Rdnr. 65.

[369] Hopt, Insiderwissen und Interessenkonflikte, FS für Heinsius, S. 289, 302.

Kreditinstitute vom Insidertatbestand ausgenommen werden. Dies hätte jedoch zur Folge, daß das Gesetz in weiten Teilen leerliefe.

bbb. Beschränkte Weitergabepflicht nach § 131 Abs. 3 Nr. 1 AktG

Ansatzpunkt für eine beschränkte Informationsweitergabe kann auch nicht § 131 Abs. 3 Nr. 1 AktG sein. Derartige Überlegungen gingen von der notwendigen Individualpublizität zwischen den Banken und Unternehmen auf der einen Seite und den Anlegern auf der anderen Seite aus.
Mit Einführung des WphG wurde der bis dahin geltende Maßstab verschoben. Im Vordergrund steht nun die Informationsparität der Anleger, die dazu führt, daß eine Individualpublizität bei Insiderinformationen zugunsten einer „generellen" Publizität aufgehoben wurde. Entscheidendes Kriterium hierbei ist die „nicht öffentlich bekannte Tatsache". Solange dieses Merkmal gegeben ist, kann es keine Individualpublizität geben. Ebenso ist es mit dem Geheimhaltungsinteresse der Unternehmen, das entsprechend der Voraussetzungen gem. § 15 Abs. 1 S. 1 WphG zurücktreten muß. Eine Ausnahmeregelung läßt lediglich § 15 Abs. 1 S. 2 WphG zu, wenn eine Veröffentlichung den berechtigten Interessen des Emittenten schadet. Somit hat der Gesetzgeber bzgl. der Individualpublizität bei Insiderinformationen eine eindeutige Regelung getroffen, welche es unnötig werden läßt, von einer Interessenkollision zu sprechen, da grundsätzlich die zivilrechtliche Handlungspflicht durch die strafrechtlich gebotene Unterlassungspflicht beschränkt wird.[370]
Eine ausnahmsweise gebotene Aufklärungspflicht kann sich daher nur aus den Rechtfertigungsgründen oder strafrechtlich gebotenen Aufklärungspflichten ergeben.

ccc. Informationsrechte

Ein den Kreditinstituten zustehendes Aufklärungs - und Warnrecht kommt zunächst unter dem Aspekt der Nothilfe gem.§ 32 StGB in Betracht.
Voraussetzung ist das Vorliegen eines Angriffs, also die unmittelbare Bedrohung rechtlich geschützter Güter durch menschliches Verhalten.[371]
Das Vermögen[372] sowie die Abwehr von wirtschaftlichen Verlusten[373] werden hiervon erfaßt, jedoch kommt als gegenwärtiger rechtswidriger Angriff nur ein Verhalten der Gesellschaftsangehörigen in Betracht, welches den Kurs des betreffenden Wertpapiers unmittelbar beeinflußt, so z.B. Kursmanipulationen oder Betrug durch

---

[370] LK-Hirsch, vor § 32 Rdnr. 77; Sch-Sch-Lenckner, vor § 32 Rdnr. 72.

[371] Sch-Sch-Lenckner, § 32 Rdnr. 3.

[372] RGSt 46, 348, 350.

[373] BGHSt 12, 299, 304;

die Geschäftsführer. Hingegen scheiden schlechte Ertragslagen oder Fehlplanungen durch die Geschäftsleitung als Angriff i.S.d. § 32 StGB aus.
Auch die unterlassene Aufklärung bzw. Interessenwahrung durch den Anlageberater ist kein Angriff i.S.d. § 32 StGB. Ein solches Verhalten wird nur dann von Bedeutung sein, wenn es im Rahmen von §§ 263, 266 StGB strafrechtlich geboten und somit rechtswidrig ist. Dann wird man jedoch auf § 34 StGB zurückgreifen müssen. Es bleibt somit festzuhalten, daß sich die Anwendung des § 32 StGB auf die Fälle beschränkt, bei denen durch menschliches Verhalten auf die Wertpapierkurse Einfluß genommen wird. Selbst in diesen Fällen muß ein Recht zur Nothilfe jedoch ausscheiden. Denn eine rechtmäßige Nothilfehandlung liegt nur dann vor, wenn sie geeignet und erforderlich ist, den Angriff zu beenden. Dabei darf sich die Handlung nur gegen den Angreifer und nicht gegen Rechtsgüter Dritter richten.[374]
Die Weitergabe einer Insiderinformation würde den einzelnen Effektenkunden davor bewahren, einen unter Umständen erheblichen Vermögensverlust hinnehmen zu müssen. Allerdings würde sie nicht zur Beendigung des Angriffs führen und auch nicht in das Rechtsgut des Angreifers eingreifen, sondern die Chancengleichheit am Kapitalmarkt beeinträchtigen. Somit kann allein die Weitergabe der Information kein geeignetes Mittel zur Abwehr des Angriffs darstellen. Eine nach § 32 StGB gerechtfertigte Informationsweitergabe scheidet somit in jedem Fall aus.

Hat die Bank Kenntnis von einer Information, bei deren öffentlicher Bekanntmachung ein Kurssturz und damit ein Vermögensverlust des einzelnen Kunden droht, kommt die Anwendung von § 34 StGB in Betracht.
Das Vorliegen einer gegenwärtigen Gefahr wird man in den Regelfällen bejahen können. Auch wird man in der Weitergabe einer Insiderinformation ein geeignetes und erforderliches Mittel zur Abwendung der Gefahr sehen, da sich ein Kreditinstitut der grundsätzlichen Beratungspflicht gegenüber dem Kunden nicht entziehen kann, so daß ein milderes Mittel nicht zur Verfügung steht. Somit muß es im Rahmen einer Interessenabwägung darauf ankommen, ob das Rechtsgut des oder der einzelnen Kunden das Schutzgut des Insidergesetzes wesentlich überwiegt.
Der strafrechtliche Insidertatbestand ist als abstrakter Gefährdungstatbestand ausgestaltet und schützt als Wirtschaftsdelikt die Informationsparität und damit die Chancengleichheit der Marktteilnehmer. Dem steht nicht nur das Eigentum und das Vermögen der einzelnen Kunden entgegen. Vielmehr kann es in Einzelfällen auch um gesamtwirtschaftliche Interessen gehen, wenn z.B. durch das Ausnutzen einer Insiderinformation eine aktienrechtliche Beteiligung abgestoßen wird, um den Konkurs der eigenen Gesellschaft und somit auch den Verlust vieler Arbeitsplätze zu verhindern. Schon sehr schnell zeigt sich daher die Schwierigkeit, ob und wie eine Grenze zwischen gerechtfertigter und ungerechtfertigter Handlung gezogen werden

---

[374] BGHSt 5, 245, 248; Geilen, Notwehr und Notwehrexzeß, Jura 81, S. 256, 258/259.

soll. Dabei ist das Problem der Kollision von staatlich geschützten Wirtschaftsinteressen mit den Individualrechtsgütern nicht neu.
Schon 1949 hatte sich der OGHBrZ Köln mit einem Verstoß gegen deutsches Wirtschaftsstrafrecht für einen karitativen Zweck auseinanderzusetzen.[375]
1952 hat das OLG Hamm einen übergesetzlichen Notstand in einem Fall bejaht, bei dem der Betriebsinhaber gegen die Preisbestimmungen verstieß, um die Stillegung seines Betriebes zu vermeiden.[376] Das BayOLG schloß sich ein Jahr später dieser Entscheidung an, wobei in beiden Urteilen darauf abgestellt wurde, daß die Erhaltung einer größeren Anzahl von Arbeitsplätzen zu der Annahme eines Rechtfertigungsgrundes führen könne.[377] Hingegen verneinte der BGH das Vorliegen eines übergesetzlichen Notstandes, als ein Bankier, der einen Gläubiger unter Verstoß gegen Devisengesetze auszahlte, weil andernfalls die Vermögenswerte der anderen Bankkunden gefährdet und die Liquidität der Bank nicht mehr gesichert sei.[378]
Die Urteile machen deutlich, daß es im Rahmen einer Interessenabwägung nicht entscheidend sein kann, ob es sich bei dem zu schützenden Rechtsgut um ein Rechtsgut im Allgemeininteresse handelt, welchem gegenüber individuellen Rechtsgütern grundsätzlich der Vorrang einzuräumen ist.
Andererseits sind die Entscheidungen für das vorliegende Problem nur bedingt von Bedeutung, da die dort in Frage stehenden Rechtsgüter nicht wesensgleich sind und daher die grundsätzliche Annahme einer Rechtfertigung möglich erscheint.
Das Insiderrecht hingegen schützt die Chancengleichheit, was nichts anderes bedeutet, als daß jeder Marktteilnehmer unter den gleichen Bedingungen Gewinne erzielen können muß. Soll jedoch das Vermögen des einzelnen Kunden das Rechtsgut sein, aufgrund dessen das Ausnutzen oder die Weitergabe einer Information gerechtfertigt ist, so wird mit Annahme einer Rechtfertigung das zu schützende Rechtsgut in Frage gestellt, da Chancengleichheit am Kapitalmarkt und ein gerechtferigter Verstoß zum Zwecke des individuellen Vermögensschutzes einander widersprechen. Vielmehr muß an dieser Stelle die Entstehung der Gefahr des wirtschaftlichen Verlustes als eine vom Gesetzgeber einkalkulierte Folge gewertet werden. Dies gilt ungeachtet der Höhe des Vermögens und muß konsequenterweise auch für die Fälle gelten, bei denen die Existenz eines Betriebes in Frage steht. Denn andernfalls würde die Größe eines Unternehmens oder die Höhe des gefährdeten Vermögens über die Rechtfertigung eines Gesetzesverstoßes entscheiden und somit die äußeren Marktbedingungen zugunsten einer bestimmten Gruppe von Anlegern verschoben werden.

---

[375] OGHBRZ NJW 49, 472, 476.

[376] OLG Hamm NJW 1952, 838.

[377] BayOLG NJW 1953, 1602, 1603.

[378] BGH GA 1956, 382.

Zusammenfassend wird man daher festhalten können, daß aufgrund des Regelungszieles der Vermögenswert des einzelnen Anlegers niemals schutzbedürftig sein kann.[379] Ein Informations - oder Warnrecht der Banken wird man daher grundsätzlich verneinen müssen.

ddd. Informationspflichten

Ungeachtet der zivilrechtlichen Pflichten können strafrechtliche Aufklärungs-und Interessenwahrungspflichten im Rahmen von §§ 263, 264a, 266 StGB mit dem Mitteilungsverbot bzw. dem Verbot, Insiderinformationen auszunutzen, kollidieren.

(1) § 263 StGB

Der Betrugstatbestand wird in diesem Zusammenhang eher von geringer praktischer Bedeutung sein, da gleich mehrere Tatbestandsmerkmale in Zweifel gezogen werden müssen.
Neben der Frage, ob der Täter die Absicht hat, sich oder einem Dritten einen Vermögensvorteil zu verschaffen, ist schon das Vorliegen einer Garantenpflicht umstritten. So wird z.T. vertreten, die Garantenpflicht werde durch das rechtliche Dürfen beschränkt[380], andere leiten diese aus der zivilrechtlichen Aufklärungspflicht ab.[381] Der BGH hat diesbezüglich entschieden, daß für das Vorliegen einer Offenbarungspflicht ein besonderes Vertrauensverhältnis oder eine auf gegenseitigem Vertrauen beruhende Verbindung vorliegen müsse.[382]
Ungeachtet dessen liegt eine Kollisionslage nicht vor, steht es doch dem beratenden Kreditinstitut frei, auf die Konfliktsituation aufmerksam zu machen und somit eine Täuschung i.S.v. § 263 StGB zu vermeiden.

(2) § 264a StGB

Auch die Herausgabe eines Wertpapierprospektes verlangt eine umfassende und vollständige Aufklärung über anlageentscheidende Tatsachen.
Werden in diesem Zusammenhang unrichtige Angaben gemacht oder nachteilige Tatsachen verschwiegen, so machen sich nicht nur die Initiatoren des Prospektes,

---

379 Folgt man der Meinung Lenckners, so fehlt es schon an einem notstandsfähigenRechtsgut, „weil es der Rechtsordnung gerade darauf ankommt, daß das Rechtsgut in der konkreten Situation bestimmte Einbußen erfährt,Lenckner,Der rechtfertigende Notstand, S. 76ff.

380 Maiwald, Grundlagenprobleme der Unterlassungsdelikte, JUS 81 S. 473, 481; Dingeldey, Insiderhandel und Strafrecht, S. 23.

381 Rössner, Anm. zu BGH BB 1981, S. 695, 700.

382 BGH wistra 1988, 262; Worms, Anlegerschutz durch Strafrecht, S. 186.

sondern auch Anlageberater, Anlagevermittler, Steuerberater, Rechtsanwälte usw. gem. § 264a StGB strafbar, wenn die von ihnen in Prospekten wiedergegebenen Angaben falsch oder unvollständig sind.[383]

Diesen Grundsätzen entsprechend müßten die Initiatoren, wenn sie Kenntnisse über nicht öffentlich bekannte Informationen besitzen, diese weitergeben, um eine umfassende Aufklärung des Anlegerpublikums zu erreichen. Somit scheint ein Konflikt zwischen den insiderrechtlichen Vorschriften und § 264a StGB vorzuliegen.

Gelöst wird dieses Problem nicht dadurch, daß mit Herausgabe des Prospektes die Information als öffentlich bekannt gilt, da eine Veröffentlichung entsprechend der in § 15 WphG aufgestellten Grundsätze erfolgen muß. Andererseits liegt aber auch hier nur scheinbar eine Kollision vor, da sich der Initiator weigern kann, an der Herausgabe des Prospekts mitzuwirken, wenn der Prospekt im Lichte der Insiderinformation als unvollständig gelten muß.[384] Auch in diesen Fällen wird man daher die grundsätzliche Annahme einer Rechtfertigung verneinen müssen.

(3) § 266 StGB

Hat das Kreditinstitut mit dem Kunden einen Vermögensverwaltungsvertrag abgeschlossen, so ist hierin eine Treuepflicht i.S.v. § 266 StGB zu sehen.[385] Somit ergibt sich die Frage, inwieweit die sich aus § 266 StGB ergebende Pflicht mit dem Verbot gem. § 38 Abs. 1 Nr. 1 WphG vereinbar ist.

Auch in diesen Fällen wird man eine Kollisionslage verneinen müssen, da es der Bank durch eine entsprechende Gestaltung der Verträge möglich ist, die Vermögensverwaltungspflicht auf Nutzung öffentlich bekannter Informationen i.S.d. WphG zu beschränken und somit ein Handeln im Einklang mit dem geltenden Recht von vornherein zu gewährleisten.

(4) Das Depotstimmrecht

Ein Kreditinstitut, das Aktien für Aktionäre in Depots verwahrt, hat alle Mitteilungen der Gesellschaft gem. § 125 AktG an die Aktionäre weiterzuleiten.

Will das Kreditinstitut darüber hinaus das Stimmrecht für die Aktionäre wahrnehmen, hat es also die Absicht, an der Hauptversammlung teilzunehmen und nicht nur ihre eigenen Aktien zu vertreten, so muß es eigene Vorschläge zur Abstimmung gem. § 128 AktG schriftlich mit dem Inhalt der Abstimmung mitteilen. Eine Begründung

---

[383] Sch-Sch-Cramer, § 264a Rdnr. 38.

[384] Hopt, Die Verantwortlichkeit der Banken bei Emissionen, S. 104/105.

[385] Sch-Sch-Lenckner, § 266 Rdnr. 35a.

des Abstimmungsvorschlages ist nicht erforderlich, jedoch aktienrechtlich zulässig und in bestimmten Fällen zweckmäßig.[386]
Sollte mit der Begründung die Weitergabe einer Insiderinformation verbunden sein, so wird diese als „befugt“ gelten müssen, da eine Mitteilung im Interesse der Aktionäre ist und der Klärung gesellschaftsinterner Fragen dient. Dies ändert jedoch nichts an der Tatsache, daß die Informationsempfänger als Primärinsider anzusehen sind, da sie die Kenntnis aufgrund ihrer Beteiligung erworben haben. Sie sind somit weder zur Nutzung noch zur Mitteilung der Information befugt.

Im Ergebnis muß man eine Kollision zwischen strafrechtlichen Aufklärungs-und Intereressenwahrungspflichten und dem Insiderrecht verneinen.

7. Der interne Informationsfluß

Es konnte bereits festgestellt werden, daß gerade Kreditinstitute häufiger als andere Unternehmen aufgrund ihrer verschiedenen Tätigkeitsbereiche kursrelevante Informationen erhalten. Somit stellt sich insbesondere hier die Frage nach dem betriebsinternen Umgang mit Insidertatsachen.
Auszugehen ist davon, daß Mitarbeiter im Rahmen ihrer normalen Berufsausübung Informationen betriebsintern weitergeben dürfen. Zu beachten sind jedoch gesetzliche, berufsrechtliche, individuell vertragliche oder innerbetriebliche Beschränkungen, welche eine Informationsweitergabe untersagen.

a. Notwendigkeit von Organisationspflichten

Es ist im Tätigkeitsfeld der Banken nichts ungewöhnliches, daß gegenläufige Interessen verschiedener Kunden bzw. die Interessen der Bank mit denen eines Kunden nicht miteinander vereinbar sind. Die in §§ 31ff WphG festgeschriebenen allgemeinen und besonderen Verhaltensregeln für Wertpapierdienstleistungsunternehmen sollen sicherstellen, daß Interessenkonflikte vermieden und die Aufträge allein unter Wahrung des Kundeninteresses ausgeführt werden.
Insbesondere aber das Insiderrecht macht weitere Regelungen für den betriebsinternen Informationsfluß notwendig, um zu verhindern, daß kurssensible Nachrichten bestimmte Abteilungen erreichen oder verlassen können. Dies ergibt sich schon aus dem Ordnungswidrigkeitengesetz. Hiernach kann gem. § 30 OWiG gegen eine juristische Person eine Geldbuße festgesetzt werden, wenn ein vertretungsberechtigtes Organ oder ein Mitglied eines solchen Organs oder ein General - bzw. Handlungsbevollmächtigter gem. § 30 Abs. 1 Nr. 4 OWiG eine Straftat begangen

---

[386] Zöllner, Kölner Kommentar zum Aktiengesetz, § 128 Rdnr. 19.

hat. Dies gilt gem. § 130 Abs. 1 OWiG auch dann, sofern das Aufsichtsorgan der ihr obliegenden Aufsichtspflicht nicht nachgekommen ist. Die Aufsichtsmaßnahme muß so beschaffen sein, daß den von einem Unternehmen als der Zusammenfassung von Personen und Produktionsmitteln ausgehenden Gefahren, sowohl den Sachgefahren als auch der Gefahr des kriminellen Verhaltens, begegnet wird[387], d.h. sie müssen zur Beachtung der Rechtsordnung geeignet und erforderlich sein.[388] Somit kann es einen festen Maßstab zur Bestimmung des Umfangs der Aufsichtspflichten nicht geben, vielmehr hängt dieser von den Umständen des Einzelfalls ab[389], von der Größe und Organisation des Betriebes, vor allem aber von der Anfälligkeit der Branche für einen Verstoß.[390] Hierbei hat die Rspr. im Zusammenhang mit der Verhinderung von Kartellverstößen folgende Aufsichtspflichten für erforderlich gehalten:[391]
Den Erlaß von ausdrücklichen Verboten, den Erlaß von eindeutigen Anordnungen, die Überprüfung der getroffenen Anordnungen durch überraschende stichprobenartige Kontrollen bzw. die Einrichtung von Kontrollen, die geeignet sein müssen, die betreffenden Verstöße aufzudecken.
Somit kommen den Einrichtungen von Organisations - und Aufsichtsmaßnahmen nicht nur die Aufgabe zu, präventiv Interessenkonflikte und Verstöße von Bankmitarbeitern gegen geltendes Insiderrecht zu verhindern. Mit ihnen soll auch eine strafrechtliche Haftungsentlastung erreicht sowie entsprechende Vorwürfe abgewehrt werden können.

b. Compliance-Maßnahmen

In Deutschland wird das, was in den USA als Folge des Merrill Lynch-Falles[392] zur Abschottung der einzelnen Abteilungen führte[393], die notwendige Konsequenz gesetzgeberischer Tätigkeit sein.
Die Abschottung, sogenannte chinese walls, soll verhindern, daß sensible Informationen von einer Abteilung der Bank in die andere fließen. Allerdings können chinese walls nur ein Teil eines effektiven Aufsichtssystems sein. Angelehnt an die notwendigen Aufsichtspflichten zur Verhinderung von Kartellverstößen bedarf es

[387] BGH NJW 1994, 1801, 1803.

[388] Göhler, Ordnungswidrigkeitengesetz, § 130, Rdnr. 10.

[389] BGH NStZ 1986, 34.

[390] Tessin, Verletzung der Aufsichtspflicht bei Kartellverstößen, BB 1987, S. 984, 987.

[391] OLG Stuttgart, wistra 1987, 35.

[392] In the matter of Merrill Lynch, Pierce, Fenner+Smith Inc., Securities Exchange Act Release Nr. 8459.

[393] Dingeldey, Das chinese wall-Prinzip im Bankrecht der Vereinigten Staaten, RiW 83, S. 81, 84.

auch hier ausdrücklicher Verbote für Bankmitarbeiter, Belehrungen und Überprüfungen der getroffenen Anordnungen. Diesen Vorgaben soll ein Compliance-System gerecht werden.
„Compliance" ist ein Begriff aus der englischen Banksprache und bedeutet „Verhalten in Übereinstimmung mit geltendem Recht". Elemente dieses Systems sind das Aufstellen von Regeln und Richtlinien, die Aufklärung und Information von Mitarbeitern, die Schaffung von Vertraulichkeitsbereichen sowie die Beratung und Überwachung der Mitarbeiter.[394]
Allein das materielle Gesetz zum Insiderhandelsverbot enthält keine konkreten Hinweise für den innerbetrieblichen Umgang mit Insiderinformationen. Insofern ist das Aufstellen von betrieblichen und überbetrieblichen Regeln[395] sowie eine formale Anerkennungserklärung des Mitarbeiters notwendig, um die einzelnen Ge - und Verbote nahezubringen. Verstärkt werden soll dies durch Aufklärung, Ausbildung und Information der Mitarbeiter.
Wichtiger Bestandteil eines Compliance-Systems ist die Einrichtung von Vertraulichkeitsbereichen. Dies soll nicht nur durch räumliche Trennung, sondern vor allem durch Abschottung der technischen Anlagen geschehen. Die Einrichtung einer Beobachtungsliste (watch-list) soll die Standhaftigkeit der chinese wall überprüfen helfen. Dort werden kursrelevante Informationen eingetragen, um die Kontrolle über die in den betroffenen Werten getätigten Geschäften zu ermöglichen. Sie wird vertraulich geführt und soll nur den mit der Überwachung beauftragten Personen bekannt sein. Darüber hinaus können die Bankmitarbeiter dazu verpflichtet werden, auf Verlangen des Arbeitgebers Auskünfte über Konten und Depots des eigenen Instituts sowie solchen, die bei anderen Banken unterhalten werden, zu geben.[396]
Die einer Handels-und Beratungsbeschränkung unterliegenden Wertpapiere sollen in einer Stoppliste (restricted list) eingetragen werden.
Ein vollständiges Compliance-System sieht darüber hinaus die Einführung eines Compliance-officer vor.[397] Dieser hat neben der Überwachung der Beobachtungs- und Stoppliste auch den internen Orderfluß, d.h. die Eigenhandelsumsätze und die market making Aktivitäten zu kontrollieren sowie den externen Markt zu beobachten. Schließlich soll der Controller neben der Überwachung auch präventive Beratungsaufgaben übernehmen, indem er Mitarbeiter bei Zweifelsfragen unterstützt oder auch interne „Vorabgenehmigungen" erteilt.[398]

---

[394] Eisele, Insiderrecht und compliance, WM 1993, S. 1021, 1023.

[395] So das Bundesaufsichtamt für Kreditwesen über Anforderungen an Regelungen der Kreditinstitute für Mitarbeitergeschäfte v.30.12.1993.

[396] N.N., FAZ v. 31.01.95, Nr. 26, S. 21, Bankangestellte dürfen nur eingeschränkt Wertpapiergeschäfte tätigen.

[397] Hopt, Insiderwissen und Interessenkonflikte, FS für Heinsius, S. 289, 320.

[398] Eisele, Insiderrecht und compliance, WM 1993, S. 1021, 1025.

Das Compliance-System in der dargestellten Form gibt den Mitarbeitern der Bank klare Vorgaben für den Umgang mit nicht öffentlich bekannten Informationen. Durch die Erstellung von Beobachtungs - und Stopplisten wird den Insidern deutlich zu verstehen gegeben, daß es sich bei den ihnen bekannten Nachrichten um Insidertatsachen handelt.

Auch kann es durch die aufgestellten Regeln keine Unklarheiten darüber geben, wann die Weitergabe einer Information als unbefugt gelten muß.

Der Insider wird sich also kaum darauf berufen können, er hätte die Insidertatsache nicht als solche erkannt oder von einem entsprechenden Verbot keine Kenntnis gehabt. Andererseits wird das Compliance-System nicht lückenlos sein können, da auch Vertrauensbereiche umgangen werden können. In anderen Ländern wurden nicht nur positive Erfahrungen gemacht und deutliche Zweifel an der Effektivität des Systems geäußert.[399]

Tatsächlich wird man eine Gewähr für eine 100% „Undurchlässigkeit" der chinesischen Mauern nicht geben können. Das Vertrauen in das System kann jedoch weiter gestärkt werden, wenn die einzurichtenden Kontrollen unabhängig von den einzelnen Abteilungen arbeiten und selbst wieder einer Kontrollinstanz unterliegen.[400] Grundsätzlich wird man daher mit der Umsetzung eines Compliance-Systems die Anforderungen an die zu treffenden Aufsichtsmaßnahmen als erfüllt ansehen müssen. Dies hat jedoch auch zur Folge, daß sich die Staatsanwaltschaft erhöhten Beweisschwierigkeiten ausgesetzt sehen muß, wenn dem Kreditinstitut der Nachweis eines intakten Compliance-Systems gelingt.[401]

C. Die Informationsweitergabe an das Wertpapieraufsichtsamt zwecks Veröffentlichung der Information

Das Wertpapieraufsichtsamt hat die Aufgabe, sowohl die Publizitätspflichten der Unternehmen als auch die insiderrechtlichen Vorschriften zu überwachen und durchzusetzen. Wird dem Aufsichtsamt eine kursrelevante Tatsache mitgeteilt, so soll die Nachricht zur Herstellung der Markttransparenz veröffentlicht und, soweit erforderlich, der Kurs des betroffenen Unternehmens gem. § 43 BörsG ausgesetzt werden. Vor diesem Hintergrund stellt sich die Frage, ob das Kreditinstitut, wenn schon eine Informationspflicht bzw. ein Informationsrecht gegenüber dem einzelnen Kunden abgelehnt wird, selbst die Allgemeinpublizität durch Veröffentlichung oder

---

399 v. Falkenhausen, Das „Takeover-Game", FS für Stiefel, S. 163, 177.

400 Scharrenberg, Neue Aufsichtsstrukturen für das Wertpapiergeschäft, Sparkasse 94, S. 90, 94.

401 Assmann. Das künftige deutsche Insiderrecht, Die AG 94, S. 237, 256. Tippach, Insider-Handelsverbot, S. 221

mittelbar durch eine Weitergabe der Information an das Wertpapieraufsichtsamt herbeiführen kann.

1. Vereinbarkeit mit dem Insiderrecht

Insiderrechtlich ist dieser Vorgang nicht zu beanstanden. Denn es fehlt an einer unbefugten Informationsweitergabe i.S.v. § 14 Abs. 1 Nr. 2 WphG, wenn die Insidertatsache mit dem Ziel der Veröffentlichung weitergegeben wird.[402]

2. Vereinbarkeit mit dem Bankgeheimnis

In der Regel wird die Weitergabe einer kursrelevanten Weitergabe am Bankgeheimnis scheitern. Dieser dem Recht der freien Entfaltung der Persönlichkeit i.S.v. Art. 2 Abs. 1 GG entstammende und jeder vertraglichen Beziehung zwischen Kunde und Bank zugrundeliegende Grundsatz[403] ist umfassend geschützt und kann nur in Ausnahmefällen durchbrochen werden, so z.B. bei öffentlich-rechtlichen Auskunftspflichten, wenn höhere Interessen der Allgemeinheit eine Offenbarung gebieten[404] oder wenn im Rahmen der Nothilfe oder Notwehr die Offenbarung geeignet und erforderlich ist, einen Dritten vor einer rechtswidrigen Schädigung zu bewahren.[405]
Bei Positivereignissen scheidet somit i.d.R. ein Informationsweitergaberecht aus. Allein bei Kursmanipulationen oder anderen schweren Verstößen durch das emittierende Unternehmen kann eine Durchbrechung des Bankgeheimnisses in Betracht gezogen werden. Allerdings wird man eine unmittelbare Veröffentlichung durch die Bank verneinen und statt dessen eine Meldung an das Aufsichtsamt bevorzugen müssen, damit auch den Börsen die Möglichkeit zur Kursaussetzung gegeben und ein extremer Kurssturz verhindert werden kann.

3. Vereinbarkeit mit der gesellschaftlichen Treuepflicht

Der Weitergabe einer Information an das Bundesaufsichtsamt kann auch die gesellschaftliche Treuepflicht entgegenstehen, wenn die Bank Beteiligungen an der von der Information betroffenen Gesellschaft hält. Anerkannt und unbestritten ist die Existenz eines mitgliedschaftlichen Rechtsverhältnisses zwischen dem einzelnen

---

[402] Assmann, Das neue deutsche Insiderrecht, ZGR 1994, S. 494, 520.

[403] Canaris, Bankvertragsrecht, Rdnr. 37.

[404] RGHRR 1935, Nr. 662.

[405] Canaris, Bankvertragsrecht, Rdnr. 62; Sichtermann, Bankgeheimnis und Bankauskunft, S. 182.

Aktionär und seiner Gesellschaft[406]. Sofern jedoch Umfang und Intensität einer darüber hinausgehenden Treuepflicht des Aktionärs gegenüber seiner Gesellschaft oder der Aktionäre untereinander - diese Pflicht wurde durch die sogenannte Linotype-Entscheidung[407] ausdrücklich anerkannt -, nicht eindeutig sind, so kann die passive Loyalitätspflicht nicht ernsthaft bestritten werden.[408] Diese könnte hier betroffen sein.
Vorweggenommen sei, daß die gesellschaftliche Treuepflicht nicht schon wegen § 15 WphG zurückzutreten hat, demgemäß der Emittent kursrelevante Tatsachen an das Bundesaufsichtsamt zu melden hat. Denn als „normaler" Aktionär unterliegt das Kreditinstitut einer solchen Meldepflicht nicht. Vielmehr wird diese nur für die juristische Person als solche und damit für die handelnden Organe anzunehmen sein.
Andererseits darf eine Loyalitätspflicht nicht zu der Verpflichtung der Aktionäre führen, sowohl die Verschlechterung ihrer persönlichen Vermögensverhältnisse als auch eine Destabilisierung der Gesellschaft hinzunehmen, so daß auch dem Recht zur Veröffentlichung zumindest bei Negativereignissen die gesellschaftliche Treuepflicht nicht entgegenstehen dürfte. Praktisch wird allein das Recht, eine Infomation in bestimmten Fällen an das Aufsichtsamt weiterzuleiten, jedoch kaum relevant sein, da die Banken das Vertrauen der Kunden durch eine solche Mitteilung nicht gefährden werden wollen.
Eine Pflicht zur Mitteilung besteht hingegen nur dann, wenn das Kreditinstitut „Emittent" i.S.v.§ 15 WphG ist.
Daher erscheint es als Ergänzung zum bestehenden Insiderrecht und im Interesse der Anleger notwendig, bei Kenntnissen über schwerwiegende Mißstände in einem Unternehmen eine Mitteilungsverpflichtung festzulegen.
Es zeigt sich hier deutlich auch der Wertungswiderspruch, einerseits dem Insider das Unterlassen vorwerfen zu wollen, bei Kenntnis von Insidertatsachen ein Aktiengeschäft nicht vorzunehmen, andererseits aber eine Mitteilungspflicht an das Aufsichtsamt unberücksichtigt zu lassen. Nach der Ansicht *Schröders*[409] soll es einem Insider zugemutet werden, ein Geschäft mit einem erheblichen Vermögensverlust abschließen zu müssen bzw. es ihm als strafwürdiges Verhalten auszulegen sein, ein Verlustgeschäft nicht zu tätigen, obwohl ein entsprechendes Unterlassen, die Allgemeinpublizität herzustellen, in bestimmten Fällen durchaus gegen das Gebot der Chancengleichheit am Kapitalmarkt verstoßen kann, von der gesetzlichen Regelung jedoch unberührt bleibt. Aus diesem Grunde würde eine Veröffentlichungspflicht für bestimmte Ereignisse dem Anlegerinteresse entgegenkommen.

[406] Lutter, Die Treuepflicht des Aktionärs, ZHR 89, S. 446, 452.

[407] BGHZ 103, 184ff.

[408] Lutter, Die Treuepflicht des Aktionärs, ZHR 89, S. 446, 452.

[409] Schröder, Strafbares Insiderhandeln von Organvertretern einer AG nach geltendem und nach neuem Recht, NJW 94, S. 2879, 2880;

D.Täterschaft und Teilnahme

Die Grundsätze von Täterschaft und Teilnahme sind auch im Rahmen des Insiderrechts anzuwenden. So liegt ein mittäterschaftlicher Verstoß gegen § 38 Abs. 1 Nr. 1 WphG vor, wenn Primärinsider und Tipnehmer gemeinsam ein Wertpapiergeschäft ausführen. Das gleiche gilt, wenn der Insider über einen Strohmann handelt. Die Ausführung eines Kundenauftrages durch ein unwissendes Kreditinstitut ist hingegen ein Fall der mittelbaren Täterschaft.
Problematischer ist, wie es zu beurteilen wäre, wenn der Angestellte eines Kreditinstituts weiß, daß sein Kunde über Insiderinfomationen verfügt und er den in Auftrag gegebenen Effektenkauf trotzdem ausführt. Für diese Fallkonstellation wird grundsätzlich Beihilfe zu einer Insiderstraftat angenommen.[410] Diese Feststellung wird jedoch nicht uneingeschränkt geteilt. Vielmehr soll bei einem bloßen Verdacht der Mitarbeiter nicht verpflichtet sein, den Auftrag abzulehnen. Insbesondere sollen den Kreditinstituten diesbezüglich keine Nachforschungspflichten auferlegt werden.[411]
Objektiv wird man an der Förderung der Haupttat nicht zweifeln können, wenn der Bankangestellte weiß, daß der Kunde Insiderwissen ausnutzt, da die Handlung unmittelbar an ein tatbestandsrelevantes Verhalten anknüpft und somit tatspezifisch ist.[412] Auf subjektiver Ebene muß Vorsatz bzgl. der objektiven Tatbestandsmerkmale vorliegen. Dolus eventualis reicht aus. Nach den Entscheidungen des BGH liegt dieser vor, wenn der Täter den Eintritt des tatbestandlichen Erfolges als möglich und nicht ganz fernliegend erkennt und billigt oder sich um des erstrebten Zieles willen wenigstens mit ihm abfindet, mag ihm auch der Erfogseintritt an sich unerwünscht sein.[413] Dor Bankmitarbeiter wird ein Insidergeschäft nur dann für möglich halten können, wenn der Auftrag ein in einer Beobachtungs - oder Stoppliste eingetragenes Papier betrifft oder der Auftraggeber dem Mitarbeiter als potentieller Insider bekannt ist. Des weiteren sind sicherlich auch andere Umstände wie z.B. die Höhe der in Auftrag gegebenen Stückzahl entscheidend. Somit wird man sagen müssen, daß nur solche Ümstände auf ein Insidergeschäft hindeuten können, die für den Mitarbeiter ohnehin erkennbar sind. Eine Störung des routinemäßigen Arbeitsablaufs oder das Auferlegen von Nachforschungspflichten sind durch eine potentielle Teilnahmestrafbarkeit nicht zu befürchten.

---

[410] BT-Drucks.12/6679, S.47; Assmann, Das künftige Insiderrecht, Die AG 94, S. 237, 254.

[411] Hopt, Zum neuen Wertpapierhandelsgesetz, WM-Festg. 94, S. 29, 30; Heldmann, Altes und neues Insiderrecht, ZfgKW 92, S. 480, 483.

[412] Meyer-Arndt, Beihilfe durch neutrale Handlungen?, wistra 89, S. 281, 287.

[413] BGH NJW 89, 781, 783.

Eine andere Frage ist die Strafbarkeit der Geschäftsleitung, wenn durch sie ein Mitarbeiter angewiesen wird, Insidergeschäfte ohne Rücksicht auf bestehende Rechtsvorschriften für Dritte durchzuführen.
Grundsätzlich wird in der Ausführung des Geschäfts eine Beihilfe zu einer Insiderstraftat zu sehen sein. Das jüngst ergangene BGH-Urteil vom 26.07.1994[414] ändert hieran nichts. In dieser Entscheidung verhilft der BGH der Rechtsfigur der mittelbaren Täterschaft kraft organisatorischer Machtapparate erstmals zu ihrer Durchsetzung. Mit dem Kriterium der Tatherrschaft kommt er zu der Feststellung, daß es nicht nur beim „Mißbrauch staatlicher Machtbefugnisse" und „in Fällen mafiaähnlicher organisierter Verbrechen" den Täter hinter dem Täter geben soll. Auch das „Problem der Verantwortlichkeit beim Betrieb wirtschaftlicher Unternehmen" sei so zu lösen.[415]
Ungeachtet der Tatsache, daß eine Tatherrschaft nur bei solchen Unternehmen denkbar ist, „die sich als ganze von den Normen des Rechts gelöst haben"[416], hätte die Entscheidung für die vorliegende Problematik jedoch lediglich zur Konsequenz, daß nach der einen Meinung eine Anstiftung zur Beihilfe vorläge, nach der anderen Ansicht aber eine mittelbare Beihilfe, nach beiden Meinungen also eine Beihilfe zur Haupttat anzunehmen wäre. Ein Einfluß auf die strafrechtliche Beurteilung von Insiderfällen ist somit zu verneinen.
Ebenfalls eine Beihilfe, jedoch durch Unterlassen, läge vor, wenn die Geschäftsleitung weiß, daß in „ihrem" Kreditinstitut Insidergeschäfte als Eigengeschäfte oder für Kunden durchgeführt werden. Die Garantenpflicht ergibt sich aus ihrer Organstellung, durch die sie Aufsichtspflichten übertragen kann bzw. Organisationsmaßnahmen einrichten muß, welche einem Rechtsverstoß vorbeugen sollen.[417] Greift dann die Geschäftsleitung bewußt bei Pflichverletzungen eines Mitarbeiters nicht ein, so fördert sie das Geschäft des Insiders.[418] Hingegen liegt eine Mittäterschaft schon deshalb nicht vor, da es in der Regel an einem gemeinsamen Tatplan mangelt. Im übrigen müßte auch der Vorteil dem Insiderwissen entspringen, was nur dann der Fall wäre, wenn der Gewinn über die übliche Provision der Bank hinausgeht.

---

[414] BGH JZ 95, 45ff.

[415] BGH JZ 95, 45, 48.

[416] Roxin, Anm. zu BGH JZ 95, 45, 51.

[417] Wessels, Strafrecht Allgemeiner Teil, § 16 II 5d.

[418] OLG Celle NJW 69, 759, 760; Sch-Sch-Stree, § 13 Rdnr. 31.

E. Konkurrenzen

Wie bereits in der Einführung dieser Arbeit dargestellt wurde, vermögen die strafrechtlichen Bestimmungen (z.B. §§ 263, 266 StGB und §§ 203, 204 StGB) sowie die nebenstrafrechtlichen Vorschriften zum Geheimnisschutz den Insiderhandel nur sehr unzureichend zu erfassen.[419] Entsprechend selten wird es daher vorkommen, daß im umgekehrten Falle die Verletzung einer Insidervorschrift mit der Verletzung einer dieser Regelungen zusammentrifft.
Denkbar ist jedoch, daß das Ausnutzen oder die unbefugte Mitteilung einer Insidertatsache gem. § 38 Abs. 1 Nr. 1 / Nr. 2 WphG mit einem Verstoß gegen §§ 203, 204 StGB, § 17 UWG oder § 404 AktG einhergeht. In diesen Fällen stellt sich die Frage, wie die genannten Vorschriften zueinander stehen.
In Betracht käme eine Form der Gesetzeseinheit. Voraussetzung wäre jedoch, daß der Unrechts - und Schuldgehalt einer Handlung durch einen von mehreren dem Wortlaut nach anwendbaren Straftatbeständen erschöpfend erfaßt wird.[420] Ob dies der Fall ist, richtet sich u.a. danach, ob die anwendbaren Normen dasselbe Schutzgut aufweisen. Dies ist bei den Geheimnisschutzvorschriften und dem Insiderverbot gem. § 38 Abs. 1 Nr. 1/ Nr. 2 WphG gerade nicht der Fall. Denn während bei jenen das Vetrauen in die Verschwiegenheit der Person, der das Geheimnis anvertraut wird und, wie bei § 17 UWG, das (Betriebs)Geheimnis selbst geschützt werden soll, steht beim Mitteilungsverbot der Kapitalmarktschutz und in diesem Rahmen die Informationsparität der Anleger im Vordergrund. Schon diese verschiedenen Schutzrichtungen zeigen aber, daß die Verurteilung nur wegen einer dieser Tatbestände den Unrechtsgehalt der Tat nicht „erschöpfend erfassen" kann. Darüber hinaus ist der vorgegebene Strafrahmen bei den Geheimnisschutzvorschriften des StGB sowie des Nebenstrafrechts in allen Fällen geringer als die Strafandrohung bei Insiderdelikten. Eine Form der Gesetzeseinheit scheidet daher aus, so daß bei derartigen Fallkonstellationen Tateinheit in Betracht kommen wird.
Dies gilt ebenso für die praktisch kaum denkbaren, bereits geschilderten Fälle[421] bei denen der Insider in direkten Kontakt zum Wertpapierkäufer/-verkäufer tritt und bei Abwicklung des Geschäfts Insiderwissen ausnutzt. Man wird dann eine Verurteilung wegen § 263 StGB in Tateinheit mit § 38 Abs. 1 Nr. 1 WphG annehmen können.
Hingegen liegt in Fällen, in denen das Kreditinstitut seiner Aufklärungspflicht, die ja nur unter Beachtung des bestehenden Mitteilungsverbotes erfolgen darf, nicht nachkommt, um in Anschluß daran für sich oder einen Dritten durch Insidergeschäfte Gewinne zu erzielen, lediglich Tatmehrheit vor. Denn die unterlassene Aufklärung oder ausgeübte Täuschungshandlung gegenüber dem Kunden stellt im Vergleich

---

[419] Siehe S. 8-12.

[420] BGHSt 31, 380; 25, 373.

[421] Siehe S. 8.

zur anschließenden Kauf - oder Verkaufstätigkeit eine selbständige Handlung dar. Dies gilt für § 263 StGB und für § 266 StGB in gleichem Maße.

Teil 5: Überwachung und Durchsetzung des Insiderrechts

Zur Überwachung und Durchsetzung der insiderrechtlichen Vorschriften ist gem. § 3 WphG ein Bundesaufsichtsamt für Wertpapierhandel als selbstständige Bundesoberbehörde i.S.d. Art. 87 Abs. 3 GG eingerichtet worden, das im Januar 1995 seine Arbeit aufgenommen hat.
Weitere Instanzen einer Börsenaufsicht sind die Börsenaufsicht durch die obersten Landesbehörden, ein als Verbindungsglied zwischen Bundesaufsichtsamt und Ländern fungierender Wertpapierrat, eine Aufsicht durch die Handelsüberwachungsstellen gem. § 1b BörsG sowie der Börsenvorstand, dessen Kompetenzkatalog in § 3 Abs. 2 BörsG gegenüber dem alten § 3 BörsG erheblich eingeschränkt ist.[422] Während jedoch insbesondere die Landesbehörden sowie die Handelsüberwachungsstellen eine generelle Markt - und Handelsaufsicht ausüben, hat das Bundesaufsichtsamt die Vorschriften zu überwachen, welche präventiv und repressiv einem Insiderverstoß entgegenwirken sollen.[423] Im einzelnen sind dies die Überwachung der Ad-hoc Publizität gem. § 15 WphG, die Überwachung des Insiderverbotes sowie die Kontrolle der Mitteilungs - und Veröffentlichungspflichten.[424]

A. Die Ad-hoc Publizität gem. § 15 WphG

§ 15 WphG statuiert die Pflicht der Emittenten börsenzugelassener Wertpapiere, unverzüglich kursbeeinflussende Nachrichten zu veröffentlichen. Die Tatsachen müssen sich auf die Vermögens - und Finanzlage oder den allgemeinen Geschäftsverlauf auswirken und sind, wie bereits oben dargestellt wurde[425], auf rechtlich abgeschlossene Tatbestände begrenzt, da die Regelung nicht dazu führen soll, selbst erarbeitete Wettbewerbsvorsprünge der Unternehmen preisgeben zu müssen. Darüber hinaus bestehen jedoch keine Unterschiede zum Tatsachenbegriff des § 13 WphG. Auch hier muß ein erhebliches Kursbeeinflussungspotential vorhanden sein. Des weiteren gilt die Publizitätspflicht schon dann als erfüllt, wenn die Bereichsöffentlichkeit erreicht ist, wobei Berichte der Wirtschaftspresse, sofern sie nicht nur Vermutungen oder Gerüchte enthalten, den Emittenten von seiner Publikationspflicht entheben.[426]

---

422 Claussen, Das neue Börsenaufsichtsrecht, DB 94, S. 969ff.

423 Claussen, Das neue Börsenaufsichtsrecht, DB 94, S. 969, 970.

424 Riepe, Die neue Wertpapieraufsicht in Deutschland-Entstehung, Funktionsweise und Perspektiven, ZfgKW 94, S. 1156ff.

425 Siehe S. 48f.

426 BT-Drucks. 12/6679, S. 48.

Gem. § 15 Abs. 1 S. 2 WphG kann das BAWe den Emittenten von der Veröffentlichungspflicht befreien, wenn die Veröffentlichung geeignet ist, dem berechtigten Interesse des Emittenten zu schaden. Hinsichtlich des Veröffentlichungsverfahrens regelt § 15 Abs. 3 WphG, daß die Veröffentlichung in deutscher Sprache entweder in mindestens einem überregionalen Börsenpflichtblatt oder über ein elektronisches Informationsverbreitungssystem zu erfolgen hat.

B. Kontroll-und Ermittlungsbefugnisse

1. Darstellung

Die Kontrolle der insiderrechtlichen Vorschriften soll durch die Meldepflichten der Kreditinstitute gem. § 9 WphG in Verbindung mit den in § 16 WphG festgelegten Überwachungsmöglichkeiten der Aufsichtsbehörde erreicht werden.
Von den Meldepflichten erfaßt sind alle Kreditinstitute des Inlands, Zweigstellen von Unternehmen i.S.d. § 53 Abs. 1 S. 1 KWG sowie alle Unternehmen mit Sitz im Inland, die am Handel an der Börse zugelassen sind. Sie sind verpflichtet, jedes Geschäft in Wertpapieren zu melden. Die Meldung hat bis zu dem dem Geschäftsabschluß folgenden Tag, der kein Samstag ist, zu erfolgen. Der notwendige Mitteilungsinhalt ist in § 9 Abs. 2 WphG festgelegt, demgemäß die Identität des Auftraggebers zunächst ungenannt bleiben kann. Jedoch kann die Aufsichtsbehörde gem. § 16 Abs. 2 S. 2 WphG bei Anhaltspunkten für einen Verstoß gegen Insidervorschriften auch hierüber Auskunft verlangen, so daß ein geregelter Fall der Durchbrechung des Bankgeheimnisses vorliegt.[427] Gem. § 16 Abs. 4 WphG müssen auch die Emittenten sowie die Personen, die Kenntnisse von Insidertatsachen haben, sowohl über die Insidertatsachen selbst als auch über die Personen Auskunft geben, welche über Informationen verfügen. Schließlich sind auch die nach § 16 Abs. 2 S. 2 WphG identifizierten Personen hinsichtlich der getätigten Geschäfte auskunftspflichtig. Jedoch steht allen zur Auskunft Verpflichteten gem. § 16 Abs. 6 WphG ein Auskunftsverweigerungsrecht i.S.v. § 383 Abs. 1 Nr. 1-3 ZPO zu.
Im Rahmen der Auskunftspflicht nach § 16 Abs. 2 WphG kann die Aufsichtsbehörde gem. Abs. 3 darüber hinaus die Vorlage von Unterlagen sowie den Zutritt zu den Geschäftsräumen zu den üblichen Arbeitszeiten verlangen. Außerhalb der Geschäftszeiten geht dies nur zur Verhinderung von Gefahren für die öffentliche Sicherheit und Ordnung. Wenn Tatsachen den Verdacht einer Straftat begründen, hat das BAWe diesen der zuständigen Staatsanwaltschaft anzuzeigen, die dann ihrerseits die Ermittlungen mit den strafprozessualen Befugnissen aufnimmt.

---

[427] Carl/ Klos, Informationssammlung durch das neue Bundesaufsichtsamt für den Wertpapierhandel zur Insiderbekämpfung, wistra 1995, S. 10, 14.

Falsche Mitteilungen i.S.v. § 9 WphG stellen gem. § 39 WphG eine Ordnungswidrigkeit dar und können gem. § 39 Abs. 3 WphG mit einer Geldbuße bis zu 100.000,-- DM belegt werden. Dies gilt gem. § 39 Abs. 2 WphG ebenso, wenn dem Auskunftsbegehren nach § 16 Abs. 2, 4, 5 WphG nicht entsprochen oder die Vorlagepflicht nach § 16 Abs. 3 nicht erfüllt wird. Auch diese Fälle können mit einer Geldbuße bis zu 100.000,-- DM geahndet werden.

2. Die Mitteilungspflicht als Zwang zur Selbstbezichtigung?

Es gehört zu den rechtsstaatlichen Verfahrensgarantien im Strafprozeß, daß niemand verpflichtet werden darf, an seiner eigenen Verurteilung mitwirken zu müssen (nemo tenetur se ipsum accusare). Dies ergibt sich zum einen aus Art. 1 Abs. 1 GG, wonach es gegen die Würde des Menschen verstößt, wenn der Beschuldigte gezwungen werden kann, gegen sich selbst auszusagen und somit lediglich passives Verfahrensobjekt des Strafprozesses wird.[428] Darüber hinaus ist die erzwingbare Auskunftspflicht als Eingriff in die Handlungsfreiheit sowie als Beeinträchtigung des Persönlichkeitsrechts im Sinne des Art. 2 Abs. 1 GG zu werten.[429] Zwar ist ein entsprechender Grundsatz in der StPO nicht ausdrücklich normiert, jedoch stellen die Belehrungspflichten gem. § 136 Abs. 1 S. 2 StPO und § 243 Abs. 4 S. 1 StPO eine Konkretisierung des verfassungsrechtlichen Rechtssatzes dar, deren Nichtbeachtung zu einem Verwertungsverbot im Strafverfahren führen kann.[430] Des weiteren sieht die StPO mehrere „flankierende Schutzmaßnahmen"[431] vor, welche das Recht gegen die Gefahr der Selbstbezichtigung absichern sollen, so z.B. das Verbot willensbeeinträchtigender Vernehmungsmethoden (§ 136a StPO), das Recht auf einen Verteidiger, oder das Verbot, aus dem Schweigen einen Schluß zum Nachteil des Beschuldigten zu ziehen. Schließlich stellt das BVerfG ausdrücklich klar, daß ein Schweigerecht entsprechend in anderen Verfahren bestehe, welche ähnlichen Zwecken diene, so etwa in berufsgerichtlichen - oder in Disziplinarverfahren.[432] Auch in Ordnungswidrigkeitenverfahren müsse die Aussagefreiheit beachtet werden.[433] Zwangsläufig hat dies Auswirkungen auf die öffentlich-rechtlichen Auskunftspflichten, was im Kartellrecht (§ 46 Abs. 5 GWB) oder im Umweltrecht (§ 21a Abs. 2 WassHG, § 11 Abs. 5 AbfG, § 52 Abs. 5

---

[428] BVerfGE 63, 332, 337f.

[429] BVerfGE 56, 37, 41f.

[430] Dingeldey, Der Schutz der strafprozessualen Aussagefreiheit, NStZ 84, 529.

[431] Eser, Schutz vor Selbstbezichtigung, in: Jescheck, Deutsche strafrechtliche Landesreferate, S. 136, 147

[432] BVerfGE 56, 37, 43.

[433] BVerfG NJW 81,1087f; Dingeldey, Der Schutz der strafprozessualen Aussagefreiheit, NStZ 84, S. 529, 531.

BImSchG) seinen Niederschlag findet, wo ein entsprechendes Aussageverweigerungsrecht normiert ist. Wie bereits dargestellt wurde, ist auch der gem. § 16 WphG zur Auskunft Verpflichtete nach § 16 Abs. 6 WphG zur Verweigerung der Aussage berechtigt, was ebenfalls dem „rechtsstaatlichen Gedanken der Unzumutbarkeit der Selbstanzeige Rechnung tragen soll".[434]

Ungeachtet dessen normiert § 9 WphG die Pflicht der Kreditinstitute, jedes Geschäft in Wertpapieren und Derivaten dem BAWe mitzuteilen, wobei die Angaben bei Androhung einer Geldbuße vollständig und wahrheitsgemäß sein müssen und somit die Gefahr besteht, in Erfüllung dieser Pflicht sich selbst der Gefahr eines Ordnungswidrigkeitenverfahrens auszusetzen.

Diskutiert wird dieses Problem bereits im Umweltrecht, wo die Verwertbarkeit von Erkenntnissen der Eigenüberwachung durch die Unternehmen zu Beweiszwecken im Straf - und Ordnungswidrigkeitenverfahren umstritten ist.[435]

Beim Begriff der Eigenüberwachung wird zwischen der freiwilligen und der angeordneten Eigenkontrolle unterschieden. Während eine freiwillige Eigenüberwachung aufgrund mangelnder behördlicher Anordnungen eine Konfliktsituation zwischen Offenbarungspflicht und Selbstbezichtigung nicht aufweist, bestimmt die angeordnete Eigenüberwachung den jeweiligen Anlagebetreiber, Gewässerbenutzer usw. durch Auflagen, Verordnungen oder Gesetze dazu, den Behörden durch Prüfberichte, Meßprotokolle die Kontrolle bezüglich der Einhaltung der Umweltvorschriften zu ermöglichen.[436] In diesem Lichte ist auch die Vorschrift des § 9 WphG zu betrachten.

Erst die unter Mithilfe der Banken gelieferten Daten der einzelnen Wertpapiergeschäfte ermöglichen eine effektive Kontrolle des Wertpapierhandels, so daß sich zwangsläufig die Frage stellt, ob das Verbot zum Zwang zur Selbstbezichtigung einschlägig ist. Allerdings kommt das Aussageverweigerungsrecht als Ausfluß des in Frage stehenden verfassungsrechtlichen Grundsatzes in der Regel in den Unternehmen nicht zum Zuge, da es bereits an der erforderlichen Identität zwischen demjenigen, der zur Auskunft verpflichtet ist und demjenigen, der sich der Gefahr einer Strafverfolgung aussetzt, fehlt.[437] Demnach wäre die Frage der Vereinbarkeit der Mitteilungspflichten gem. § 9 WphG mit verfassungsrechtlichen Grundsätzen nicht relevant, wenn den Unternehmen nicht selbst ein Auskunftsverweigerungsrecht zustünde. Behandelt wird das Problem vorwiegend im Zusammenhang mit dem Auskunftsverweigerungsrecht nach § 46 Abs. 5 GWB, nach dessen Wortlaut man

---

434 BT-Drucks. 12/ 6679, S. 50.

435 Für ein Verwertungsverbot: Michalke, Die Verwertbarkeit von Erkenntnissen der Eigenüberwachung, NJW 90, S. 417, 419; a.A.: Franzheim, Beweisverbote bei Erkentnissen der Eigenüberwachung, NJW 90, S. 2049.

436 Michalke, Die Verwertbarkeit von Erkenntnissen der Eigenüberwachung, NJW 90, S. 417, 418.

437 Schendel, in: Meinberg/ Möhrenschlager/ Link, Umweltstrafrecht, S. 255.

grundsätzlich zu dem Ergebnis kommen muß, daß nur „die zur Auskunft Verpflichteten" die Auskunft verweigern können, demnach nur natürliche Personen.[438] Dies stimmt mit der Tatsache überein, daß juristische Personen nicht handlungsfähig und als solche im strafrechtlichen Sinn nicht schuldfähig sind[439].
Zu einem anderen Ergebnis muß man bei Anwendung der Vorschriften des OWiG kommen. Geht man davon aus, daß gegen Unternehmen Geldbußen gem. § 30 OWiG als Nebenfolge verhängt werden können, wenn ein für ein Unternehmen verantwortliches Organ oder ein General - bzw. Handlungsbevollmächtigter gem. § 30 Abs. 1 Nr. 4 OWiG eine Straftat begangen hat, finden über § 46 OWiG auch die §§ 432ff StPO Anwendung. Hiernach ergibt sich aber ein Auskunftsverweigerungsrecht für das mit Nebenfolgen belastete Unternehmen im Ermittlungsvefahren bereits aus §§ 444 Abs. 2 S. 2, 432 Abs. 2, 163a Abs. 3 S. 2, 136 Abs. 1 S. 2 StPO, während dem nebenbeteiligten Unternehmen das Schweigerecht im gerichtlichen Hauptverfahren nach §§ 444 Abs. 2 S. 2, 433 Abs. 1 S. 1, 243 Abs. 4 StPO zusteht.[440] Dies ist auch dem Beschluß des BVerfG v. 26.02.1975[441], welcher den juristischen Personen ein Auskunftsverweigerungsrecht im Bußgeldermittlungsverfahren ausdrücklich zuspricht, zu entnehmen.
Wenn den Unternehmen als Nebenbeteiligte selbst ein Auskunftsverweigerungsrecht im Ermittlungsverfahren zusteht, so wäre es konsequent, das Verbot zur Selbstbezichtigung auch im Verwaltungsverfahren anzuwenden, sofern die Unternehmen durch die gem. § 9 WphG angeordnete Mitteilungspflicht z.B. eine Aufsichtspflichtverletzung, welche ein Ordnungswidrigkeitenverfahren nach sich zieht, offenbaren müßten.
Es muß jedoch aus mehreren Gründen bezweifelt werden, daß die Mitteilungspflicht verfassungsrechtlich verankerte Grundsätze berührt.
Das BVerfG hat ausdrücklich festgestellt, daß aus dem Verbot zum Zwang zur Selbstbezichtigung nicht zu folgern sei, daß „auch andere Erkenntnismöglichkeiten, die den Bereich der Aussagefreiheit nicht berühren, von den Betroffenen unter Hinweis auf diese Freiheit eingeschränkt und behindert werden dürfen."[442]
Demnach können zwecks Überwachung des jeweiligen Gesetzes Vorlagepflichten angeordnet werden, sofern der Verhältnismäßigkeitsgrundsatz gewahrt bleibt.

---

438 Schultz, in: Langen/ Bunte, Kommentar zum deutschen und europäischen Kartellrecht, § 46 Rdnr. 17/18; Klaue, in: Immenga/ Mestmäcker, GWB, § 46 Rdnr. 39.

439 BVerfGE 20, 323, 336; kritisch hierzu: Hirsch, Strafrechtliche Verantwortlichkeit von Unternehmen, ZStW 95, S. 285, 291.

440 Müller, Die Stellung der juristischen Person im Ordnungswidrigkeitenrecht, S. 106f. Gillmeister, Ermittlungsrechte im deutschen und europäischen Kartell-und Ordnungswidrigkeitenverfahren, S. 38; Deringer, Können Unternehmen Auskünfte verweigern?,WuW 88, 933, 941.

441 Beschluß des BVerfG, BB 75, 1315.

442 BVerfG NJW 1981, 1087/1088.

Im Hinblick auf die Mitwirkungspflichten sollte jedoch differenziert werden zwischen den Vorlagepflichten von Dokumenten, Aufzeichnungen usw. und den Mitteilungspflichten, wie sie in § 9 WpHG normiert sind. Während jene Folge einer Eigenermittlung der Behörde sind, bestehen die Mitteilungspflichten jederzeit und sind täglich selbständig von den Auskunftspflichtigen zu erfüllen. Die Vorlagepflichten spiegeln sich im Wertpapierhandelsrecht in der Pflicht wider, bei Anhaltspunkten für einen Insiderverstoß Geschäftsunterlagen vorlegen zu müssen. Das in § 16 Abs. 6 WphG normierte Auskunftsverweigerungsrecht bezieht sich dabei nur auf die Auskunftspflicht und gewährt kein entsprechendes Recht auf Vorlageverweigerung. Hingegen stellen die Mitteilungspflichten einen erheblich schwerwiegenderen Eingriff dar, da das berechtigte Überwachungsinteresse des Staates alleine durch Eigeninitiative eines Kapitalmarktteilnehmers und damit einer Person, die zum Kreis der Überwachten gehört, erreicht wird.
Nichts desto trotz wird in dieser gesteigerten Form einer aktiven Mitwirkungspflicht kein Verstoß gegen das Verbot zur Selbstbezichtigung zu sehen sein.[443] Stellt sich schon die Frage, ob durch eine Pflicht, nicht personenbezogene Meldungen mitteilen zu müssen, das Persönlichkeitsrecht überhaupt berührt ist, so muß zumindest im Rahmen einer Interssenabwägung dem staatlichen Ermittlungsinteresse der Vorrang eingeräumt werden. Denn die Aufdeckung eines möglichen Insidergeschäfts kann in der Regel nur durch die Entdeckung auffälliger Kursbewegungen erfolgen. Diese können jedoch wiederum nur dann festgestellt werden, wenn der Markt einschließlich der umgesetzten Wertpapiere jederzeit beobachtet werden kann. Hierfür sind dann die in § 9 Abs. 2 Nr. 1-6 aufgestellten Inhalte erforderlich, nicht jedoch die Identität der Person, welche die Transaktion getätigt hat. Dies wird vom Gesetzgeber auch entsprechend berücksichtigt, so daß personenbezogene Angaben erst notwendig werden, wenn Anhaltspunkte für einen Verstoß vorliegen. In diesem Stadium stehen den Betroffenen aber die Auskunftsverweigerungsrechte zu, so daß die verfassungsmäßigen Vorgaben ausdrücklich beachtet sind.
Könnten die Kreditinstitute hingegen nicht zu den täglichen Mitteilungen verpflichtet werden, wäre eine ohnehin schon schwer durchzuführende Kapitalmarktaufsicht nicht gewährleistet, was letztlich wiederum zu Lasten der Anleger ginge.
Im Ergebnis muß man somit festhalten, daß die in § 9 WphG normierte Mitteilungspflicht ein für die Einhaltung des Insiderverbotes notwendiges Mittel ist und somit nicht gegen das Verbot des Zwangs zur Selbstbezichtigung verstößt.

[443] Siehe hierzu BVerwG DÖV 84, 73, 74.

C. Informationsmitteilung an eine andere Behörde

Dem datenschutzrechtlichen Aspekt soll durch § 17 WphG Rechnung getragen werden, demgemäß die Behörde verpflichtet ist, personenbezogene Daten nur zum Zwecke der Prüfung eines Insiderverstoßes zu verwenden bzw. diese, sofern sie nicht mehr erforderlich sind, unverzüglich zu löschen. Gem. § 17 Abs. 2 WphG steht es im Ermessen der Behörde, personenbezogene Daten der Staatsanwaltschaft zu übermitteln, wenn Tatsachen den Verdacht einer Straftat nach § 38 WphG rechtfertigen. Darüber hinaus sind die beim Aufsichtsamt Beschäftigten gem. § 8 WphG zur Verschwiegenheit verpflichtet und dürfen nur in den dort genannten Ausnahmefällen die bekanntgewordenen Tatsachen weitergeben.

Problematisch in diesem Zusammenhang ist die Weitergabe von Informationen an die Steuerbehörden.

Grundsätzlich ist das Aufsichtsamt weder berechtigt noch verpflichtet, den Finanzbehörden Auskünfte über Kursgewinne zu erteilen. Festgelegt ist dies in § 8 Abs. 2 S. 1 WphG, wonach die §§ 93, 97, 105 Abs. 1, § 111 Abs. 5 i.V.m. § 105 Abs. 1 sowie § 116 Abs. 1 AO nicht für die beim Aufsichtsamt Beschäftigten und nach § 6 Abs. 1 WphG beauftragten Personen gelten. Dieses Verwertungsverbot gilt auch für die ermittelnde Staatsanwaltschaft, die die im Rahmen von Insiderermittlungen gewonnenen Erkenntnisse nicht an die Finanzämter zu Besteuerungszwecken weitergeben darf.[444] Ausnahmen sind gem. § 8 Abs. 2 S. 2 WphG nur für die Durchführung eines Verfahrens wegen einer Steuerstraftat vorgesehen, an deren Verfolgung ein zwingendes öffentliches Interesse besteht. Allerdings beinhaltet die Regierungsbegründung keine Stellungnahme zum Begriff des „zwingenden öffentlichen Interesses". Als Auslegungshilfe schlagen *Carl/ Klos* §§ 151, 153a StPO vor, wo das öffentliche Interesse an der Strafverfolgung einer Einstellung des Strafverfahrens entgegenstehen soll.[445] Allerdings sei die diesbezügliche Einstellungspraxis bei Steuerstrafsachen nicht einheitlich.[446]

Zwar könne man auch auf die Summe der Steuerverkürzung dergestalt abstellen, daß eine Ermittlung zwingend im öffentlichen Interesse geboten sei, wenn die Straftat im Wege der öffentlichen Anklageerhebung geahndet werden muß. Im Ergebnis sei dem Gesetzgeber jedenfalls vorzuwerfen, daß er im entscheidenden Punkt die Verantwortung den Gesetzesanwendern überlassen habe.

---

[444] Carl/ Klos, Informationssammlung durch das neue Bundesaufsichtsamt für den Wertpapierhandel zur Insiderbekämpfung, wistra 1995, S. 10, 17.

[445] Carl/ Klos, Informationssammlung durch das neue Bundesaufsichtsamt für den Wertpapierhandel zur Insiderbekämpfung, wistra 1995, S. 10, 17.

[446] Carl/ Klos, Informationssammlung durch das neue Bundesaufsichtsamt für den Wertpapierhandel zur Insiderbekämpfung, wistra 1995, S.10,17 m.w.N..

Auslegungsmaßstab kann jedoch aufgrund des identischen Wortlauts § 30 Abs. 4 Nr. 5 AO sein. Zwar geht auch von dieser Norm eine nähere Begriffsbestimmung nicht aus. Jedoch enthält das Gesetz in § 30 Abs. 4 Nr. 5a/b AO eine beispielhafte Aufzählung von Fällen, die ein zwingendes öffentliches Interesse begründen. So soll z.B. eine Durchbrechung des Datenschutzes angebracht sein, wenn es um die Verfolgung von Wirtschaftsstraftaten geht, die geeignet sind, die wirtschaftliche Ordnung erheblich zu zerstören, d.h. wenn eine Vielzahl von Bürgern von der Wirtschaftstraftat betroffen sind oder diese zu einem unmittelbaren oder mittelbaren großen Schaden für die Wirtschaft führt. Ebenso soll sich ein zwingendes öffentliches Interesse ergeben, wenn die Straftat geeignet ist, das Vertrauen der Anleger in die Redlichlichkeit des geschäftlichen Verkehrs zu erschüttern.
Bezogen auf den § 8 Abs. 2 S. 2 WphG bedeutet dies, daß zwar der Insidergewinn und damit die Verkürzungshöhe ein wichtiger Bestandteil ist, jedoch nicht allein für die Frage entscheidend sein kann, ob eine Offenbarung der Daten befugt ist. Vielmehr müssen die gesamten Umstände und Auswirkungen der Tat mitberücksicht werden, so daß z.B. der Verstoß eines einzelnen Insiders anders bewertet werden kann als der einer gesamten Gruppe. Ebenso wie im Rahmen von § 30 Abs. 4 Nr. 5 wird auch hier die Eignung der Tat zur Beeinflussung der wirtschaftlichen Ordnung von Bedeutung sein.
Somit wird nicht jeder Insiderverstoß zu einer Informationsweitergabe an die Steuerbehörden führen können, so daß eine Aufhebung des Datenschutzes nicht zu befürchten ist. Dies ändert jedoch nichts an der Tatsache, daß eine Konkretisierung des „zwingend öffentlichen Interesses“ zur Beseitigung von Unsicherheiten beitragen könnte.

Teil 6: Bewertung und Ausblick für die praktische Anwendung

A. Der Tatbestand

Eine effektive Verfolgung von Insiderfällen setzt zunächst eine lückenlose Tatbestandsformulierung voraus. Den Eindruck eines umfassenden Tatbestandes könnte der Blick auf bisher aufgetretene Verdachts - und national sowie international tatsächlich nachgewiesene Insiderfälle bestätigen.

Selbstverständlich fiele ein Fall, der bereits aufgrund der IHR zu einem Schuldspruch führte, auch heute unter den Insidertatbestand. Im Jahre 1985 nutzte der AEG-Aufsichtsratsvorsitzende die Kenntnis von der Übernahme durch den Daimler-Benz Konzern für Aktienkäufe der AEG-Aktie vor der Bekanntgabe der Nachricht aus.

Erfaßt wäre auch der Verdachtsfall aus dem Jahre 1989. Bei einem Verkauf von Klöckner Genußscheinen, welcher vor Bekanntgabe eines Geschäftsverlustes von einer halben Milliarde DM aufgrund spekulativer Ölgeschäfte erfolgte, wurden auch Mitglieder eines Gesellschaftsausschusses, der satzungsgemäß die Aufgabe hatte, die Geschäftsleitung bei der Erfüllung ihrer Aufgaben zu beraten, vedächtigt.[447] Sofern sie Kenntnis von dem Ereignis hatten, waren sie Primärinsider aufgrund ihrer Tätigkeit, denen es untersagt war, ihre Kenntnis vor Bekanntgabe der Information auszunutzen oder weiterzugeben.

Dies gälte in gleichem Maße für die Hausbank der Quante AG, bei der der Verdacht bestand, Positionen aus ihren Vermögensverwaltungsbeständen glattgestellt, d.h. ihr bestehendes Engagement in den betroffenen Wertpapieren aufgelöst zu haben, bevor die Öffentlichkeit von Geschäftsverlusten in Höhe von 5-10 Millionen DM erfahren hatte.[448]

Auch die Verstöße des Börsenmaklers William Dillon wären vom geltenden Insiderstrafrecht erfaßt. Dieser traf sich regelmäßig mit einem Drucker, der ihm das Wirtschaftsmagazin Business Week einen Tag vor Erscheinen zusteckte.

Hier erschien allwöchentlich die Kolumne „Inside Wall Street", in der der Finanzjournalist Gene Marcial Kaufempfehlungen für Aktien gab. Diese Empfehlungen orderte Dillon im großen Stil und konnte die Aktien wieder mit Gewinn abstoßen, weil die Leser dem Anlagerat folgten und somit für steigende Kurse sorgten.[449] Die Analysen, welche Grundlage der entsprechenden Empfehlungen des Finanzjournalisten waren, sind zwar, sofern sie nur auf öffentlich

---

[447] Kahlen, Liebesbriefe aus Düsseldorf, Die Zeit v. 17.02.1989, S. 32.

[448] N.N., FAZ v.13.11.1993, Nr. 265, S. 18.

[449] Kahlen, Auf Ehre und Gewissen, Die Zeit v. 16.09.1988, S. 37.

bekannten Informationen beruhen, keine Insiderinformationen. Allerdings ist das Wissen um die Veröffentlichung einer solchen Empfehlung als Insidertatsache zu beurteilen, was den Börsenmakler Dillon zum Sekundärinsider machen würde, so daß es ihm untersagt wäre, sein Wissen durch Wertpapiertransaktionen auszunutzen. Sowohl diese als auch die Geschäfte Ivan Boeskys hätten nicht nach dem alten, wohl aber nach dem neuen Insiderrecht Konsequenzen. Boesky kaufte Aktien von Firmen, welche später von einem Unternehmen übernommen werden sollten. Von der Übernahme wußte Boesky vor der Öffentlichkeit und stieß die Aktien bei Bekanntwerden des offiziellen Übernahmeangebots mit Gewinn wieder ab. Nach heutigem deutschem Recht wäre es ihm als Sekundärinsider untersagt, derartige Kenntnisse an den Wertpapierbörsen auszunutzen.

Die Subsumtion denkbarer Insiderfälle täuscht letztlich aber darüber hinweg, daß entscheidender Bestandteil eines umfassenden Tatbestandes auch die zeitliche Komponente einer Insidertatsache, also der Zeitpunkt ihrer Veröffentlichung, ist.
Das Wertpapierhandelsgesetz hingegen unterscheidet zwischen der Bereichsöffentlichkeit, die aus den professionellen Marktteilnehmern besteht, und der „übrigen Öffentlichkeit", also den Kleinanlegern. Der Begriff des Informationsvorsprungs wird damit auf das Verhältnis Insider/ Bereichsöffentlichkeit beschränkt. Zwar hat dies zur Folge, daß der Insider seinen Informationsvorsprung nicht mehr so lukrativ ausnutzen kann, wie dies vorher der Fall war. Allerdings ist es mehr als zweifelhaft, ob auch die Kleinanleger gerade in Fällen von Negativereignissen in gleichem Maße wie die professionellen Marktteilnehmer die Möglichkeit nutzen können, den Wertverlust ihrer Wertpapiere zu minimieren.[450]

Im übrigen bestehen Zweifel hinsichtlich der Möglichkeit einer ausreichenden rechtlichen Feststellungsmöglichkeit der Tatbestandsmerkmale.
Als vom 12. bis zum 20.04.1988 die Familie Burda ihren 26% Anteil an dem Hamburger Medienkonzern Axel Springer AG an der Börse veräußerte, rutschte der Börsenkurs des Verlagshauses von 643,-- auf 520,-- DM ab. Die Börsenkommission prüfte anschließend, ob es sich bei dieser Transaktion um ein Insidergeschäft gehandelt habe. Der darauf folgende Freispruch wurde damit begründet, daß etwaige Kenntnisse der Veräußerer von der Burda-Springer Transaktion nicht als Insiderinformationen zu werten seien.
Dieser Fall macht zwei der Hauptgründe für die Nachweisprobleme deutlich.
Zum einen kann sich ein des Insiderhandels Beschuldigter darauf berufen, daß er zwar Kenntnis von einer Information gehabt habe, diese aber keine Tatsache, welche einen Wissensvorsprung gewährleistet, darstelle, zum anderen muß die Kenntnis selbst nachgewiesen werden. Ursache ist somit vor allem der

[450] Siehe S. 56-59.

Tatsachenbegriff im Sinne des Insiderrechts. Da die Handlungsfreiheit des Kapitalmarktes nicht beeinträchtigt werden darf, spielt die Abgrenzung zum Börsengerücht eine besondere Rolle.
Gerade professionelle Anleger wickeln ihre Geschäfte aufgrund von solchen Börsengerüchten ab. Auch wenn die Mitteilungen später als Tatsachen bestätigt werden, kann die Frage, ob der Anleger aufgrund eines Gerüchts oder einer Tatsache gehandelt hat, schwer nachvollzogen werden. Erfährt z.B. der Spekulant X von einem enormen Geschäftsverlust der A-AG, so wird er eigene Verluste vermeiden, indem er die Aktien der A-AG rechtzeitig abstößt. Um einem Insidervorwurf entgegenzuwirken, wird er sagen, die Information wäre für ihn nicht als Tatsache, sondern als Gerücht, mit dem er spekuliert habe, erkennbar gewesen. Dies kann nur dadurch widerlegt werden, daß dem X alle Umstände nachgewiesen werden, in jedem Fall aber die Informationsquellen, die darauf schließen lassen, daß X nicht lediglich von einem Gerücht, sondern von einem mit Sicherheit eintretenden Ereignis ausgehen mußte. In Extremfällen könnte dies dazu führen, daß ganze Informationsketten zurückverfolgt werden müßten, um beurteilen zu können, inwieweit der als Insider Beschuldigte von einer Tatsacheninformation ausgehen mußte.[451]
Selbst wenn jedoch die Gesamtumstände restlos aufgeklärt werden können, kann die Feststellung eines tatsächlichen Wissensvorsprungs nicht leicht fallen. Man stelle sich vor, daß auf dem Börsenparkett die Nachricht von einem Übernahmeangebot der Gesellschaft A an die Gesellschaft B „die Runde macht". Die Information wird, was erwiesen ist, dem Börsenmakler X unabhängig von mehreren Seiten zugetragen, allerdings von der betroffenen Gesellschaft weder bestätigt noch dementiert. Einerseits, so könnte man argumentieren, läge der Wissensvorsprung schon darin, daß die Nachricht aufgrund ihrer Häufigkeit und Beharrlichkeit einen hohen Grad an Zuverlässigkeit erhält. Andererseits würde hierdurch, sähe man hierin schon einen Wissensvorsprung, die Börse ihre Handlungsfähigkeit verlieren, womit deutlich wird, daß der Wissensvorsprung des Börsenmaklers nicht schon dann erreicht ist, wenn dieser aufgrund seiner beruflichen Erfahrung den Eintritt des Ereignisses für wahrscheinlich hält. Vielmehr muß der Eintritt als sicher[452] gelten, der Maßstab für die positive Feststellung eines Wissensvorsprungs derart hoch angelegt sein, daß eine Tatsache i.S.d. Insiderrecht in der Regel nur in den Fällen angenommen werden kann, bei denen der Primärinsider selbst oder sein engstes Umfeld gehandelt haben.
Dies soll mit einem weiteren Beispiel verdeutlicht werden.
Der Kaufmann K, grundsätzlich erfahren mit Börsengeschäften, erfährt vom Bekannten B, dessen Bruder B1 mit dem Vorstandsvorsitzenden V der Gesellschaft X befreundet ist, daß ein Übernahmeangebot der Gesellschaft Y vorliegt. K kauft

---

[451] Ransiek, Zur prozessualen Durchsetzung des Insiderstrafrechts, DZWiR 95,S. 53, 56.

[452] Siehe S. 52.

daraufhin Aktien der Gesellschaft X und kann somit aufgrund des Tage später bekanntgegebenen Übernahmeangebotes einen Vermögensvorteil erzielen. Sofern eine Tatsache bejaht wird, ist der K als Sekundärinsider anzusehen, dem es untersagt ist, die Kenntnis für sich oder einen Dritten auszunutzen. Der B, sofern er die Nachricht nur weitergegeben hat, ist als Sekundärinsider ohnehin straflos.
Allerdings könnte auch die Strafbarkeit des K problematisch sein, da die Nachricht auch für ihn als Tatsache erkennbar gewesen sein muß. ierfür ist Voraussetzung, daß K um die freundschaftliche Beziehung von B1 zu V weiß, da er die Zuverlässigkeit der Information einordnen können mußte. Sofern ihm B die Information ohne Preisgabe der Informationsquelle weitergibt und K lediglich auf den Wahrheitsgehalt eines Gerüchtes spekuliert hat, wird man kaum von einem Wissensvorsprung bei K ausgehen können. Vielmehr wird dieser sich auch auf seine Erfahrungen im Börsengeschäft berufen, um die getätigte Transaktion zu erklären.
Überhaupt kann gerade der Nachweis einer Tatsachenkenntnis bei Fachleuten umso schwieriger sein, da sie eine entsprechende Motivation, ohne Insiderwissen ein Geschäft getätigt zu haben, darlegen können, was unerfahrenen Anlegern erheblich schwerer fallen dürfte. Wenn ein Finanzanalyst ein Wertpapier eines Unternehmens kauft, für das eine Insiderinformation vorlag, könnte er sich zunächst darauf berufen, nur aufgrund öffentlich bekannter Informationen gehandelt zu haben. Zwar wird man die bis zum Zeitpunkt des getätigten Geschäfts vorliegenden öffentlich bekannten Informationen untersuchen, um zu überprüfen, ob diese einen entsprechenden Kaufentschluß rechtfertigen. Doch gerade bei extern vorgenommenen Finanzanalysen, die sowohl auf Jahresabschlußinformationen als auch auf der zurückliegenden Kursentwicklung des Wertpapiers basieren können, lassen oft unterschiedliche Rückschlüsse für eine zu tätigende Investition zu, so daß ein entsprechender Nachweis einer nicht öffentlichen Tatsachenkenntnis gerade in diesem Bereich schwer fallen dürfte. Die Ursache hierfür ist darin zu sehen, daß Gerüchte, Meinungen oder subjektive Äußerungen als Abgrenzungsmerkmale zur Tatsache für die Funktionsfähigkeit des Kapitalmarktes unantasbar bleiben müssen, gerade diese notwendige Differenzierung aber die Aufklärung des die Informationsweitergabe oder die Informationsausnutzung begleitenden Sachverhalts erfordert. Sofern sich die Beschuldigten darauf berufen, nur aufgrund von öffentlich bekannten Informationen gehandelt zu haben, so scheint dies bei professionellen Marktteilnehmern schwer widerlegbar zu sein.

Ein Bestimmungsproblem ergibt sich auch bei der Beurteilung der gesetzlich geforderten Kurssensibilität.[453]
Während bei Nachrichten von Übernahmeangeboten, wesentlichen Ertragsveränderungen oder millionenschweren Fehlspekulationen die Geeignetheit zur erheblichen

---

[453] Siehe S. 60ff.

Kursbeeinflussung zweifellos vorliegt, kann die Bestimmung der Kursrelevanz bei weniger einschneidenden Ereignissen problematisch sein. So können die Auswirkungen des Wechsels eines Vorstandsmitglieds oder einer Gerichtsentscheidung, welche ein bestimmtes Unternehmen betrifft, politische Entscheidungen oder Produktentwicklungen nur schwer eingeschätzt werden.
Sofern ein Vorstandsmitglied bestimmte Marktaussichten für ein Unternehmen äußert, stellt dies ein Ereignis und damit eine Tatsache im Sinne des Insiderrechts dar. Inwiefern sie geeignet ist, den Kurs erheblich zu beeinflussen, kann wohl kaum vorhergesagt werden. Schließlich können entsprechende Kursreaktionen nicht nur von der Nachricht selbst, sondern auch von der aktuellen ruhigen oder nervösen Marktsituation mitbestimmt werden. Haben die Anleger bestimmte Nachrichten antizipiert mit der Folge, daß sich der Kurs schon vor Veröffentlichung der Nachricht der Marktsituation angeglichen hat, so wird die Nachricht eine geringere Kursveränderung hervorrufen als wenn die Nachricht auch für die professionellen Marktteilnehmer nicht vorherzusehen war.[454]
Bedenkt man weiterhin, daß diese Kursrelevanz nicht nur in objektiver Form vorliegen, sondern darüber hinaus auch der Täter im Zeitpunkt der Tat die „Geeignetheit" positiv gekannt haben muß, so werden sich die eindeutigen Fälle des Insiderhandels auf Ausnahmen beschränken.

Die Schwierigkeiten der rechtlichen Würdigung des Tatbestandes liegen somit darin, daß im Gegensatz zu anderen Straftatbeständen nicht nur die Tat selbst, sondern alle mit ihr auch nur mittelbar zusammenhängenden Umstände aufgeklärt werden müssen, um eine korrekte rechtliche Wertung gewährleisten zu können.
Dem müssen die praktischen Ermittlungsbefugnisse gerecht werden.

B. Bewertung der Ermittlungsbefugnisse

Der Wertpapieraufsichtsbehörde stehen weitreichende Ermittlungsbefugnisse zu. Diese werden durch die im Vorfeld angeordnete Meldepflicht der Kreditinstitute ergänzt, so daß es den Behörden ermöglicht wird, durch systematische Auswertung der eingegangenen Meldungen Kursverläufe sowie den Wertpapierumsatz parallel zu kursrelevanten Ereignissen zu beobachten. Verzeichnet ein Papier überdurchschnittliche Kursausschläge, wird eine kursrelevante Tatsache aber erst zu einem späteren Zeitpunkt veröffentlicht, so besteht die Möglichkeit, daß im Vorfeld der Veröffentlichung Insidermißbrauch stattgefunden hat. Daher ist die Aufsichtsbehörde in Deutschland auf korrekte und vollständige Meldungen durch die Kreditinstitute angewiesen, um eine Beaufsichtigung des Wertpapierhandels gewährleisten zu

[454] Schwarze, Insiderregelungen im Spannungsfeld der Praktikabilität, BFuP 94, S. 124, 132.

können. Zwar können durch die in § 16 Abs. 2 WphG normierte Befugnis, Auskünfte über die getätigten Wertpapiergeschäfte zu verlangen, Falsch - oder Scheinmeldungen, Nicht-Meldungen oder verfälschte Informationen aufgedeckt werden[455], vorausgesetzt sind aber Anhaltspunkte für einen Verstoß gegen das Insiderverbot[456], d.h. die Falschmeldungen dürfen nicht von vornherein zu einer vollständigen Verdeckung der Insideraktivitäten führen.[457] In Anbetracht der Tatsache, daß ca. 60-70 Mio. Meldungen pro Jahr[458] von 97 Personen [459]ausgewertet werden müssen, erscheint es sowohl technisch als auch organisatorisch schwer durchführbar, diese auf ihre Richtigkeit hin zu überprüfen.[460] Darüber hinaus kann durch ein geschicktes Zurückhalten und Verdecken der Order eine Information vorsichtig umgesetzt werden, um eine frühzeitige Entdeckung zu verhindern.[461]

Tritt aber aufgrund der abgegebenen und ausgewerteten Meldungen der Verdacht von Insiderhandel auf[462], so können die Ermittlungsbefugnisse der Behörde dazu führen, Insidergeschäfte in dem betreffenden Papier einschließlich der beteiligten Personen aufzudecken. Dies gilt auch für Geschäfte, die über Kreditinstitute in anderen europäischen Ländern getätigt werden, sieht doch Art. 10 der EU-Richtlinie eine Regelung zur internationalen Zusammenarbeit vor, die auch in Deutschland gem. § 19 WphG die Verpflichtung der Behörden zur Übermittlung der erforderlichen Informationen beinhaltet.

Selbst für die Länder, in denen das strenge Bankgeheimnis einer Auskunftserteilung insbesondere an ausländische Behörden bisher entgegenstand, so z.B. in der Schweiz oder in Lichtenstein, wurde durch die Einführung einer deutschen Insiderstrafnorm die Grundlage für die sogenannte kleine oder akzessorische Rechtshilfe, d.h. Hausdurchsuchungen, Beschlagnahmung von Beweismitteln, Sperren von Konten, Safes, Depots usw. geschaffen, da die Voraussetzung einer

---

455 Carl/ Klos, Informationssammlung durch das neue Bundesaufsichtsamt für den Wertpapierhandel zur Insiderbekämpfung, wistra 1995, S. 10, 14.

456 Ransiek, Zur prozessualen Durchsetzung des Insiderstrafrechts, DZWiR 95, S. 53, 55.

457 Siehe zum Einsatz eines elektronischen Überwachungssystems an der Londoner Börse: Ridley, Un réseau neuronal surveille vos transactions, L'echo & The Economist Publications 1995, p. 102.

458 Peltzer, Die neue Insiderregelung im Entwurf des Zweiten Finanzmarktförderungsgesetzes, ZIP 94, S. 746, 752.

459 N.N.,FAZ v.03.02.1995, Nr. 29, S. 24.

460 Nach den neuesten Angaben wurden im vergangenen Jahr 77 Millionen Wertpapiergeschäfte, also 310.000 pro Tag, dem BAWe gemeldet, das zur Zeit 100 Mitarbeiter beschäftigt, N.N., FAZ v. 09.04.1997, Nr. 82, S. 25.

461 Rudolph, Betriebswirtschaftliche Beurteilung des Insiderhandelsverbots, BFuP 94, S. 114, 119.

462 Erstmals wurde ein Verdacht durch das Aufsichtamt bei der Klöckner-Humboldt-Deutz AG geprüft, N.N., FAZ v.03.02.1995, Nr. 29, S. 13.

gegenseitigen Strafbarkeit, welche für die Nicht-EU Mitglieder Schweiz und Lichtenstein in Art. 5 Abs. 1 lit. a EuRHÜbk normiert ist, nun vorliegt. Zwar bestehen darüber hinaus weitere Übereinkommen über die Rechtshilfe in Strafsachen auch mit außereuropäischen Staaten, z.B. mit den Vereingten Staaten[463], jedoch ändert dies nichts an der Tatsache, daß Insider nicht daran gehindert werden können, Depots und Konten bei ausländischen Banken zu halten, auf die die Ermittler aufgrund des dort geltenden Bankgeheimnisses keinen Zugriff haben.[464]

Jahrelang hatte der Investmentbanker Dennis Levine Insidergeschäfte über ein bahamaisches Konto mit dem Decknamen „Diamond“ abgewickelt. Nach dem bahamaischen Bankgesetz stellt es jedoch eine Straftat dar, wenn ein Bankangestellter ohne ausdrückliche Weisung eines bahamaischen Gerichts oder eines Regierungsbeamten die Identität eines Kunden preisgibt.[465] Auch die Aufdeckung der Identität Levines war nicht unmittelbares Ergebnis eines Ermittlungserfolges der Securities and Exchange Commission (SEC). Vielmehr war es Levine selbst, der sich mit seiner Anweisung an seine Bank, sämtliche Beweise zu vernichten, der Ermittlungsbehörde ausgeliefert hatte. Mußte die Bank, die die Anweisung befolgte, in diesem Fall eine Anklage wegen Behinderung der Justiz befürchten, so hätte sie andernfalls zugestehen können, daß ein Kunde ihres Instituts entsprechende Aktiengeschäfte getätigt habe, hätte sich ansonsten aber auf das Bankgeheimnis berufen können, so daß die Preisgabe der Identität nicht hätte erfolgen müssen.[466]

Selbst wenn aber entgegen aller Ermittlungshindernisse sämtliche Daten einer Wertpapiertransaktion, d.h. die gehandelten Papiere, ihre Anzahl, Zeit und Ort des Geschäfts sowie die an ihr beteiligten Personen festgestellt werden können, so bedeutet dies noch nicht den Nachweis der Insidereigenschaft der betreffenden Person oder ihre Kenntnis von der Insidertatsache. Handelt der Insider nicht selbst, sondern über einen „Strohmann“ oder durch eine ausländische Gesellschaft, so wird die Suche nach dem wirklichen Täter erheblich erschwert. Nur allzu leicht zu gründende Gesellschaften[467] oder die Zwischenschaltung eines Treuhänders sind

---

[463] Eine Übersicht über die abgeschlossenen Abkommen findet sich in: Uhlig/ Schomburg/ Lagodny, IRG, S. 796ff, Anhang P.

[464] Werner, Ab in den Bau, Wirtschaftswoche 1994, Nr. 42, S. 212, gibt als Beispiele für sogenannte off-shore-Plätze die Cayman-Islands oder die Kanalinseln an. Auch in Panama darf der umfassende Schutz des Bankgeheimnisses nicht durchbrochen werden. Vielmehr ist dort die Herausgabe der Korrespondenz oder von Geschäftsunterlagen auch in Fotokopie und Durchschrift ins Ausland strafbar, so der Standpunkt des panamaischen Ministerium für Auswärtige Beziehungen vom 16.03.1984, geschildert in: Müller/Wabnitz, Wirtschaftskriminalität, S. 271.

[465] Wassermeyer, IStR-Oasenbericht: Die Bahamas, IStR 94, S. 183.

[466] So geschildert bei Stewart, Club der Diebe, S. 301, der den Insider-Skandal an der Wall Street aufgrund von Interwies und Quellenstudien dokumentiert hat.

[467] Siehe hierzu Wassermeyer, IStR Oasenbericht: Die Bahamas, IStR 94, S. 183, 184f.

nur zwei von unzähligen Möglichkeiten, den wirklich Handelnden zu verdecken. Selbst bei einer Abwicklung über die Konten anderer „natürlicher Personen", sofern sie nicht im engsten Umfeld des Insiders liegen, müßte erst die Beziehung des Kontoinhabers zum Insider hergestellt und nachgewiesen werden. Bedenkt man, daß bei unternehmensbezogenen Nachrichten potentielle Täter Aufsichtsrats-, Vorstandsmitglieder oder auch die das Unternehmen beratenden Rechtsanwälte usw. sein können, so erscheint es trotz der in § 16 Abs. 4/5 WphG normierten Auskunftspflichten fraglich, wie der Hintermann ermittelt werden soll. Denn zum einen bestehen Auskunftsverweigerungsrechte, zum anderen kommen alle Personen, die darüber hinaus zum maßgeblichen Zeitpunkt mit dem betreffenden Wertpapier gehandelt haben, als Bezugspunkt bzw. jeweiliger Vordermann des Insiders in Betracht.

Letztlich kann dann ein entsprechender Nachweis nur gelingen, wenn die Order des Insiders an den Vordermann, die Aktie zu kaufen, nachgewiesen wird, eine Vorstellung, welche durch die bestehenden Ermittlungsbefugnisse, selbstverständlich ausgehend davon, daß eine Mitteilung allein auf mündlichem Wege erfolgt, nicht realisiert werden kann.

Insgesamt verwundert es daher nicht, daß in anderen Staaten nur wenige strafrechtliche Verurteilungen bei Insiderdelikten verzeichnet werden konnten.

In Großbritannien konnten seit Einführung des Companies Act im Jahre 1983 gerade 23 Personen verurteilt werden.[468] 1993 führte das „Surveillance department", welches für die Überwachung des Wertpapiermarktes in Bezug auf Kursmanipulation, Insider dealing usw. zuständig ist, 476 Untersuchungen durch, von denen 79 Fälle an andere Behörden weitergeleitet wurden. Verurteilungen wurden nicht bekannt.[469]

In der Schweiz sind seit Inkrafttreten des Art. 161 StGB rechtskräftige Verurteilungen ebenfalls nicht ersichtlich. Allein in zwei Fällen wurden fünf Personen angeklagt, jedoch in oberster Instanz freigesprochen.[470] Auch in Österreich wurden seit Übernahme der EU-Insiderrichtlinie im Jahre 1993 von der Börse, die zwar eine Anzeigepflicht, aber keine Ermittlungsbefugnisse hat, bis zum Insiderverdacht gegen die Maculan Holding AG in Wien drei Anzeigen erstattet.[471] Nur in den Vereinigten Staaten und in Frankreich sind die Zahlen verurteilter Insider geringfügig höher[472],

---

[468] Werner, Ab in den Bau, Wirtschaftswoche 1994, Nr. 42, S. 211; im März 1995 erlitt die Londoner Aktienbörse einen Rückschlag bei der Behandlung von Insiderfällen, als ein ehemaliger Chief Executive trotz eines konkreten Insiderverdachts freigesprochen wurde, siehe N.N., FAZ v.17.03.1995, Nr. 65,S. 32.

[469] London Stock Exchange, Fact Book 1994, p. 34.

[470] Auskunft der Eidgenössischen Bankenkommission v. 22.12.1994.

[471] N.N., Maculan wehrt sich gegen Insider-Verdacht, FAZ v.14.07.1995, Nr. 161,S. 19.

[472] So wurden seit der Einführung des Art. 9-1 bei 30 laufenden Prozessen innerhalb von drei Jahren 19 Strafurteile durch die COB ausgesprochen, Commission des Operations de

was jedoch darauf zurückzuführen ist, daß dort die Möglichkeit besteht, Bußgelder durch die Aufsichtsbehörden zu verhängen, ohne im Strafprozeß aufwendige Beweise erbringen zu müssen.
Zusammenfassend muß daher festgestellt werden, daß eine effektive Bekämpfung des Insidermißbrauchs nur schwer möglich sein wird. Obwohl zumindest innerhalb des europäischen Raumes die rechtlichen Grundlagen für eine Zusammenarbeit auf Ermittlungsebene gegeben sind, können Insidergeschäfte, bei denen die Information über mehrere Personen übermittelt bzw. der handelnde Hintermann verdeckt wurde, mit rechtsstaatlichen Ermittlungsbefugnissen kaum nachgewiesen werden.

C. Die Einstellungsmöglichkeiten bei Insiderdelikten

Neben berechtigten Zweifeln an einer effektiven Überwachung und Durchsetzbarkeit der Insiderstrafnorm geben auch die strafprozessualen Einstellungsmöglichkeiten Anlaß, über das tatsächliche Verurteilungsrisiko eines Insiders nachzudenken.

1. Einstellungsmöglichkeiten nach §§ 170 Abs. 2, 171, 172 StPO

Für die Klageerhebung nach § 170 Abs. 1 StPO ist Voraussetzung, daß die Ermittlungen genügend Anlaß zur Erhebung einer öffentlichen Klage geben.
Demnach muß ein hinreichender Tatverdacht bestehen, was letztlich auf eine Prognoseentscheidung des Staatsanwalts hinausläuft und ihm einen erheblichen Beurteilungsspielraum läßt. In jedem Fall setzt der Begriff des hinreichenden Tatverdachts voraus, daß eine Verurteilung mit aller Wahrscheinlichkeit zu erwarten ist, d.h., sämtliche objektiven Merkmale des Tatbestandes einschließlich der öffentlich bekannten Tatsache sowie der Geeignetheit zur Kursbeeinflussung müssen objektiv und subjektiv mit aller Wahrscheinlichkeit bejaht werden können. Die sich in diesem Zusammenhang ergebenden Schwierigkeiten sind bereits erörtert worden, so daß die Möglichkeit einer Einstellung des Verfahrens nach § 170 Abs. 2 StPO sicherlich hoch anzusetzen ist.[473]
Sofern einem Ermittlungsverfahren eine Strafanzeige einer Privatperson zugrundeliegt, so ist diese gem. § 171 StPO über die Einstellung des Verfahrens zu

---

Bourse, Les Entretiens de la cob „1983-1993:Securite et Transparence des Marches", S. 11.

[473] Am 18.08.1995 wurde ein erster Bußgeldbescheid gegen einen Insider im Fall der Krones AG mitgeteilt. Die Verurteilung beruhte auf einem Geständnis des Täters, während die Ermittlungsverfahren gegen die Familienmitglider eingestellt wurden, da ihnen ein vorsätzlicher Verstoß gegen das Insidergesetz nicht nachgewiesen werden konnte, so N.N., FAZ v. 19.09.1995, Nr. 192, S. 11. Ebenso wurde das in diesem Zusammenhang eingeleitete Ermittlungsverfahren gegen betroffene Bankmitarbeiter eingestellt, N.N., FAZ v.13.09.1995, Nr. 213, S. 15.

informieren. Ist der Anzeigeerstatter gleichzeitig der Geschädigte, so hat die Staatsanwaltschaft einen Einstellungsbescheid zuzustellen, in dem er auf die gem. § 172 StPO vorgesehene Beschwer, welche binnen zwei Wochen nach Bekanntmachung eingelegt werden muß, hingewiesen wird. Jedoch wird man gerade bei Insiderdelikten den Status des Verletzten fast nie feststellen können. Denn als Verletzter ist anzusehen, wer durch die schädigende Handlung - ihre Begehung vorausgesetzt - unmittelbar in seinen Rechten, Rechtsgütern oder rechtlich anerkannten Interessen beeinträchtigt ist.[474] Dabei wird der Begriff des Verletzten weit ausgelegt, weil der Schutz des Legalitätsprinzips innerhalb des gesetzlichen Rahmens des § 172 StPO umfassend sein soll.[475] Keinesfalls reicht es jedoch aus, daß der Antragsteller durch die Tat wie jeder andere Staatsbürger beroffen ist.

Zwar wird bei einem Insiderverstoß grundsätzlich der einzelne Anleger in den bereits aufgezeigten Grenzen durch das Insidergesetz geschützt, so daß dieser auch „Verletzter" i.S.d. § 172 StPO sein kann. Jedoch wird sich aufgrund des anonymen Börsengeschehens kaum nachweisen lassen, daß der Anzeigeerstatter unmittelbar durch das betreffende Insidergeschäft geschädigt wurde und statt dessen nicht nur als Teil der durch die Norm geschützten Allgemeinheit anzusehen ist. Eine Einstellung des Verfahrens wird daher in der Regel auch kein Klageerzwingungsverfahren nach sich ziehen.

2. Einstellungsmöglichkeiten nach §§ 153, 153a StPO

Nach § 153 Abs. 1 StPO kann die Staatsanwaltschaft mit Zustimmung des zuständigen Gerichts von der Verfolgung der Straftat absehen, wenn die Schuld des Täters als gering anzusehen ist und kein öffentliches Interesse an der Verfolgung besteht. Grundsätzlich dürfte bei Insiderdelikten diese Einstellungsmöglichkeit nicht in Betracht kommen.

Nach § 153a wird das Verfahren eingestellt, wenn die Auflagen und Weisungen geeignet sind, das öffentliche Interesse an der Strafverfolgung zu beseitigen und darüber hinaus die Schwere der Schuld nicht entgegensteht.

Beide Normen haben sowohl für Vorschriften des StGB als auch im Nebenstrafrecht im Rahmen der Bagatelldelikte eine große Bedeutung. Dabei dienen sie in erheblichem Maße der Prozeßökonomie und wirken einer Überlastung der Gerichte entgegen. Jedoch sind negative Auswirkungen der Einstellungspraxis nicht zu übersehen. Die Strafverfahrenseinstellung nach § 153a StPO wurde im Jahre 1975

---

[474] KK-Wache/ Schmid, § 172 Rdnr. 19.

[475] Durch die weite Auslegung der „unmittelbaren Beeinträchtigung" besteht kein praktischer Unterschied zu der weitergehenden Ansicht, die jeden als Verletzten ansehen will, der „durch die behauptete Straftat in seinen berechtigten Interessen so beeinträchtigt ist, daß sein Verlangen nach Strafverfolgung einem als berechtigt anzusehenden Vergeltungsbedürfnis entspringt", so OLG Bremen NJW 1950, 960.

zu dem Zweck eingeführt, einer schnelleren Verfahrenserledigung im Bereich der massenhaften Klein -und Bagatellkriminalität nachzukommen.[476]
Hierbei sollte dem Wortlaut und dem Gesetzeszweck entsprechend eine notwendige Beseitigung des öffentlichen Interesses durch Auflagen und Weisungen bei Eigentums - und Vermögensdelikten sowie bei Verkehrsstrafsachen in Betracht kommen. Bei Wirtschaftsstrafsachen sollte eine Beseitigung des öffentlichen Interesses hingegen nicht möglich sein.[477] Nach Einführung des § 153a StPO bot die Praxis indes ein anderes Bild. Aus empirischen Untersuchungen ergab sich übereinstimmend, daß der Anwendungsbereich gerade im Rahmen der Wirtschaftskriminalität überdurchschnittlich groß ist und auch ein großes Schadensaufkommen kein Hindernis für Geringfügigkeitseinstellungen ist. [478]
Durch die Einführung des Gesetzes zur Entlastung der Rechtspflege im Jahre 1993 ist das Erfordernis der „geringen Schuld“ weggefallen. Ein Verfahren kann jetzt mit Zustimmung des zuständigen Gerichts und des Beschuldigten eingestellt werden, wenn der Verdacht eines Vergehens vorliegt, wenn einer Einstellung die Schwere der Schuld nicht entgegensteht sowie Auflagen und Weisungen geeignet sind, das öffentliche Interesse an der Verfolgung der Straftat zu beseitigen.
Somit soll nach wie vor das Merkmal des öffentlichen Interesses einer zu großen Ausdehnung des Anwendungsbereichs der Vorschrift entgegenwirken. In jedem Fall wird die Änderung dazu führen, daß auch im Bereich der mittleren Kriminalität Verfahren gegen Auflagen und Weisungen eingestellt werden[479].
Was dies für den Bereich der Insiderdelikte bedeutet, ist sicherlich ungewiß. Allerdings erfüllt die Ausgestaltung der Insiderstrafnorm als Vergehen die erste Voraussetzung für die Anwendung des § 153a StPO. Inwieweit dann das Kriterium des öffentlichen Interesses beim Insiderhandel durch Auflagen beseitigt werden kann, ist fraglich. Zwar soll das Strafverfolgungsinteresse laut Entwurfsbegründung in gravierenden Fällen nicht durch Auflagen und Weisungen beseitigt werden können.[480]

---

[476] BT-Drucks. 7/550, S. 298.

[477] Meyer-Goßner, in: Löwe-Rosenberg, StPO, § 153a Rdnr. 22-24.

[478] „ Selbst wenn man zur Vermeidung von Verzerrungen durch Extremwerte die fünf höchsten Schadenssummen und darüber hinaus jegliche Schätzwerte außer Betracht läßt, ergab sich nämlich noch ein durchschnittlicher Schaden der § 153a Abs. 1 - Fälle von 60.000,-- DM gegenüber 4.000,-- DM (§ 153 Abs. 1) bzw. 26.000,--DM (Strafbefehl) in den Vergleichsgruppen.“, so Meinberg, Geringfügigkeitseinstellungen von Wirtschaftsstrafsachen, S. 242; ebenso Berckhauer, Schutzparagraph für Millionäre, Kriminalistik 1987, S. 79.

[479] BT-Drucks. 12/ 1217, S. 34.

[480] Böttcher/ Mayer, Änderungen des Strafverfahrensrechts durch das Entlastungsgesetz, NStZ 1993, S. 153, 154.

Andererseits kann aber bei Wirtschaftsstraftaten von der Verfolgung abgesehen werden, wenn der Schaden nicht zu erheblich ist und es sich um ein einmaliges Fehlverhalten handelt.[481]

Hohe Schadenssummen, die eine Einstellung verhindern könnten, werden beim Insiderhandel nur allzu schwer ermittelt werden können. Im übrigen wird es sich bei Insidern in der Regel um Ersttäter handeln, so daß auch in personeller Hinsicht die Anwendung des § 153a StPO nicht ausgeschlossen wäre. Daher wird es darauf ankommen, inwieweit man bei dem zu untersuchenden Delikt die Öffentlichkeit als betroffen ansehen wird, wobei die jeweilige Gewinnsumme nicht unberücksichtigt bleiben darf. In jedem Fall wird man eine Anwendung des § 153a StPO auf Insiderdelikte wegen der bisher bekannten Anwendungspraxis zumindest bei kleineren und mittleren Insiderstraftaten in Erwägung ziehen können. Dies kann im Ergebnis bedeuten, daß den Insidern nicht nur das Verurteilungs -, sondern auch das „Kostenrisiko" abgenommen werden kann, da auch auf dem Gebiet des WphG im allgemeinen und darüber hinaus auch für die Verfolgung von Insiderstraftaten Organen juristischer Personen Rechtsschutz angeboten wird.[482]

Zwar besteht Versicherungsschutz grundsätzlich nur dann, wenn dem Täter ein Vergehen zur Last gelegt wird, welches sowohl vorsätzlich als auch fahrlässig begehbar ist. Jedoch kann bei bestimmten Delikten individuell vereinbart werden, daß auch bei nur vorsätzlich begehbaren Delikten spezieller Rechtsschutz gewährt wird. In diesen Fällen werden bei Geldstrafen und Geldbußen über 500,-- DM Kosten für Strafvollstreckungsverfahren jeder Art ersetzt. Sofern demnach ein Strafverfahren gem. § 153a StPO gegen die Zahlung einer Auflage eingestellt wird, liegt keine Verurteilung wegen Begehung einer vorsätzlichen Straftat vor, so daß auch die gezahlte Auflagensumme, die als solche keine Strafe darstellt, von den Versicherern getragen werden kann.[483]

3. Die Einstellungsmöglichkeiten nach §§ 154, 154a StPO

Nach § 154 StPO wird auf eine Strafverfolgung verzichtet, wenn die Strafe, die der Beschuldigte wegen einer Straftat zu erwarten hat, neben einer bereits rechtskräftig verhängten oder einer zu erwartenden Strafe nicht beträchtlich ins Gewicht fallen würde.

Dies gilt nach § 154a StPO auch, wenn einzelne abtrennbare Teile einer Tat oder einzelne von mehreren Gesetzesverletzungen, die durch dieselbe Tat begangen worden sind, nicht beträchtlich ins Gewicht fallen würden.

---

[481] Kleinknecht/ Meyer-Goßner, StPO, § 153a Rdnr. 8.

[482] SZ v.07.04.1995, Nr.82, S. 29.

[483] Selbst die nachträgliche Erstattung einer Geldstrafe stellt nach höchstrichterlcher Rechtsprechung keine Strafvollstreckungsvereitelung dar, so BGH NJW 1990, 990ff.

Die Anwendbarkeit der §§ 154, 154a StPO kann zwar nicht von vornherein ausgeschlossen werden. Jedoch können durch Insiderdelikte neben Steuervergehen, die aufgrund der Verschwiegenheitspflicht gem. § 8 WphG nur bei einem zwingend öffentlichen Interesse verfolgt werden, auch die Tatbestände der Untreue, des Betrugs und vor allem Verstöße gegen das Börsengesetz oder allgemeine Börsenregeln tangiert sein. Ein Insidervergehen bleibt jedoch im Vergleich zu den anderen Delikten mit seiner zu erwartenden Rechtsfolge in der Regel nicht deutlich hinter den Erwartungen dieser anderen Straftaten zurück, so daß eine Einstellung nach §§ 154, 154a auf Ausnahmen beschränkt bleiben wird.

Teil 7: Schlußbemerkung:

Mit Einführung eines deutschen Insiderstrafrechts hat die Bundesrepublik Deutschland die durch die EU-Insiderrichtlinie aufgestellten Mindestanforderungen und somit auch die ihr obliegende Umsetzungspflicht erfüllt.
Da bereits nahezu alle westeuropäischen Länder schon vorher über eine gleiche oder ähnliche Regelung verfügten, wurde durch Inkrafttreten des WphG eine zumindest in rechtlicher Hinsicht bestehende kapitalmarktpolitische Isolation Deutschlands aufgehoben. Somit wird die Notwendigkeit dieser Regelung und mit ihrer Umsetzung auch der eingetretene Erfolg deutlich:
Die rechtlichen Rahmenbedingungen des deutschen Kapitalmarkts werden internationalen Ansprüchen gerecht.
Nichts desto trotz bleibt die Frage, inwieweit das Gesetz die auferlegte Zielsetzung der „Absicherung der Funktionsfähigkeit der deutschen Wertpapierbörsen" sowie die „Erweiterung des Anlegerschutzes" durch Präventivschutz und konsequente Verfolgung von Insiderstraftaten erreichen kann. Eine eindeutige Antwort zu geben hieße Spekulation zu betreiben. Allerdings sind Tendenzen unverkennbar, die zeigen, daß die Verfolgung von Wirtschaftsdelikten nicht mit der Behandlung der übrigen Straftaten zu vergleichen ist.[484]
Sowohl der sozioökonomische Status von Insiderstraftätern als auch die Tat selbst, bei der ein Schaden oder ein Geschädigter nur selten greifbar wird, tragen dazu bei, das Verhalten im allgemeinen als unmoralisch, in keinem Fall aber als kriminell einzustufen.
Zwar könnte man meinen, daß ein entsprechendes Strafgesetz zu einem solchen Bewußtsein beitragen kann. Doch gerade in den Vereinigten Staaten, wo der Ursprung der Insidergesetzgebung zu finden ist, scheint das Gegenteil der Fall zu sein. Denn nur so ist es zu erklären, daß der Börsianer Mike Milken, der wegen seiner in den achtziger Jahren begangenen Verstöße gegen amerikanische Wertpapiergesetze 1991 eine zweijährige Freiheitsstrafe antrat, für seine im Anschluß an seine Haftstrafe geleistete Beratertätigkeit bei der Turner Broadcasting System Inc. 50 Millionen Dollar Honorar kassierte. Ted Turner, der Verwaltungsratsvorsitzende des Medien-und Unterhaltungsunternehmens, „wollte hiermit Milken seine Dankbarkeit für Dienste in den achtziger Jahren erweisen."[485]
Während dies jedoch ein gesellschaftsbezogenes Problem darstellt, sind es in rechtlicher Hinsicht die in dieser Arbeit aufgezeigten Ermittlungsschwierigkeiten sowie die notwendige, aber komplizierte Beweisführung, welche Anlaß zu einer pessimistischen Prognose geben.

---

[484] Siehe hierzu eingehend auch im Zusammenhang mit Insiderstraftaten: Friedmann, Probleme der Wirtschaftskriminalität am Beispiel des „Securities Fraud", in: Liebl, Internationale Forschungsergebnisse auf dem Gebiet der Wirtschaftskriminalität, S. 136ff.

[485] N.N., FAZ v. 02.10.1995, Nr. 229, S. 29.

Inwieweit dabei der im Oktober 1995 aufgedeckte Verdacht eines neuen drohenden Insiderskandals an der Frankfurter Wertpapierbörse[486] eine gegenteilige Annahme rechtfertigt, muß zumindest bezweifelt werden. Ausgangspunkt der Ermittlungen waren Geschäfte eines Börsenmaklers, der 200 SAP-Aktien für und über das Konto seiner Tochter, für ca. 1900,-- DM je Stück gekauft und wenige Minuten später für 1950,-- DM verkauft haben soll. In dieses Geschäft soll er jedoch erst eingestiegen sein, als er durch einen Blick in das Auftragsbuch eine Reihe von Börsenaufträgen feststellen konnte, so daß ein Gewinn gesichert war. Die über die Bethmann Bank abgewickelten Geschäfte waren darüber hinaus besonders gekennzeichnet,[487] so daß sowohl die Erfassung des Tatbestandes als auch die Auffindung der Transaktionen durch die einfache Struktur der Tat erheblich erleichtert wurde.
Die durch diesen Fall ausgelösten Ermittlungen gegen Banken und andere Börsenmakler weisen zwar ebenfalls auf das Vorliegen mehrerer Verstöße hin, zeigen jedoch, daß die Ursache der vermeintlichen Straftaten in einer mangelnden „Verinnerlichung" des Gesetzes zu suchen ist, in keinem Fall aber die Folge eines „kriminellen Planens" darstellt.[488] Bedeutet dies, daß das Gesetz allein „gedankenlose Täter", nicht aber solche mit einem zielgerichteten Handeln zu erfassen vermag?
Sicherlich: Der Insiderhandel ist schwieriger geworden und einen 100% Schutz vor Straftaten kann ein Strafgesetz ohnehin nicht bieten, weiß man doch, daß auch nicht jeder Ladendiebstahl aufgeklärt wird oder zu einer Verurteilung des Täters führt. Nichts desto trotz spricht die erste Bilanz auch unter Berücksichtigung aller Anfangsschwierigkeiten für sich:
Die in den ersten neun Monaten aufgedeckten 20-30 Verdachtsfälle führten zu nur einer Verurteilung durch einen Strafbefehl.[489]
Neuere Zahlen sind nicht vielversprechender: Während es 1995 bei 25 Ermittlungsfällen zu zwei Verurteilungen kam, waren es 1996 vier von 59 Fällen, die mit einer Verurteilung endeten. Drei Verfahren wurden eingestellt.[490]
Zwar wehrt sich das BAWe dagegen, die Präventionswirkung anhand der Anzahl der Verurteilungen zu messen. Es kann jedoch nicht unberücksichtigt bleiben, daß der Einsatz des Strafrechts als Präventivmittel gegen die Begehung von Straftaten

---

486 N.N., FAZ v.27.10.1995, Nr. 250, S. 19.

487 Ermittelt wird vor allem wegen sogenannte Aufgabegeschäfte. Dies sind in § 32 Abs. 2 BörsG geregelte Geschäfte, bei denen sich der Makler die Benennung des anderen Vertragsteils vorbehält. Sie sind kennzeichnungspflichtig und können demnach von der Aufsicht besonders kontrolliert werden.

488 So der Sprecher der Frankfurter Staatsanwaltschaft in:N.N., Lawine illegaler Börsengeschäfte, Neue Westfälische v.28.10.1995, Nr. 252.

489 N.N., FAZ v.27.10.1995, Nr. 250, S. 19.

490 N.N., FAZ v. 09.04.1997, Nr. 82, S. 25.

einen Abschreckungseffekt und ein Vertrauen in die Durchsetzungskraft der Rechtsord-nung voraussetzt.

Bleibt somit die Frage nach einer besseren Lösung.
Die Ausdehnung der Strafbarkeit durch einen Fahrlässigkeitstatbestand[491] kann nicht der richtige Weg sein. Bedenkt man nur, daß es strafbar sein soll, fahrlässig das Wissen um eine nicht öffentlich bekannte Tatsache ausgenutzt zu haben, so wird die Absurdität des Vorschlags deutlich. Man könnte jedem Börsenmakler einen Rechtsberater zur Seite stellen, um den Sorgfaltsanforderungen, welche an ihn gestellt würden, gerecht zu werden. Im Ergebnis wäre die Börse jedenfalls nicht mehr handlungsfähig.
Darüber hinaus spielt die Publizität und das in diesem Zusammenhang vielzitierte Schlagwort von „disclose or abstain" eine erhebliche Rolle in der Bekämpfung des Insiderhandels. Ohne Frage tragen Veröffentlichungspflichten in Verbindung mit einem Insiderhandelsverbot dazu bei, Informationsgleichheit herzustellen und somit den Insiderhandel auf präventiver Ebene zu unterbinden. Dies ändert jedoch nichts an den bestehenden Ermittlungs - und Beweisschwierigkeiten.
Bleibt somit die Hoffnung, daß alleine die Strafandrohung Abschreckungseffekt genug ist. In jedem Fall drängt sich aber der Gedanke auf, daß mit dem deutschen Insiderstrafrecht ein Gesetz geschaffen wurde, bei dem die Zielsetzung vor allem in seiner Existenz liegt.

---

[491] So die Befürchtung von Ransiek, Zur prozessualen Durchsetzung des Insiderstrafrechts, DZWiR 95, S. 53, 58.

Anhang A: Wertpapierhandelsgesetz in der Fassung vom 26.07.1994

Abschnitt 1

Anwendungsbereich, Begriffs bestimmungen

§1

Anwendungsbereich

Dieses Gesetz ist anzuwenden auf den börslichen und außerbörslichen Handel mit Wertpapieren und Derivaten sowie auf Veränderungen der Stimmrechtsanteile von Aktionären an börsennotierten Gesellschaften.

§2

Begriffsbestimmungen

(1) Wertpapiere im Sinne dieses Gesetzes sind, auch wenn für sie keine Urkunden ausgestellt sind,

1. Aktien, Zertifikate, die Aktien vertreten, Schuldverschreibungen, Genußscheine, Optionsscheine,

2. andere Wertpapiere, die mit Aktien oder Schuldverschreibungen vergleichbar sind,

wenn sie auf einem Markt gehandelt werden können, der von staatlich anerkannten Stellen geregelt und überwacht wird, regelmäßig stattfindet und für das Publikum unmittelbar oder mittelbar zugänglich ist.

(2) Derivate im Sinne dieses Gesetzes sind an einem inländischen oder ausländischen Markt im Sinne des Absatzes 1 gehandelte Rechte, deren Börsen- oder Marktpreis unmittelbar oder mittelbar von der Entwicklung des Börsen- oder Marktpreises von Wertpapieren oder ausländischen Zahlungsmitteln oder der Veränderung von Zinssätzen abhängt.

(3) Wertpapierdienstleistungen im Sinne dieses Gesetzes sind

1. die Anschaffung und die Veräußerung von Wertpapieren oder Derivaten für andere,
2. die Anschaffung und die Veräußerung von Wertpapieren oder Derivaten im Wege des Eigenhandels für andere,
3. die Vermittlung von Geschäften über die Anschaffung und die Veräußerung von Wertpapieren oder Derivaten,

wenn der Umfang der Dienstleistungen einen in kaufmännischer Weise eingerichteten Geschäftsbetrieb erfordert.

(4) Wertpapierdienstleistungsunternehmen sind

1. Kreditinstitute mit Sitz im Inland sowie Zweigstellen von Unternehmen im Sinne des § 53 Abs. 1 Satz 1 und des § 53b Abs. 1 Satz 1 des Gesetzes über das Kreditwesen oder von Unternehmen, die aufgrund einer Rechtsverordnung gemäß § 53c des Gesetzes über das Kreditwesen gleichgestellt oder freigestellt sind,
2. andere Unternehmen mit Sitz im Inland, die an einer inländischen Börse zur Teilnahme am Handel zugelassen sind,

die Wertpapierdienstleistungen erbringen.

Abschnitt 2

Bundesaufsichtsamt für den Wertpapierhandel

§3

Organisation

(1) Das Bundesaufsichtsamt für den Wertpapierhandel (Bundesaufsichtsamt) wird als eine selbständige Bundesoberbehörde im Geschäftsbereich des Bundesministeriums der Finanzen errichtet.

(2) Der Präsident des Bundesaufsichtsamtes wird auf Vorschlag der Bundesregierung durch den Bundespräsidenten ernannt. Die Bundesregierung hat bei ihrem Vorschlag die für das Börsenwesen zuständigen Fachministerien der Länder anzuhören.

§4

Aufgaben

(1) Das Bundesaufsichtsamt übt die Aufsicht nach den Vorschriften dieses Gesetzes aus. Es hat im Rahmen der ihm zugewiesenen Aufgaben Mißständen entgegenzuwirken, welche die ordnungsmäßige Durchführung des Wertpapierhandels beeinträchtigen oder erhebliche Nachteile für den Wertpapiermarkt bewirken können. Das Bundesaufsichtsamt kann Anordnungen treffen, die geeignet sind,

diese Mißstände zu beseitigen oder zu verhindern.

2) Das Bundesaufsichtsamt nimmt die ihm nach diesem Gesetz zugewiesenen Aufgaben und Befugnisse nur im öffentlichen Interesse wahr.

§5

Wertpapierrat

(1) Beim Bundesaufsichtsamt wird ein Wertpapierrat gebildet. Er besteht aus Vertretern der Länder. Die Mitgliedschaft ist nicht personengebunden. Jedes Land entsendet einen Vertreter. An den Sitzungen können Vertreter der Bundesministerien der Finanzen, der Justiz und für Wirtschaft, der Deutschen Bundesbank und des Bundesaufsichtsamtes für das Kreditwesen teilnehmen. Der Wertpapierrat kann Sachverständige insbesondere aus dem Bereich der Börsen, der Marktteilnehmer, der Wirtschaft und der Wissenschaft anhören. Der Wertpapierrat gibt sich eine Geschäftsordnung.

(2) Der Wertpapierrat wirkt bei der Aufsicht mit. Er berät das Bundesaufsichtsamt, insbesondere

1. bei dem Erlaß von Rechtsverordnungen und der Aufstellung von Richtlinien für die Aufsichtstätigkeit des Bundesaufsichtsamtes,
2. hinsichtlich der Auswirkungen von Aufsichtsfragen auf die Börsen- und Marktstrukturen sowie den Wettbewerb im Wertpapierhandel,
3. bei der Abgrenzung von Zuständigkeiten zwischen dem Bundesaufsichtsamt und den Börsenaufsichtsbehörden sowie bei Fragen der Zusammenarbeit.

Der Wertpapierrat kann beim Bundesaufsichtsamt Vorschläge zur allgemeinen Weiterentwicklung der Aufsichtspraxis einbringen. Das Bundesaufsichtsamt berichtet dem Wertpapierrat mindestens einmal jährlich über die Aufsichtstätigkeit, die Weiterentwicklung der Aufsichtspraxis sowie über die internationale Zusammenarbeit.

(3) Der Wertpapierrat wird mindestens einmal jährlich vom Präsidenten des Bundesaufsichtsamtes einberufen.Er ist ferner auf Verlangen von einem Drittel seiner Mitglieder einzuberufen. Jedes Mitglied hat das Recht, Beratungsvorschläge einzubringen.

§6

Zusammenarbeit mit Aufsichtsbehörden im Inland

(1) Das Bundesaufsichtsamt kann sich bei der Durchführung seiner Aufgaben anderer Personen und Einrichtungen bedienen.

(2) Die Börsenaufsichtsbehörden werden im Wege der Organleihe für das Bundesaufsichtsamt bei der Durchführung von eilbedürftigen Maßnahmen für die Überwachung der Verbote von Insidergeschäften nach § 14 an den ihrer Aufsicht unterliegenden Börsen tätig. Das Nähere regelt ein Verwaltungsabkommen zwischen dem Bund und den börsenaufsichtsführenden Ländern.

(3) Das Bundesaufsichtsamt für das Kreditwesen, das Bundesaufsichtsamt für das Versicherungswesen, die Deutsche Bundesbank, soweit sie die Beobachtungen und Feststellungen im Rahmen ihrer Tätigkeit nach Maßgabe des Gesetzes über das Kreditwesen macht, die Börsenaufsichtsbehörden sowie das Bundesaufsichtsamt haben einander Beobachtungen und Feststellungen mitzuteilen, die für die Erfüllung ihrer Aufgaben erforderlich sind.

§7

Zusammenarbeit mit zuständigen Stellen im Ausland

(1) Dem Bundesaufsichtsamt obliegt die Zusammenarbeit mit den für die Überwachung von Börsen oder anderen Wertpapiermärkten und den Wertpapierhandel zuständigen Stellen anderer Staaten. Die Vorschriften des Börsengesetzes und des Verkaufsprospektgesetzes über die Zusammenarbeit der Zulassungsstelle der Börse mit entsprechenden Stellen anderer Staaten bleiben hiervon unberührt.

(2) Das Bundesaufsichtsamt darf im Rahmen der Zusammenarbeit mit den in Absatz 1 Satz 1 genannten Stellen Tatsachen übermitteln, die für die Überwachung von Börsen oder anderen Wertpapiermärkten, des Wertpapierhandels, von Kreditinstituten, Finanzinstituten oder Versicherungsunternehmen oder damit zusammenhängender Verwaltungs- oder Gerichtsverfahren erforderlich sind. Bei der Übermittlung von Tatsachen hat das Bundesaufsichtsamt den Zweck zu bestimmen, für den diese Tatsachen verwendet werden dürfen. Der Empfänger ist darauf hinzuweisen,

daß die übermittelten Tatsachen einschließlich personenbezogener Daten nur zu dem Zweck verarbeitet oder benutzt werden dürfen, zu dessen Erfüllung sie übermittelt wurden. Eine Übermittlung personenbezogener Daten unterbleibt, soweit Grund zu der Annahme besteht, daß durch sie gegen den Zweck eines deutschen Gesetzes verstoßen wird. Die Übermittlung unterbleibt außerdem, wenn durch sie schutzwürdige Interessen des Betroffenen beeinträchtigt würden, insbesondere wenn im Empfängerland ein angemessener Datenschutzstandard nicht gewährleistet wäre.

(3) Werden dem Bundesaufsichtsamt von einer Stelle eines anderen Staates Tatsachen mitgeteilt, so dürfen diese nur unter Beachtung der Zweckbestimmung durch diese Stelle offenbart oder verwertet werden.

(4) Die Regelungen über die internationale Rechtshilfe in Strafsachen bleiben unberührt.

§8

Verschwiegenheitspflicht

(1) Die beim Bundesaufsichtsamt Beschäftigten und die nach § 6 Abs. 1 beauftragten Personen dürfen die ihnen bei ihrer Tätigkeit bekanntgewordenen Tatsachen, deren Geheimhaltung im Interesse eines nach diesem Gesetz Verpflichteten oder eines Dritten liegt, insbesondere Geschäfts- und Betriebsgeheimnisse sowie personenbezogene Daten, nicht unbefugt offenbaren oder verwerten, auch wenn sie nicht mehr im Dienst sind oder ihre Tätigkeit beendet ist. Dies gilt auch für andere Personen, die durch dienstliche Berichterstattung Kenntnis von den in Satz 1 bezeichneten Tatsachen erhalten. Ein unbefugtes Offenbaren oder Verwerten im Sinne des Satzes 1 liegt insbesondere nicht vor, wenn Tatsachen weitergegeben werden an

1. Strafverfolgungsbehörden oder für Straf- und Bußgeldsachen zuständige Gerichte,
2. kraft Gesetzes oder im öffentlichen Auftrag mit der Überwachung von Börsen oder anderen Wertpapiermärkten, des Wertpapierhandels, von Kreditinstituten, Finanzinstituten oder Versicherungsunternehmen betraute Stellen sowie von diesen beauftragte Personen,soweit diese Stellen die Informationen zur Erfüllung ihrer Aufgaben benötigen. Für die bei diesen Stellen beschäftigten Personen gilt die Verschwiegenheitspflicht nach Satz 1 entsprechend. An eine Stelle eines anderen Staates dürfen die Tatsachen nur weitergegeben werden, wenn diese Stelle und die von ihr beauftragten Personen einer dem Satz 1 entsprechenden Verschwiegenheitspflicht unterliegen.

(2) Die Vorschriften der §§ 93, 97, 105 Abs. 1, § 111 Abs. 5 in Verbindung mit § 105 Abs. 1 sowie § 116 Abs. 1 der Abgabenordnung gelten nicht für die in Absatz 1 Satz 1 oder 2 bezeichneten Personen, soweit sie zur Durchführung dieses Gesetzes tätig werden. Sie finden Anwendung, soweit die Finanzbehörden die Kenntnisse für die Durchführung eines Verfahrens wegen einer Steuerstraftat sowie eines damit zusammenhängenden Besteuerungsverfahrens benötigen, an deren Verfolgung ein zwingendes öffentliches Interesse besteht, und nicht Tatsachen betroffen sind, die den in Absatz 1 Satz 1 oder 2 bezeichneten Personen durch eine Stelle eines anderen Staates im Sinne von Absatz 1 Satz 3 Nr.2 oder durch von dieser Stelle beauftragte Personen mitgeteilt worden sind.

§9

Meldepflichten

(1) Kreditinstitute mit Sitz im Inland, Zweigstellen von Unternehmen im Sinne des § 53 Abs. 1 Satz 1 und des § 53b Abs. 1 Satz 1 des Gesetzes über das Kreditwesen oder von aufgrund einer Rechtsverordnung gemäß § 53c des Gesetzes über das Kreditwesen gleichgestellten oder freigestellten Unternehmen sowie andere Unternehmen, die ihren Sitz im Inland haben und an einer inländischen Börse zur Teilnahme am Handel zugelassen sind, sind verpflichtet, dem Bundesaufsichtsamt jedes Geschäft in Wertpapieren oder Derivaten, die zum Handel an einem Markt im Sinne des § 2 Abs. 1 in einem Mitgliedstaat der Europäischen Gemeinschaften oder in einem anderen Vertragsstaat des Abkommens über den Europäischen Wirtschaftsraum zugelassen oder in den Freiverkehr einer inländischen Börse einbezogen sind, spätestens an dem auf den Tag des Geschäftsabschlusses folgenden Werktag, der kein Samstag ist, mitzuteilen, wenn sie das Geschäft im Zusammenhang mit einer Wertpapierdienstleistung oder als Eigengeschäft abschließen. Die Verpflichtung nach Satz 1 gilt auch für Geschäfte in Aktien und Optionsscheinen, bei denen ein Antrag auf Zulassung zum Handel an einem Markt im Sinne des § 2 Abs. 1 oder auf Einbe-

ziehung in den Freiverkehr gestellt oder öffentlich angekündigt ist. Die Verpflichtung nach den Sätzen 1 und 2 gilt auch für Unternehmen, die ihren Sitz im Ausland haben und an einer inländischen Börse zur Teilnahme am Handel zugelassen sind, hinsichtlich der von ihnen an einer inländischen Börse oder im Freiverkehr im Zusammenhang mit einer Wertpapierdienstleistung oder als Eigengeschäft geschlossenen Geschäfte.

(2) Die Mitteilung hat auf Datenträgern oder im Wege der elektronischen Datenfernübertragung zu erfolgen. Sie muß für jedes Geschäft die folgenden Angaben enthalten:

1. Bezeichnung des Wertpapiers oder Derivats und Wertpapierkennummer,
2. Datum und Uhrzeit des Abschlusses oder der maßgeblichen Kursfeststellung,
3. Kurs, Stückzahl, Nennbetrag der Wertpapiere oder Derivate,
4. die an dem Geschäft beteiligten Kreditinstitute, Zweigstellen und Unternehmen im Sinne des Absatzes 1,
5. die Börse oder das elektronische Handelssystem der Börse, sofern es sich um ein Börsengeschäft handelt,
6. Kennzeichen zur Identifikation des Geschäfts.

Geschäfte für eigene Rechnung sind gesondert zu kennzeichnen.

(3) Das Bundesministerium der Finanzen kann durch Rechtsverordnung, die nicht der Zustimmung des Bundesrates bedarf,

1. nähere Bestimmungen über Inhalt, Art, Umfang und Form der Mitteilung und über die zulässigen Datenträger und Übertragungswege erlassen,
2. zusätzliche Angaben vorschreiben, soweit diese zur Erfüllung der Aufsichtsaufgaben des Bundesaufsichtsamtes erforderlich sind,
3. zulassen, daß die Mitteilungen der Verpflichteten auf deren Kosten durch die Börse oder einen geeigneten Dritten erfolgen, und die Einzelheiten hierzu festlegen,
4. für Geschäfte, die Schuldverschreibungen oder bestimmte Arten von Derivaten zum Gegenstand haben, zulassen, daß Angaben nach Absatz 2 nicht oder in einer zusammengefaßten Form mitgeteilt werden,
5. die in Absatz 1 genannten Kreditinstitute, Zweigstellen und Unternehmen von der Mitteilungspflicht nach Absatz 1 für Geschäfte befreien, die an einem Markt im Sinne des § 2 Abs. 1 in einem anderen Mitgliedstaat der Europäischen Gemeinschaften oder in einem anderen Vertragsstaat des Abkommens über den Europäischen Wirtschaftsraum abgeschlossen werden, wenn in diesem Staat eine Mitteilungspflicht mit gleichwertigen Anforderungen besteht,
6. bei Sparkassen und Kreditgenossenschaften, die sich zur Ausführung des Geschäfts einer Girozentrale oder einer genossenschaftlichen Zentralbank oder des Zentralkreditinstituts bedienen, zulassen, daß die in Absatz 1 vorgeschriebenen Mitteilungen durch die Girozentrale oder die genossenschaftliche Zentralbank oder das Zentralkreditinstitut erfolgen, wenn und soweit der mit den Mitteilungspflichten verfolgte Zweck dadurch nicht beeinträchtigt wird.

(4) Das Bundesministerium der Finanzen kann die Ermächtigung nach Absatz 3 durch Rechtsverordnung auf das Bundesaufsichtsamt übertragen.

§10

Zwangsmittel

Das Bundesaufsichtsamt kann seine Verfügungen, die es innerhalb seiner gesetzlichen Befugnisse trifft, mit Zwangsmitteln nach den Bestimmungen des Verwaltungsvollstreckungsgesetzes durchsetzen. Es kann auch Zwangsmittel gegen juristische Personen des öffentlichen Rechts anwenden. Die Höhe des Zwangsgeldes beträgt abweichend von § 11 des Verwaltungs-Vollstreckungsgesetzes bis zu 50 000 Deutsche Mark.

§11

Kosten

(1) Die Kosten des Bundesaufsichtsamtes sind dem Bund zu erstatten

1. zu 75 Prozent durch Kreditinstitute mit Sitz im Inland und Zweigstellen von Unternehmen im Sinne des § 53 Abs. 1 Satz 1 und des § 53b Abs 1 Satz 1 des Gesetzes über das Kreditwesen oder von Unternehmen, die aufgrund einer Rechtsverordnung gemäß § 53c des Gesetzes über das Kreditwesen gleichgestellt oder freigestellt sind, sofern diese Kreditinstitute oder Zweigstel-

len das Effektengeschäft im Inland betreiben dürfen

2. zu 5 Prozent durch die Kursmakler, Freimakler und andere zur Teilnahme am Börsenhandel zugelassene Unternehmen, die nicht unter Nummer 1 fallen,
3. zu 10 Prozent durch Emittenten mit Sitz im Inland,deren Wertpapiere an einer inländischen Börse zum Handel zugelassen oder mit ihrer Zustimmung in den Freiverkehr einbezogen sind.

In den Fällen der Nummern 1 und 2 werden die Kosten nach Maßgabe des Umfangs der Geschäfte in Wertpapieren und Derivaten anteilig umgelegt. Im Fall der Nummer 3 werden die Kosten auf die Emittenten nach Maßgabe der Börsenumsätze ihrer zum Handel zugelassenen oder in den Freiverkehr einbezogenen Wertpapiere anteilig umgelegt.

(2) Die nach Absatz 1 Satz 1 Verpflichteten und die inländischen Börsen haben dem Bundesaufsichtsamt auf Verlangen Auskünfte über den Geschäftsumfang und die Börsenumsätze zu erteilen. Die Kostenforderungen werden vom Bundesaufsichtsamt nach den Vorschriften des Verwaltungs-Vollstreckungsgesetzes durchgesetzt.

(3) Das Nähere über die Erhebung der Umlage nach Absatz 1 und über die Beitreibung bestimmt das Bundesministerium der Finanzen durch Rechtsverordnung, die nicht der Zustimmung des Bundesrates bedarf; es kann in der Rechtsverordnung Mindestbeträge festsetzen. Das Bundesministerium der Finanzen kann die Ermächtigung durch Rechtsverordnung auf das Bundesaufsichtsamt übertragen.

(4) Die Kosten, die dem Bund durch die Prüfung nach § 36 Abs. 1 entstehen, sind von den betroffenen Unternehmen gesondert zu erstatten und auf Verlangen des Bundesaufsichtsamtes vorzuschießen.

Abschnitt3

Insiderüberwachung

§12

Insiderpapiere

(1) Insiderpapiere sind Wertpapiere, die

1. an einer inländischen Börse zum Handel zugelassen oder in den Freiverkehr einbezogen sind, oder
2. in einem anderen Mitgliedstaat der Europäischen Gemeinschaften oder einem anderen Vertragsstaat des Abkommens über den Europäischen Wirtschaftsraum zum Handel an einem Markt im Sinne des § 2 Abs. 1 zugelassen sind.

Der Zulassung zum Handel an einem Markt im Sinne von § 2 Abs. 1 oder der Einbeziehung in den Freiverkehr steht gleich, wenn der Antrag auf Zulassung oder Einbeziehung gestellt oder öffentlich angekündigt ist.

(2) Als Insiderpapiere gelten auch

1. Rechte auf Zeichnung, Erwerb oder Veräußerung von Wertpapieren,
2. Rechte auf Zahlung eines Differenzbetrages, der sich an der Wertentwicklung von Wertpapieren bemißt,
3. Terminkontrakte auf einen Aktien- oder Rentenindex oder Zinsterminkontrakte (Finanzterminkontrakte) sowie Rechte auf Zeichnung, Erwerb oder Veräußerung von Finanzterminkontrakten, sofern die Finanzterminkontrakte Wertpapiere zum Gegenstand haben oder sich auf einen Index beziehen, in den Wertpapiere einbezogen sind,
4. sonstige Terminkontrakte, die zum Erwerb oder zur Veräußerung von Wertpapieren verpflichten,

wenn die Rechte oder Terminkontrakte in einem Mitgliedstaat der Europäischen Gemeinschaften oder einem anderen Vertragsstaat des Abkommens über den Europäischen Wirtschaftsraum zum Handel an einem Markt im Sinne des § 2 Abs. 1 zugelassen oder in den Freiverkehr einbezogen sind und die in den Nummern 1 bis 4 genannten Wertpapiere in einem Mitgliedstaat des Abkommens über den Europäischen Wirtschaftsraum zum Handel an einem Markt im Sinne des § 2 Abs. 1 zugelassen oder in den Freiverkehr einbezogen sind. Der Zulassung der Rechte oder Terminkontrakte zum Handel an einem Markt im Sinne des § 2 Abs. 1 oder ihrer Einbeziehung in den Freiverkehr steht gleich, wenn der Antrag auf Zulassung oder Einbeziehung gestellt oder öffentlich angekündigt ist.

§13

Insider

(1) Insider ist, wer

1. als Mitglied des Geschäftsführungs- oder Aufsichtsorgans oder als persönlich haftender Gesellschafter des Emittenten oder eines mit dem Emittenten verbundenen Unternehmens,
2. aufgrund seiner Beteiligung am Kapital des Emittenten oder eines mit dem Emittenten verbundenen Unternehmens oder
3. aufgrund seines Berufs oder seiner Tätigkeit oder seiner Aufgabe bestimmungsgemäß

Kenntnis von einer nicht öffentlich bekannten Tatsache hat, die sich auf einen oder mehrere Emittenten von Insiderpapieren oder auf Insiderpapiere bezieht und die geeignet ist, im Falle ihres öffentlichen Bekanntwerdens den Kurs der Insiderpapiere erheblich zu beeinflussen (Insidertatsache).

(2) Eine Bewertung, die ausschließlich aufgrund öffentlich bekannter Tatsachen erstellt wird, ist keine Insidertatsache, selbst wenn sie den Kurs von Insiderpapieren erheblich beeinflussen kann.

§14

Verbot von Insidergeschäften

(1) Einem Insider ist es verboten,

1. unter Ausnutzung seiner Kenntnis von einer Insidertatsache Insiderpapiere für eigene oder fremde Rechnung oder für einen anderen zu erwerben oder zu veräußern,
2. einem anderen eine Insidertatsache unbefugt mitzuteilen oder zugänglich zu machen,
3. einem anderen auf der Grundlage seiner Kenntnis von einer Insidertatsache den Erwerb oder die Veräußerung von Insiderpapieren zu empfehlen.

(2) Einem Dritten, der Kenntnis von einer Insidertatsache hat, ist es verboten, unter Ausnutzung dieser Kenntnis Insiderpapiere für eigene oder fremde Rechnung oder für einen anderen zu erwerben oder zu veräußern.

§15

Veröffentlichung und Mitteilung kursbeeinflussender Tatsachen

(1) Der Emittent von Wertpapieren, die zum Handel an einer inländischen Börse zugelassen sind, muß unverzüglich eine neue Tatsache veröffentlichen, die in seinem Tätigkeitsbereich eingetreten und nicht öffentlich bekannt ist, wenn sie wegen der Auswirkungen auf die Vermögens- und Finanzlage oder auf den allgemeinen Geschäftsverlauf des Emittenten geeignet ist, den Börsenpreis der zugelassenen Wertpapiere erheblich zu beeinflussen, oder im Fall zugelassener Schuldverschreibungen die Fähigkeit des Emittenten, seinen Verpflichtungen nachzukommen, beeinträchtigen kann. Das Bundesaufsichtsamt kann den Emittenten auf Antrag von der Veröffentlichungspflicht befreien, wenn die Veröffentlichung der Tatsache geeignet ist, den berechtigten Interessen des Emittenten zu schaden.

(2) Der Emittent hat die nach Absatz 1 zu veröffentlichende Tatsache vor der Veröffentlichung

1. der Geschäftsführung der Börsen, an denen die Wertpapiere zum Handel zugelassen sind,
2. der Geschäftsführung der Börsen, an denen ausschließlich Derivate im Sinne des § 2 Abs. 2 gehandelt werden, sofern die Wertpapiere Gegenstand der Derivate sind, und
3. dem Bundesaufsichtsamt

mitzuteilen. Die Geschäftsführung darf die ihr nach Satz 1 mitgeteilte Tatsache vor der Veröffentlichung nur zum Zwecke der Entscheidung verwenden, ob die Feststellung des Börsenpreises auszusetzen oder einzustellen ist.

(3) Die Veröffentlichung nach Absatz 1 Satz 1 ist

1. in mindestens einem überregionalen Börsenpflichtblatt oder
2. über ein elektronisch betriebenes Informationsverbreitungssystem, das bei Kreditinstituten, Zweigstellen von Unternehmen im Sinne des § 53 Abs. 1 Satz 1 und des § 53b Abs. 1 Satz 1 des Gesetzes über das Kredit-wesen, anderen Unternehmen, die ihren Sitz im Inland haben und an einer inländischen Börse zur Teilnahme am Handel zugelassen sind, und Versicherungsunternehmen weit verbreitet ist, in deutscher

Sprache vorzunehmen. Eine Veröffentlichung in anderer Weise darf nicht vor der Veröffentlichung nach Satz 1 erfolgen. Im Bundesanzeiger ist unverzüglich ein Hinweis auf die Veröffentlichung nach Satz 1 bekanntzumachen. Das Bundesaufsichtsamt kann bei umfang-reichen Angaben gestatten, daß eine Zusammenfassung gemäß Satz 1 veröffentlicht wird, wenn die vollständigen Angaben bei den Zahlstellen des Emittenten kostenfrei erhältlich sind und in der Veröffentlichung hierauf hingewiesen wird; Satz 3 gilt hierfür entsprechend.

(4) Der Emittent hat die Veröffentlichung nach Absatz 3 Satz 1 unverzüglich der Geschäftsführung der in Absatz 2 Satz 1 Nr. 1 und 2 erfaßten Börsen und dem Bundesaufsichtsamt zu übersenden.

(5) Das Bundesaufsichtsamt kann von dem Emittenten Auskünfte und die Vorlage von Unterlagen verlangen, soweit dies zur Überwachung der Einhaltung der in den Absätzen 1 bis 4 geregelten Pflichten erforderlich ist. Während der üblichen Arbeitszeit ist seinen Bediensteten und den von ihm beauftragten Personen, soweit dies zur Wahrnehmung seiner Aufgaben erforderlich ist, das Betreten der Grundstücke und Geschäftsräume des Emittenten zu gestatten. § 16 Abs. 6 und 7 gilt entsprechend.

(6) Verstößt der Emittent gegen die Verpflichtung nach Absatz 1, 2 oder 3, so ist er einem anderen nicht zum Ersatz des daraus entstehenden Schadens verpflichtet Schadensersatzansprüche, die auf anderen Rechtsgrundlagen beruhen, bleiben unberührt.

§16

Laufende Überwachung

(1) Das Bundesaufsichtsamt überwacht das börsliche und außerbörsliche Geschäft in Insiderpapieren, um Verstößen gegen die Verbote nach § 14 entgegenzuwirken.

(2) Hat das Bundesaufsichtsamt Anhaltspunkte für einen Verstoß gegen ein Verbot nach § 14, so kann es von den in § 9 Abs. 1 Satz 1 genannten Kreditinstituten, Zweigstellen und Unternehmen Auskünfte über Geschäfte in Insiderpapieren verlangen, die sie für eigene oder fremde Rechnung abgeschlossen oder vermittelt haben. Das Bundesaufsichtsamt kann vom Auskunftspflichtigen die Angabe der Identität der Auftraggeber, der berechtigten oder verpflichteten Personen sowie der Bestandsver-änderungen in Insiderpapieren verlangen, soweit es sich um Insiderpapiere handelt, für welche die Anhaltspunkte für einen Verstoß vorliegen oder deren Kursentwicklung von solchen Insiderpapieren abhängt.

(3) Im Rahmen der Auskunftspflicht nach Absatz 2 kann das Bundesaufsichtsamt vom Auskunftspflichtigen die Vorlage von Unterlagen verlangen. Während der üblichen Arbeitszeit ist seinen Bediensteten und den von ihm beauftragten Personen, soweit dies zur Wahrnehmung seiner Aufgaben erforderlich ist, das Betreten der Grundstücke und Geschäftsräume der in Absatz 2 Satz 1 genannten Kreditinstitute, Zweigstellen und Unternehmen zu gestatten. Das Betreten außerhalb dieser Zeit, oder wenn die Geschäftsräume sich in einer Wohnung befinden, ist ohne Einverständnis nur zur Verhütung von dringenden Gefahren für die öffentliche Sicherheit und Ordnung zulässig und insoweit zu dulden. Das Grundrecht der Unverletzlichkeit der Wohnung (Artikel 13 des Grundgesetzes) wird insoweit eingeschränkt.

(4) Hat das Bundesaufsichtsamt Anhaltspunkte für einen Verstoß gegen ein Verbot nach § 14, so kann es von den Emittenten von Insiderpapieren und den mit ihnen verbundenen Unternehmen, die ihren Sitz im Inland haben oder deren Wertpapiere an einer inländischen Börse zum Handel zugelassen sind, sowie den Personen, die Kenntnis von einer Insidertatsache haben, Auskünfte über Insidertatsachen und über andere Personen verlangen, die von solchen Tatsachen Kenntnis haben.

(5) Das Bundesaufsichtsamt kann von Personen, deren Identität nach Absatz 2 Satz 2 mitgeteilt worden ist, Auskünfte über diese Geschäfte verlangen.

(6) Der zur Erteilung einer Auskunft Verpflichtete kann die Auskunft auf solche Fragen verweigern, deren Beantwortung ihn selbst oder einen der in § 383 Abs. 1 Nr. 1 bis 3 der Zivilprozeßordnung bezeichneten Angehörigen der Gefahr strafgerichtlicher Verfolgung oder eines Verfahrens nach dem Gesetz über Ordnungswidrigkeiten aussetzen würde. Der Verpflichtete ist über sein Recht zur Verweigerung der Auskunft zu belehren.

(7) Widerspruch und Anfechtungsklage gegen Maßnahmen nach den Absätzen 2 bis 5 haben keine aufschiebende Wirkung.

§17

Verarbeitung und Nutzung personenbezogener Daten

(1) Das Bundesaufsichtsamt darf ihm nach § 16 Abs. 2 Satz 2 mitgeteilte personenbezogene Daten nur für Zwecke der Prüfung, ob ein Verstoß gegen ein Verbot nach § 14 vorliegt, und der internationalen Zusammenarbeit nach Maßgabe des § 19 speichern, verändern und nutzen.

(2) Personenbezogene Daten, die für Prüfungen oder zur Erfüllung eines Auskunftsersuchens einer zuständigen Stelle eines anderen Staates nach Absatz 1 nicht mehr erforderlich sind, sind unverzüglich zu löschen.

§18

Strafverfahren bei Insidervergehen

(1) Das Bundesaufsichtsamt hat Tatsachen, die den Verdacht einer Straftat nach § 38 begründen, der zuständigen Staatsanwaltschaft anzuzeigen. Es kann die personenbezogenen Daten der Betroffenen, gegen die sich der Verdacht richtet oder die als Zeugen in Betracht kommen, der Staatsanwaltschaft übermitteln.

(2) Dem Bundesaufsichtsamt sind die Anklageschrift, der Antrag auf Erlaß eines Strafbefehls und der Ausgang des Verfahrens mitzuteilen, soweit dies für die Wahrnehmung seiner Aufgaben nach diesem Abschnitt erforderlich ist.

§19

Internationale Zusammenarbeit

(1) Das Bundesaufsichtsamt übermittelt den zuständigen Stellen anderer Mitgliedstaaten der Europäischen Gemeinschaften oder anderer Vertragsstaaten des Abkommens über den Europäischen Wirtschaftsraum die für die Überwachung der Verbote von Insidergeschäften erforderlichen Informationen. Es macht von seinen Befugnissen nach § 16 Abs. 2 bis 5 Gebrauch, soweit dies zur Erfüllung des Auskunftsersuchens der in Satz 1 genannten zuständigen Stellen erforderlich ist.

(2) Bei der Übermittlung von Informationen sind die zuständigen Stellen im Sinne des Absatzes 1 Satz 1 darauf hinzuweisen, daß sie unbeschadet ihrer Verpflichtungen in strafrechtlichen Angelegenheiten, die Verstöße gegen Verbote von Insidergeschäften zum Gegenstand haben, die ihnen übermittelten Informationen ausschließlich zur Überwachung des Verbotes von Insidergeschäften oder im Rahmen damit zusammenhängender Verwaltungs- oder Gerichtsverfahren verwenden dürfen.

(3) Das Bundesaufsichtsamt kann die Übermittlung von Informationen verweigern, wenn

1. die Weitergabe der Informationen die Souveränität, die Sicherheit oder die öffentliche Ordnung der Bundesrepublik Deutschland beeinträchtigen könnte oder
2. aufgrund desselben Sachverhalts gegen die betreffenden Personen bereits ein gerichtliches Verfahren eingeleitet worden ist oder eine unanfechtbare Entscheidung ergangen ist.

(4) Das Bundesaufsichtsamt darf die ihm von den zuständigen Stellen im Sinne des Absatzes 1 Satz 1 übermittelten Informationen, unbeschadet seiner Verpflichtungen in strafrechtlichen Angelegenheiten, die Verstöße gegen Verbote von Insidergeschäften zum Gegenstand haben, ausschließlich für die Überwachung der Verbote von Insidergeschäften oder im Rahmen damit zusammenhängender Verwaltungs- oder Gerichtsverfahren verwenden. Eine Verwendung dieser Informationen für andere Zwecke der Überwachung nach § 7 Abs. 2 Satz 1 oder in strafrechtlichen Angelegenheiten in diesen Bereichen oder ihre Weitergabe an zuständige Stellen anderer Staaten für Zwecke nach Satz 1 bedarf der Zustimmung der übermittelnden Stellen.

(5) Das Bundesaufsichtsamt kann für die Überwachung der Verbote von Insidergeschäften im Sinne des § 14 und entsprechender ausländischer Verbote mit den zuständigen Stellen anderer als der in Absatz 1 Satz 1 genannten Staaten zusammenarbeiten und diesen Stellen Informationen nach Maßgabe des § 7 Abs. 2 übermitteln. Absatz 1 Satz 2 ist entsprechend anzuwenden.

§20

Ausnahmen

Die Vorschriften dieses Abschnitts sind nicht auf Geschäfte anzuwenden, die aus geld- oder währungspolitischen Gründen oder im Rahmen der öffentlichenSchuldenverwaltung vom Bund, einem seiner Sondervermögen, einem Land, der Deutschen Bundesbank, einem ausländischen Staat oder dessen Zentralbank oder einer anderen mit diesen Geschäften beauftragten Organisation oder mit für deren Rechnung handelnden Personen getätigt werden.

Abschnitt 4

Mitteilungs- und Veröffentlichungspflichten bei Veränderungen des Stimmrechtsanteils an börsennotierten Gesellschaften

§21

Mitteilungspflichten des Meldepflichtigen

(1) Wer durch Erwerb, Veräußerung oder auf sonstige Weise 5 Prozent, 10 Prozent, 25 Prozent, 50 Prozent oder 75 Prozent der Stimmrechte an einer börsennotierten Gesellschaft erreicht, überschreitet oder unterschreitet (Meldepflichtiger), hat der Gesellschaft sowie dem Bundesaufsichtsamt unverzüglich, spätestens innerhalb von sieben Kalendertagen, das Erreichen, Überschreiten oder Unterschreiten der genannten Schwellen sowie die Höhe seines Stimmrechtsanteils unter Angabe seiner Anschrift schriftlich mitzuteilen. Die Frist beginnt mit dem Zeitpunkt, zu dem der Meldepflichtige Kenntnis davon hat oder nach den Umständen haben mußte, daß sein Stimmrechtsanteil die genannten Schwellen erreicht, überschreitet oder unterschreitet.

(2) Börsennotierte Gesellschaften im Sinne dieses Abschnitts sind Gesellschaften mit Sitz im Inland, deren Aktien zum amtlichen Handel an einer Börse in einem Mitgliedstaat der Europäischen Gemeinschaften oder in einem anderen Vertragsstaat des Abkommens über den Europäischen Wirtschaftsraum zugelassen sind.

§22

Zurechnung von Stimmrechten

(1) Für die Mitteilungspflichten nach § 21 Abs. 1 stehen den Stimmrechten des Meldepflichtigen Stimmrechte aus Aktien der börsennotierten Gesellschaft gleich,

1. die einem Dritten gehören und von diesem für Rechnung des Meldepflichtigen oder eines von dem Meldepflichtigen - kontrollierten Unternehmens gehalten werden,
2. die einem Unternehmen gehören, das der Meldepflichtige kontrolliert,
3. die einem Dritten gehören, mit dem der Meldepflichtige oder ein von ihm kontrolliertes Unternehmen eine Vereinbarung getroffen hat, die beide verpflichtet, langfristig gemeinschaftliche Ziele bezüglich der Geschäftsführung der börsennotierten Gesellschaft zu verfolgen, indem sie ihre Stimmrechte einvernehmlich ausüben,
4. die der Meldepflichtige einem Dritten als Sicherheit übertragen hat, es sei denn, der Dritte ist zur Ausübung der Stimmrechte aus diesen Aktien befugt und bekundet die Absicht, die Stimmrechte auszuüben,
5. an denen zugunsten des Meldepflichtigen ein Nießbrauch bestellt ist,
6. die der Meldepflichtige oder ein von ihm kontrolliertes Unternehmen durch einseitige Willenserklärung erwerben kann,
7. die dem Meldepflichtigen zur Verwahrung anvertraut sind, sofern er die Stimmrechte aus diesen Aktien nach eigenem Ermessen ausüben kann, wenn keine besonderen Weisungen des Aktionärs vorliegen.

(2) Die zuzurechnenden Stimmrechte sind in den Mitteilungen nach § 21 Abs. 1 für jede der Nummern in Absatz 1 getrennt anzugeben.

(3) Ein kontrolliertes Unternehmen ist ein Unternehmen, bei dem dem Meldepflichtigen unmittelbar oder mittelbar die

1. Mehrheit der Stimmrechte der Aktionäre oder Gesellschafter zusteht,
2. als Aktionär oder Gesellschafter das Recht zusteht, die Mehrheit der Mitglieder des Verwaltungs-, Leitungs oder Aufsichtsorgans zu bestellen oder abzuberufen, oder
3. als Aktionär oder Gesellschafter aufgrund einer mit anderen Aktionären oder Gesellschaftern dieses Unternehmens getroffenen Vereinbarung die Mehrheit der Stimmrechte allein zusteht

§23

Nichtberücksichtigung von Stimmrechten

(1)Das Bundesaufsichtsamt läßt auf schriftlichen Antrag zu, daß Stimmrechte aus Aktien der börsennotierten Gesellschaft bei der Berechnung des Stimmrechtsanteils unberücksichtigt bleiben, wenn der Antragsteller

1. ein zur Teilnahme am Handel an einer Börse in einem Mitgliedstaat der Europäischen Gemeinschaften oder in einem anderen Vertragsstaat des Abkommens über den Europäischen Wirtschaftsraum zugelassenes Unternehmen ist, das Wertpapierdienstleistungen erbringt,
2. die betreffenden Aktien im Handelsbestand hält oder zu halten beabsichtigt und
3. darlegt, daß mit dem Erwerb der Aktien nicht beabsichtigt ist, auf die Geschäftsführung der Gesellschaft Einfluß zu nehmen.

(2) Das Bundesaufsichtsamt läßt auf schriftlichen Antrag eines Unternehmens mit Sitz in einem Mitgliedstaat der Europäischen Gemeinschaften oder in einem anderen Vertragsstaat des Abkommens über den Europäischen Wirtschaftsraum, das nicht die Voraussetzungen des Absatzes 1 Nr. 1 erfüllt, zu, daß Stimmrechte aus Aktien der börsennotierten Gesellschaft für die Meldeschwelle von 5 Prozent unberücksichtigt bleiben, wenn der Antragsteller

1. die betreffenden Aktien hält oder zu halten beabsichtigt, um bestehende oder erwartete Unterschiede zwischen dem Erwerbspreis und dem Veräußerungspreis kurzfristig zu nutzen und
2. darlegt, daß mit dem Erwerb der Aktien nicht beabsichtigt ist, auf die Geschäftsführung der Gesellschaft Einfluß zu nehmen.

(3) Bei der Prüfung des Jahresabschlusses eines Unternehmens, dem gemäß Absatz 1 oder 2 eine Befreiung erteilt worden ist, hat der Abschlußprüfer in einem gesonderten Vermerk festzustellen, ob das Unternehmen die Vorschriften des Absatzes 1 Nr.2 oder des Absatzes 2 Nr. 1 beachtet hat, und diesen Vermerk zusammen mit dem Prüfungsbericht den gesetzlichen Vertretern des Unternehmens vorzulegen. Das Unternehmen ist verpflichtet, den Vermerk des Abschlußprüfers unverzüglich em Bundesaufsichtsamt vorzulegen. Das Bundesaufsichtsamt kann die Befreiung nach Absatz 1 oder 2 außer nach den Vorschriften des Verwaltungsverfahrensgesetzes widerrufen, wenn die Verpflichtungen nach Satz 1 oder 2 nicht erfüllt worden sind. Wird die Befreiung zurückgenommen oder widerrufen, so kann das Unternehmen einen erneuten Antrag auf Befreiung frühestens drei Jahre nach dem Wirksamwerden der Rücknahme oder des Widerrufs stellen.

(4) Stimmrechte aus Aktien, die aufgrund einer Befreiung nach Absatz 1 oder 2 unberücksichtigt bleiben, können nicht ausgeübt werden, wenn im Falle ihrer Berücksichtigung eine Mitteilungspflicht nach § 21 Abs. 1 bestünde.

§24

Mitteilung durch Konzernunternehmen

Gehört der Meldepflichtige zu einem Konzern, für den nach den §§ 290, 340i des Handelsgesetzbuchs ein Konzernabschluß aufgestellt werden muß, so können die Mitteilungspflichten nach § 21 Abs. 1 durch das Mutterunternehmen oder, wenn das Mutterunternehmen selbst ein Tochterunternehmen ist, durch dessen Mutterunternehmen erfüllt werden.

§25

Veröffentlichungspflichten der börsennotierten Gesellschaft

(1) Die börsennotierte Gesellschaft hat Mitteilungen nach § 21 Abs. 1 unverzüglich, spätestens neun Kalendertage nach Zugang der Mitteilung, in deutscher Sprache in einem überregionalen Börsenpflichtblatt zu veröffentlichen. In der Veröffentlichung ist der Meldepflichtige mit Name oder Firma und Wohnort oder Sitz anzugeben. Die börsennotierte Gesellschaft hat im Bundesanzeiger unverzüglich bekanntzumachen, in welchem Börsenpflichtblatt die Mitteilung veröffentlicht worden ist.

(2) Sind die Aktien der börsennotierten Gesellschaft an einer Börse in einem anderen Mitgliedstaat der Europäischen Gemeinschaften oder in einem anderen Vertragsstaat des Abkommens über den Europäischen Wirtschaftsraum zum amtlichen Handel zugelassen, so hat die Gesellschaft die Veröffentlichung nach Absatz 1 Satz 1 und 2 unverzüglich, spätestens neun Kalendertage nach Zugang der Mitteilung, auch in einem Börsenpflichtblatt dieses Staates oder, sofern das Recht dieses Staates eine andere Form der Unterrichtung des Publikums vorschreibt, in dieser anderen Form vorzunehmen. Die Veröffentlichung muß in einer Sprache abgefaßt werden, die in diesem Staat für solche Veröffentlichungen zugelassen ist.

(3) Die börsennotierte Gesellschaft hat dem Bundes-aufsichtsamt unverzüglich einen Beleg über die Veröffentlichung nach den Absätzen 1 und 2 zu übersenden. Das Bundesaufsichtsamt

unterrichtet die in Absatz 2 genannten Börsen über die Veröffentlichung.

(4) Das Bundesaufsichtsamt befreit auf schriftlichen Antrag die börsennotierte Gesellschaft von den Veröffentlichungspflichten nach den Absätzen 1 und 2, wenn es nach Abwägung der Umstände der Auffassung ist, daß die Veröffentlichung dem öffentlichen Interesse zuwiderlaufen oder der Gesellschaft erheblichen Schaden zufügen würde, sofern im letzteren Fall die Nichtveröffentlichung nicht zu einem Irrtum des Publikums über die für die Beurteilung der betreffenden Wertpapiere wesentlichen Tatsachen und Umstände führen kann.

§26

Veröffentlichungspflichten von Gesellschaften mit Sitz im Ausland

(1) Erreicht, übersteigt oder unterschreitet der Stimmrechts-anteil des Aktionärs einer Gesellschaft mit Sitz im Ausland, deren Aktien zum amtlichen Handel an einer inländischen Börse zugelassen sind, die in § 21 Abs. 1 Satz 1 genannten Schwellen, so ist die Gesellschaft, sofern nicht die Voraussetzungen des Absatzes 3 vorliegen, verpflichtet, diese Tatsache sowie die Höhe des Stimmrechtsanteils des Aktionärs unverzüglich, spätestens innerhalb von neun Kalendertagen, in einem überregionalen Börsenpflichtblatt zu veröffentlichen. Die Frist beginnt mit dem Zeitpunkt, zu dem die Gesellschaft Kenntnis hat, daß der Stimmrechtsanteil des Aktionärs die in § 21 Abs. 1 Satz 1 genannten Schwellen erreicht, überschreitet oder unterschreitet.

(2) Auf die Veröffentlichungen nach Absatz 1 ist § 25 Abs. 1 Satz 2 und 3, Abs. 3 und 4 entsprechend anzuwenden.

(3) Gesellschaften mit Sitz in einem anderen Mitgliedstaat der Europäischen Gemeinschaften oder in einem anderen Vertragsstaat des Abkommens über den Europäischen Wirtschaftsraum, deren Aktien sowohl an einer Börse im Sitzstaat als auch an einer inländischen Börse zum amtlichen Handel zugelassen sind, müssen Veröffentlichungen, die das Recht des Sitzstaates aufgrund des Artikels 10 der Richtlinie 88/627/EWG des Rates vom 12. Dezember 1988 über die bei Erwerb und Veräußerung einer bedeutenden Beteiligung an einer börsen-notierten Gesellschaft zu veröffentlichenden Informationen (ABl. EG Nr. L 348 5. 62) vorschreibt, im Inland in einem überregionalen Börsenpflichtblatt in deutscher Sprache vornehmen. § 25 Abs 1 Satz 3 gilt entsprechend.

§27

Nachweis mitgeteilter Beteiligungen

Wer eine Mitteilung nach § 21 Abs. 1 abgegeben hat, muß auf Verlangen des Bundesaufsichtsamtes oder der börsennotierten Gesellschaft das Bestehen der mitgeteilten Beteiligung nachweisen.

§28

Ruhen des Stimmrechts

Stimmrechte aus Aktien, die einem Meldepflichtigen oder einem von ihm unmittelbar oder mittelbar kontrollierten Unternehmen zustehen, dürfen für die Zeit, für welche die Mitteilungspflichten nach § 21 Abs. 1 nicht erfüllt werden, nicht ausgeübt werden.

§29

Befugnisse des Bundesaufsichtsamtes

(1) Das Bundesaufsichtsamt kann von der börsennotierten Gesellschaft und deren Aktionären Auskünfte und die Vorlage von Unterlagen verlangen, soweit dies zur Überwachung der Einhaltung der in diesem Abschnitt geregelten Pflichten erforderlich ist. Die Befugnisse nach Satz 1 bestehen auch gegenüber Personen und Unternehmen, deren Stimmrechte nach § 22 Abs. 1 zuzurechnen sind. § 16 Abs. 6 ist anzuwenden.

(2) Das Bundesaufsichtsamt kann Richtlinien aufstellen, nach denen es für den Regelfall beurteilt, ob die Voraussetzungen für einen mitteilungspflichtigen Vorgang oder eine Befreiung von den Mitteilungspflichten nach § 21 Abs. 1 gegeben sind. Die Richtlinien sind im Bundesanzeiger zu veröffentlichen.

(3) Das Bundesaufsichtsamt kann die Veröffentlichungen nach § 25 Abs. 1 und 2 auf Kosten der börsennotierten Gesellschaft vornehmen, wenn die Gesellschaft die Veröffentlichungspflicht nicht, nicht richtig, nicht vollständig oder nicht in der vorgeschriebenen Form erfüllt.

§30

Zusammenarbeit mit zuständigen Stellen im Ausland

(1) Das Bundesaufsichtsamt arbeitet mit den zuständigen Stellen der anderen Mitgliedstaaten der Europäischen Gemeinschaften, der anderen Vertragsstaaten des Abkommens über den Europäischen Wirtschaftsraum sowie in den Fällen der Nummern 1 und 4 auch mit den entsprechenden Stellen von Drittstaaten zusammen, um insbesondere darauf hinzuwirken, daß

1. Meldepflichtige mit Wohnsitz, Sitz oder gewöhnlichem Aufenthalt in einem dieser Staaten ihre Mitteilungspflichten ordnungsmäßig erfüllen,
2. börsennotierte Gesellschaften ihre Veröffentlichungspflicht nach § 25 Abs. 2 ordnungsmäßig erfüllen,
3. die nach den Vorschriften eines anderen Mitgliedstaates der Europäischen Gemeinschaften oder eines anderen Vertragsstaates des Abkommens über den Europäischen Wirtschaftsraum in diesem Staat Meldepflichtigen mit Wohnsitz, Sitz oder gewöhnlichem Aufenthalt im Inland ihre Mitteilungspflichten ordnungsmäßig erfüllen,
4. Gesellschaften mit Sitz im Ausland, deren Aktien an einer inländischen Börse zum amtlichen Handel zugelassen sind, ihre Veröffentlichungspflichten im Inland ordnungsmäßig erfüllen.

(2) Das Bundesaufsichtsamt darf den zuständigen Stellen der anderen Mitgliedstaaten oder Vertragsstaaten Tatsachen einschließlich personenbezogener Daten übermitteln, soweit dies zur Überwachung der Einhaltung der Mitteilungs- und Veröffentlichungspflichten erforderlich ist. Bei der Übermittlung ist darauf hinzuweisen, daß die zuständigen Stellen, unbeschadet ihrer Verpflichtungen in strafrechtlichen Angelegenheiten, die Verstöße gegen Mitteilungs- oder Veröffentlichungspflichten zum Gegen-stand haben, die ihnen übermittelten Tatsachen einschließlich personenbezogener Daten ausschließlich zur Überwachung der Einhaltung dieser Pflichten oder im Rahmen damit zusammenhängender Verwaltungs- oder Gerichtsverfahren verwenden dürfen.

(3) Dem Bundesaufsichtsamt stehen im Fall des Absatzes 1 Nr. 3 die Befugnisse nach § 29 Abs. 1 zu.

Abschnitt 5

Verhaltensregeln für Wertpapierdienstleistungsunternehmen

§31

Allgemeine Verhaltensregeln

(1) Ein Wertpapierdienstleistungsunternehmen ist verpflichtet,

1. Wertpapierdienstleistungen mit der erforderlichen Sach-kenntnis, Sorgfalt und Gewissenhaftigkeit im Interesse seiner Kunden zu erbringen,
2. sich um die Vermeidung von Interessenkonflikten zu bemühen und dafür zu sorgen, daß bei unvermeidbaren Interessenkonflikten der Kundenauftrag unter der gebotenen Wahrung des Kundeninteresses ausgeführt wird.

(2) Es ist ferner verpflichtet,

1. von seinen Kunden Angaben über ihre Erfahrungen oder Kenntnisse in Geschäften, die Gegenstand von Wertpapierdienstleistungen sein sollen, über ihre mit den Geschäften verfolgten Ziele und über ihre finanziellen Verhältnisse zu verlangen,
2. seinen Kunden alle zweckdienlichen Informationen mitzuteilen,

soweit dies zur Wahrung der Interessen der Kunden und im Hinblick auf Art und Umfang der beabsichtigten Geschäfte erforderlich ist.

(3) Die Absätze 1 und 2 gelten auch für Unternehmen mit Sitz im Ausland, die Wertpapierdienstleistungen gegenüber Kunden erbringen, die ihren gewöhnlichen Aufenthalt oder ihre Geschäftsleitung im Inland haben, sofern nicht die Wertpapierdienstleistung einschließlich der damit im Zusammenhang stehenden Nebenleistungen ausschließlich im Ausland erbracht wird.

§32

Besondere Verhaltensregeln

(1) Einem Wertpapierdienstleistungsunternehmen oder einem mit ihm verbundenen Unternehmen ist es verboten,

1. Kunden des Wertpapierdienstleistungsunternehmens den Ankauf oder Verkauf von Wertpapieren oder Derivaten zu empfehlen, wenn und soweit die Empfehlung nicht mit den Interessen der Kunden übereinstimmt;

2. Kunden des Wertpapierdienstleistungsunternehmens den Ankauf oder Verkauf von Wertpapieren oder Derivaten zu dem Zweck zu empfehlen, für Eigengeschäfte des Wertpapierdienstleistungsunternehmens oder eines mit ihm verbundenen Unternehmens Preise in eine bestimmte Richtung zu lenken;
3. Eigengeschäfte aufgrund der Kenntnis von einem Auftrag eines Kunden des Wertpapierdienstleistungsunternehmens zum Ankauf oder Verkauf von Wertpapieren oder Derivaten abzuschließen, die Nachteile für den Auftraggeber zur Folge haben können.

(2) Den Geschäftsinhabern eines in der Rechtsform des Einzelkaufmanns betriebenen Wertpapierdienstleistungs-unternehmens, bei anderen Wertpapierdienstleistungsunternehmen den Personen, die nach Gesetz oder Gesellschaftsvertrag mit der Führung der Geschäfte des Unterehmens betraut und zu seiner Vertretung ermächtigt sind, sowie den Angestellten eines Wertpapierdienstleistungsunternehmens, die mit der Durchführung von Geschäften in Wertpapieren oder Derivaten, der Wertpapier-analyse oder der Anlageberatung betraut sind, ist es verboten,

1. Kunden des Wertpapierdienstleistungsunternehmens den Ankauf oder Verkauf von Wertpapieren oder Derivaten unter den Voraussetzungen des Absatzes 1 Nr. 1 oder zu dem Zweck zu empfehlen, für den Abschluß von Geschäften für sich oder Dritte Preise von Wertpapieren oder Derivaten in eine bestimmte Richtung zu lenken;
2. aufgrund der Kenntnis von einem Auftrag eines Kunden des Wertpapierdienstleistungsunternehmens zum Ankauf oder Verkauf von Wertpapieren oder Derivaten Geschäfte für sich oder einen Dritten abzuschließen, die Nachteile für den Auftraggeber zur Folge haben können.

3) Die Absätze 1 und 2 gelten unter den in § 31 Abs. 3 be-stimmten Voraussetzungen auch für Unternehmen mit Sitz im Ausland.

§33

Organisationspflichten

Ein Wertpapierdienstleistungsunternehmen

1. ist verpflichtet, die für eine ordnungsmäßige Durchführung der Wertpapierdienstleistung notwendigen Mittel und Verfahren vorzuhalten und wirksam einzusetzen;
2. muß so organisiert sein, daß bei der Erbringung der Wertpapierdienstleistung Interessenkonflikte zwischen dem Wertpapierdienstleistungsunternehmen und seinen Kunden oder Interessenkonflikte zwischen verschiedenen Kunden des Wertpapierdienstleistungsunternehmens möglichst gering sind;
3. muß über angemessene interne Kontrollverfahren verfügen, die geeignet sind, Verstößen gegen Verpflichtungen nach diesem Gesetz entgegenzuwirken.

§34

Aufzeichnungs- und Aufbewahrungspflichten

1) Ein Wertpapierdienstleistungsunternehmen ist verpflichtet,

1. bei der Erbringung von Wertpapierdienstleistungen den Auftrag und hierzu erteilte Anweisungen des Kunden sowie die Ausführung des Auftrags
2. und den Namen des Angestellten, der den Auftrag des Kunden angenommen hat, sowie die Uhrzeit der Erteilung und Ausführung des Auftrags

aufzuzeichnen.

(2) Das Bundesministerium der Finanzen kann nach Anhörung der Deutschen Bundesbank durch Rechtsverordnung, die nicht der Zustimmung des Bundesrates bedarf, die Wertpapierdienst-leistungsunternehmen zu weiteren Aufzeichnungen verpflichten, soweit diese zur Überwachung der Verpflichtungen der Wertpapier-dienstleistungsunternehmen durch das Bundesaufsichtsamt erforderlich sind. Das Bundesministerium der Finanzen kann die Ermächtigung durch Rechtsverordnung auf das Bundes-aufsichtsamt übertragen.

(3) Die Aufzeichnungen nach den Absätzen 1 und 2 sind mindestens sechs Jahre aufzubewahren. Für die Aufbewahrung gilt § 257 Abs. 3 und 5 des Handelsgesetzbuchs entsprechend.

§35

Überwachung der Verhaltensregeln

(1) Das Bundesaufsichtsamt kann, soweit dies zur Überwachung der Einhaltung der in diesem Abschnitt geregelten Pflichten erforderlich ist, von den Wertpapierdienstleistungsunternehmen, den mit diesen verbundenen Unternehmen und den in § 32 Abs. 2 genann-

ten Personen Auskünfte und die Vorlage von Unterlagen verlangen. § 16 Abs. 6 ist anzuwenden. Während der üblichen Arbeitszeit ist den Bediensteten des Bundesaufsichts-amtes, soweit dies zur Wahrnehmung seiner Aufgaben nach diesem Abschnitt erforderlich ist, das Betreten der Grundstücke und Geschäftsräume der Wertpapierdienstleistungsunternehmen und der mit diesen verbundenen Unternehmen zu gestatten.

(2) Das Bundesaufsichtsamt kann Richtlinien aufstellen, nach denen es für den Regelfall beurteilt, ob die Anforderungen nach den §§ 31 bis 33 erfüllt sind. Die Deutsche Bundesbank, das Bundesaufsichtsamt für das Kreditwesen sowie die Spitzenverbände der betroffenen Wirtschaftskreise sind vor dem Erlaß der Richtlinien anzuhören; Richtlinien zu § 33 sind im Einvernehmen mit dem Bundesaufsichtsamt für das Kreditwesen zu erlassen. Die Richtlinien sind im Bundesanzeiger zu veröffentlichen.

§36

Prüfung der Meldepflichten und Verhaltensregeln

(1) Das Bundesaufsichtsamt hat bei Wertpapierdienst-leistungsunternehmen die Einhaltung der Meldepflichten nach § 9 und der in diesem Abschnitt geregelten Pflichten in der Regel einmal jährlich zu prüfen. Bei den in § 2 Abs. 4 Nr. 1 genannten Kreditinstituten und Zweigstellen soll die Prüfung in der Regel zusammen mit der Depotprüfung nach § 30 des Gesetzes über das Kreditwesen durch den Depotprüfer erfolgen. Dem Bundesaufsichtsamt für das Kreditwesen ist eine Ausfertigung des Prüfungsberichts zu übermitteln.

(2) Das Bundesministerium der Finanzen kann durch Rechtsverordnung, die nicht der Zustimmung des Bundesrates bedarf, nähere Bestimmungen über Art, Umfang und Zeitpunkt der Prüfung nach Absatz 1 erlassen, soweit dies zur Erfüllung der Aufgaben des Bundesaufsichtsamtes erforderlich ist,

insbesondere um Mißständen im Handel mit Wertpapieren und Derivaten entgegenzuwirken, um auf die Einhaltung der Meldepflichten nach § 9 und der in diesem Abschnitt geregelten Pflichten hinzuwirken und um zu diesem Zweck einheitliche Unterlagen zu erhalten. Das Bundesministerium der Finanzen kann die Ermächtigung durch Rechtsverordnung auf das Bundesaufsichtsamt übertragen.

§37

Ausnahmen

(1) Die Verpflichtungen nach den §§ 31 bis 34 gelten nicht für

1. Unternehmen, die Wertpapierdienstleistungen ausschließlich für ihr Mutterunternehmen oder ihre Tochterunternehmen im Sinne des § 1 Abs. 6 und 7 des Gesetzes über das Kreditwesen oder andere Tochterunternehmen ihres Mutterunternehmens erbringen;
2. die öffentliche Schuldenverwaltung des Bundes, eines seiner Sondervermögen, eines Landes, eines anderen Mitgliedstaates der Europäischen Gemeinschaften oder eines anderen Vertragsstaates des Abkommens über den Europäischen Wirtschaftsraum, die Deutsche Bundesbank sowie die Zentralbanken der anderen Mitgliedstaaten oder Vertragsstaaten.

(2) Die §§ 31, 32 und 34 gelten nicht für Geschäfte, die an einer Börse zwischen zwei Wertpapierdienstleistungsunternehmen abgeschlossen werden. Wertpapierdienstleistungsunternehmen, die an einer Börse ein Geschäft als Kommissionär abschließen, unterliegen insoweit den Pflichten nach § 34. § 33 gilt nicht für ein Wertpapierdienstleistungsunternehmen, das ausschließlich Geschäfte betreibt, die in Satz 1 genannt sind.

Abschnitt 6

Straf- und Bußgeldvorschriften

§38

Strafvorschriften

(1) Mit Freiheitsstrafe bis zu fünf Jahren oder mit Geldstrafe wird bestraft, wer

1. entgegen einem Verbot nach § 14 Abs. 1 Nr. 1 oder Abs. 2 ein Insiderpapier erwirbt oder veräußert,
2. entgegen einem Verbot nach § 14 Abs. 1 Nr. 2 eine Insidertatsache mitteilt oder zugänglich macht oder
3. entgegen einem Verbot nach § 14 Abs. 1 Nr. 3 den Erwerb oder die Veräußerung eines Insiderpapiers empfiehlt.

(2) Einem Verbot im Sinne des Absatzes 1 steht ein ent-sprechendes ausländisches Verbot gleich.

§39

Bußgeldvorschriften

(1) Ordnungswidrig handelt, wer vorsätzlich oder leichtfertig

1. entgegen
   a) § 9 Abs. 1 Satz 1, 2 oder 3 jeweils in Verbindung mit Absatz 2, auch in Verbindung mit einer Rechtsverordnung nach Absatz 3,
   b) § 15 Abs.2 Satz 1 oder
   c) § 21 Abs. 1 Satz 1, auch in Verbindung mit § 22 Abs. 1 oder 2,

   eine Mitteilung nicht, nicht richtig, nicht vollständig,nicht in der vorgeschriebenen Form oder nicht rechtzeitig macht,
2. entgegen
   a) § 15 Abs. 1 Satz 1 in Verbindung mit Abs. 3 Satz 1 oder
   b) § 25 Abs. 1 Satz 1 in Verbindung mit Satz 2, § 25 Abs. 2 Satz 1 in Verbindung mit Satz 2 oder § 26 Abs.1 Satz 1

eine Veröffentlichung nicht, nicht richtig, nicht vollständig, nicht in der vorgeschriebenen Form oder nicht rechtzeitig vornimmt,

3. entgegen § 15 Abs. 3 Satz 2 eine Veröffentlichung vornimmt,
4. entgegen § 15 Abs. 3 Satz 3, auch in Verbindung mit Satz 5, oder § 25 Abs. 1 Satz 3, auch in Verbindung mit § 26 Abs. 3 Satz 2, eine Bekanntmachung nicht, nicht richtig oder nicht rechtzeitig vornimmt,
5. entgegen § 15 Abs. 4 oder § 25 Abs. 3 Satz 1, auch in Verbindung mit § 26 Abs. 2, eine Veröffentlichung oder einen Beleg nicht oder nicht rechtzeitig übersendet,
6. entgegen § 34 Abs. 1, auch in Verbindung mit einer Rechtsverordnung nach § 34 Abs. 2, eine Aufzeichnung nicht, nicht richtig oder nicht vollständig fertigt oder
7. entgegen § 34 Abs. 3 Satz 1 eine Aufzeichnung nicht oder nicht mindestens sechs Jahre aufbewahrt.

(2) Ordnungswidrig handelt, wer vorsätzlich oder fahrlässig

1. einer vollziehbaren Anordnung nach § 15 Abs. 5 Satz 1, § 16 Abs.2, 3 Satz1, Abs.4 oder 5, §29 Abs.1, auch in Verbindung mit § 30 Abs. 3, oder § 35 Abs. 1 Satz 1 zuwiderhandelt oder
2. ein Betreten entgegen § 15 Abs. 5 Satz 2, § 16 Abs. 3 Satz 2 oder § 35 Abs. 1 Satz 3 nicht gestattet oder entgegen § 16 Abs. 3 Satz 3 nicht duldet.

(3) Die Ordnungswidrigkeit kann in den Fällen des Absatzes 1 Nr. 2 Buchstabe a und Nr. 3 mit einer Geldbuße bis zu drei Millionen Deutsche Mark, in den Fällen des Absatzes 1 Nr. 1 Buchstabe b und c mit einer Geldbuße bis zu fünfhunderttausend Deutsche Mark, in den Fällen des Absatzes 1 Nr. 1 Buchstabe a, Nr. 2 Buchstabe b, Nr. 4 bis 7 sowie des Absatzes 2 mit einer Geldbuße bis zu einhunderttausend Deutsche Mark geahndet werden.

§40

Zuständige Verwaltungsbehörde

Verwaltungsbehörde im Sinne des § 36 Abs. 1 Nr. 1 des Gesetzes über Ordnungswidrigkeiten ist das Bundesaufsichtsamt für den Wertpapierhandel.

Abschnitt 7

Übergangsbestimmungen

§41

Erstmalige Mitteilungs- und Veröffentlichungspflicht

(1) Mitteilungen nach § 9 Abs. 1 müssen erstmals zu dem Zeitpunkt abgegeben werden, der durch Rechtsverordnung des Bundesministeriums der Finanzen, die nicht der Zustimmung des Bundesrates bedarf, bestimmt wird; der Zeitpunkt darf nicht nach dem 1. Januar 1996 liegen. § 9 Abs. 4 ist entsprechend anzuwenden.

(2) Wem am 1. Januar 1995 unter Berücksichtigung des § 22 Abs. 1 fünf Prozent oder mehr der Stimmrechte einer börsen-notierten Gesellschaft zustehen, hat spätestens am Tag der ersten Hauptversammlung der Gesellschaft, die nach dem 1. April 1995 stattfindet, der Gesellschaft sowie dem Bundesaufsichtsamt die Höhe seines Anteils am stimmberechtigten Kapital unter Angabe seiner Anschrift schriftlich mitzuteilen, sofern nicht zu diesem Zeitpunkt bereits eine Mitteilung gemäß § 21 Abs. 1 abgegeben worden ist.

(3) Die Gesellschaft hat Mitteilungen nach Absatz 2 innerhalb von einem Monat nach Zugang nach Maßgabe des § 25 Abs. 1 Satz 1, Abs. 2 zu veröffentlichen und dem Bundesaufsichtsamt unverzüglich einen Beleg über die Veröffentlichung zu übersenden.

(4) Auf die Pflichten nach den Absätzen 2 und 3 sind die §§ 23, 24, 25 Abs. 1 Satz 3, Abs. 3 Satz 2, Abs. 4, §§ 27 bis 30 entsprechend anzuwenden.

(5) Ordnungswidrig handelt, wer vorsätzlich oder leichtfertig

1. entgegen Absatz 2 eine Mitteilung nicht, nicht richtig,nicht vollständig, nicht in der vorgeschriebenen Form oder nicht rechtzeitig macht oder
2. entgegen Absatz 3 in Verbindung mit § 25 Abs. 1 Satz 1oder Abs. 2 eine Veröffentlichung nicht, nicht richtig,nicht vollständig, nicht in der vorgeschriebenen Form oder nicht rechtzeitig vornimmt oder einen Beleg nicht oder nicht rechtzeitig übersendet.

(6)Die Ordnungswidrigkeit kann in den Fällen des Absatzes 5 Nr. 1 mit einer Geldbuße bis zu fünfhunderttausend Deutsche Mark und in den Fällen des Absatzes 5 Nr. 2 mit einer Geldbuße bis zu einhunderttausend Deutsche Mark geahndet werden.

Anhang B: Begriffserklärung

Aktienindex
Kennziffer, die die echten Veränderungen des Durchschnitts einer bestimmten Vielzahl von gehandelten Aktien widerspiegelt.

Aktiva
Die auf der Aktivseite der Bilanz eines Unternehmens ausgewiesenen (investierten) Vermögenswerte, insbesondere Grundstücke, Gebäude, Maschinen und Anlagen, Beteiligungen, Vorräte, Forderungen usw.

Arbitrage
(Börsen-)Geschäft, das die Preisunterschiede für dasselbe Objekt an verschiedenen Märkten ausnutzt.

Arbitrageur
(Börsen-)händler, der sich mit der Arbitrage, vor allem von Wertpapieren und Devisen, beschäftigt.

Basiswert
Der einer Verkaufs - oder Kaufoption zugrundeliegende Gegenstand, d.h. der Vermögenswert, der bei der Ausnutzung der Option bezogen wird. Beim Basiswert kann es sich um Aktien, Devisen, Rohstoffe usw. handeln. Jedem Optionskontrakt liegt eine bestimmte Menge des Basiswertes zugrunde.

Börsenhändler
Angestellte von Kreditinstituten und Maklern, die berechtigt sind, Wertpapiergeschäfte an den Börsen oder im Telefonverkehr abzuschließen.

Börseninformationssysteme
Auf moderner Informationstechnik basierende Informationssysteme, die der Übermittlung neuester börsenrelevanter Informationen und Kursentwicklungen an den nationalen und internationalen Börsen dienen. Angeschlossen sind neben den Nachrichtendiensten, Börsen und Banken zur Zeit nur sehr wenige Privatpersonen.

Börsenmakler
Ein an der Börse kraft amtlichen Auftrages in der Vermittlung der Geschäfte zwischen Käufer und Verkäufer tätige Person, dem in der Regel auch die Vorbereitung oder die Feststellung der Kurse gem. §29 BörsG obliegt.

Börsenpflichtblatt
Zeitung oder Zeitschrift am Börsenplatz, in der die Pflichtbekanntmachungen der börsennotierten Gesellschaften veröffentlicht werden.

Broker
In angelsächsischen Ländern Personen oder Unternehmen (Brokerhäuser), die allein berechtigt sind, Kauf-und Verkaufsaufträge an den Wertpapierbörsen

auszuführen. Als Entgelt erhalten die Broker eine Maklergebühr (brokerage). In Großbritannien wurde 1986 die traditionelle Zweiteilung in Broker, die nur Kundenaufträge an die Börse bringen, und Jobber, die nur für eigene Rechnung an der Börse handeln, aufgehoben.

Commission des Operations de Bourse
Das französische Börsenaufsichtsamt.

Computerbörse
Ermöglichen eine Dezentralisierung der Börsen dergestalt, daß die Teilnehmer von beliebigen Orten aus telekommunikativ mit einer der Börsen zentral verbunden sind, so daß die Orderausführung automatisch abgewickelt wird.

DAX-Index
Der DAX-Index wird gebildet aus deutschen Standardwerten. Er ist ein Laufindex an der Frankfurter Wertpapierbörse, der sich aus den einzelnen Veränderungen der Standardwerte minütlich errechnen läßt.

Dividende
Gewinnanteil der Aktionäre, der bei börsengehandelten Aktien in DM pro Stück ausgedrückt wird.

Effekten
Vertretbare, am Kapitalmarkt zur Kapitalanlage geeignete Wertpapiere, so z.B. Aktien oder festverzinsliche Wertpapiere.

Emission
Schaffung, Übernahme und Unterbringung von Effekten, in der Regel durch Fremdemission, d.h. durch Vermittlung einer Bank.

Emittent
Aussteller eines Wertpapiers.

FAZ-Index
Er umfaßt 100 der bedeutendsten an der Frankfurter Wertpapierbörse gehandelten Standardwerte, die in 12 Branchengruppen aufgeteilt sind.

Financial Futures
Auf dem Prinzip des Terminhandels basierende verzinsliche Papiere zur Absicherung gegen Marktschwankungen. Sie besitzen also festgelegte Konditionen und Laufzeiten, werden aber im Unterschied zum traditionellen Terminhandel meistens nicht bis zur Fälligkeit gehalten, sondern unter Bezahlung eines sich ergebenden Differenzbetrages vorher storniert.

IBIS
Integriertes Börsenhandels- und Informationssystem.
Erstes bundesweit zur Verfügung stehende vollelektronisches Börsenhandelssystem für Aktien und Renten.

Investmentbank
Banken, deren Tätigkeit sich auf die Plazierung und den Handel mit Wertpapieren oder wertpapierähnlichen Finanzinnovationen bezieht.

Kapitalanlagegesellschaft
Unternehmen, deren Betrieb darauf gerichtet ist, eingelegte Gelder im eigenem Namen für gemeinschaftliche Rechnung der Anleger nach dem Grundsatz der Risikomischung anzulegen.

Kapitalerhöhung
Maßnahmen zur Finanzierung der Aktiengesellschaften durch Erhöhung des Eigenkapitals mittels Ausgabe junger Aktien.
Von einer bedingten Kapitalerhöhung spricht man, wenn diese als Hilfsmittel der Finanzierung bei Ausgabe von Anleihen mit Aktienbezugsrecht oder Umtauschrecht dient oder zur Vorbereitung einer Fusion.

Kassageschäfte
Abschlüsse an der Börse, die sofort oder ganz kurzfristig erfüllt werden müssen. Im Gegensatz dazu steht das Termingeschäft, das zwar auf einen bestimmten, aber langfristigen Termin ausgerichtet sein kann.

Kassakurs
Börsenkurs bei Kassageschäften.

market maker
Börsenteilnehmer, die die Verpflichtung übernehmen, für einzelne oder auch mehrere Handelsobjekte jederzeit für bestimmte Mindestmengen verbindliche An- und Verkaufskurse zu stellen, in denen sie Geschäftsabschlüsse tätigen. Sie gewährleisten somit eine kontinuierliche Preisbildung und die erforderliche Liquidität. Die Vergütung der market maker liegt in der Spanne zwischen Kauf-und Verkaufskurs.

market making
Tätigkeiten der market maker.

Mergers & Acquisitions
Fusionen und Übernahmen.

Passiva
Alle Passivposten in der Bilanz. Nach dem Grundsatz der Vollständigkeit der Bilanz sind auf der Passivseite alle am Bilanzstichtag bestehenden Schulden, Rückstellungen und Rechnungsabgrenzungsposten eines Unternehmens auszuweisen.

Option
Im Wertpapierhandel das Recht, eine bestimmte Menge von Wertpapieren zu einem festen Kurs zu einem späteren Zeitpunkt ohne weitere Verhandlungen zu erwerben.
Von einer Call-Option spricht man bei einer Kaufoption, von einer Put-Option bei einer Verkaufsoption

Optionspreis
Der Preis, den der Käufer an den Verkäufer einer Option zahlt. Er setzt sich zusammen aus dem inneren Wert und dem Zeitwert der Option.
Der innere Wert stellt die Differenz zwischen Basispreis und Kassakurs des entsprechenden Papiers dar.
Der Zeitwert ist der Preis, den der Anleger in Erwartung einer profitablen Ausübung der Option zu zahlen bereit ist.

Standardwerte
Aktien der großen Publikumsgesellschaften, wie Bayer, Daimler, Hoechst, Deutsche Bank, Veba. Sie zeichnen sich durch hohe Börsenumsätze aus.

Stücke
Banktübliche Bezeichnung von Wertpapieren.

Wertpapierfonds
Sondervermögen bei Kapitalanlagegesellschaften, das vor allem in Wertpapieren angelegt ist.

Zeichnung (Zeichnen)
Verpflichtung zur Übernahme eines bestimmten Betrages neu ausgegebener, zum Verkauf angebotener Wertpapiere.

BIELEFELDER RECHTSSTUDIEN

Schriftenreihe für Gesetzgebungswissenschaft, Rechtstatsachenforschung und Kriminalpolitik
Herausgegeben von Prof. Dr. Otto Backes, Prof. Dr. Stephan Barton, Prof. Dr. Dieter Grimm, Prof. Dr. Gerhard Otte, Prof. Dr. Martin Stock, Prof. Dr. Christian Wollschläger

Band 1 Ingrid Künzler: Macht der Technik - Ohnmacht des Rechts? Regelungsbedarf und Regelungsmöglichkeiten im Bereich Gentechnologie. 1989.

Band 2 Andreas Kondziela: Opferrechte im Jugendstrafverfahren. Legitimation und Grenzen aus theoretischer und empirischer Sicht. 1991.

Band 3 Dorothea Rzepka: Polizei und Diversion. Das Bielefelder Modell der Informationsvermittlung. 1993.

Band 4 Silvia Voß: Staatsanwaltschaftliche Entscheidung – Beeinflussung durch systematische Informationserweiterung? Die Umsetzung des Bielefelder Modellversuchs durch die Staatsanwaltschaft. 1993.

Band 5 Helmut Janssen: Die Praxis der Geldstrafenvollstreckung. Eine empirische Studie zur Implementation kriminalpolitischer Programme. 1994.

Band 6 Peter A. Peters: Das deutsche Insiderstrafrecht unter Berücksichtigung strafrechtlicher Konsequenzen für Kreditinstitute und prozessualer Durchsetzung. 1997.